柳鸣九

友 / 人 / 对 / 话 / 录

中央编译出版社
Central Compilation & Translation Press

图书在版编目（CIP）数据

友人对话录 / 柳鸣九著. —北京：中央编译出版社，2018.2
ISBN 978-7-5117-3501-0

Ⅰ. ①友⋯
Ⅱ. ①柳⋯
Ⅲ. ①柳鸣九－访问记
Ⅳ. ①K825.5

中国版本图书馆 CIP 数据核字（2018）第 002774 号

友人对话录

出 版 人	葛海彦
出版统筹	贾宇琰
责任编辑	朱瑞雪
执行编辑	王　晶
责任印制	刘　慧
出版发行	中央编译出版社
地　　址	北京西城区车公庄大街乙 5 号鸿儒大厦 B 座（100044）
电　　话	(010) 52612345（总编室）　　(010) 52612341（编辑室）
	(010) 52612316（发行部）　　(010) 52612346（馆配部）
传　　真	(010) 66515838
经　　销	全国新华书店
印　　刷	北京紫瑞利印刷有限公司
开　　本	710 毫米 × 1000 毫米　1/16
字　　数	308 千字
印　　张	21
版　　次	2018 年 2 月第 1 版
印　　次	2018 年 2 月第 1 次印刷
定　　价	88.00 元

网　　址：www.cctphome.com　　邮　箱：cctp@cctphome.com
新浪微博：@中央编译出版社　　微　信：中央编译出版社(ID: cctphome)
淘宝店铺：中央编译出版社直销店(http://shop108367160.taobao.com)
　　　　　(010) 55626985

本社常年法律顾问：北京市吴栾赵阎律师事务所律师　　闫军　　梁勤
凡有印装质量问题，本社负责调换，电话：(010) 55626985

序言

一把钥匙存在的理由

刘汉俊

作为法国 20 世纪最重要的哲学家、文学家之一的萨特没有想到，在他 1980 年 4 月 15 日逝世之后，他在西方略显寂寥的哲学思想，能在中国产生那么大的影响。他的"存在主义"哲学以"自我选择"的方式，强调人的主体意识和自我创造，张扬人道主义、自由主义、个性主义，让经过"真理标准讨论"之后、改革开放之初的中国人，对自己的生存状态和命运进行反思。正如"一千个读者就有一千个哈姆雷特"，一千个中国人心中揣着一千个"萨特"，许多年轻人在"萨特哲学"中寻觅自己的价值观，在"萨特存在说"中寻找自己的存在感，在"萨特自由说"中寻求自己的自由度。萨特的那句"人是自由的，懦夫使自己懦弱，英雄把自己变成英雄"成为很多年轻人的座右铭。哲学是人类认识自我的钥匙，"萨特"像一把钥匙，开启着不少中国人的心锁。一时间，许多人心中有"选择"，言必称"存在"，文必谈"设计"，中国社会形成了一股"萨特热"。

萨特走红中国，得感谢一位今年已 84 岁高龄的中国学者，毕生从事法国文学研究、翻译的大家——柳鸣九先生。他以独到而富有前瞻性的眼光看到萨特"存在主义"的哲学价值，看到了萨特哲学在中国的社会价值。1980 年，柳鸣九在中国学界颇有影响的《读书》杂志 7 月号发表《给萨特以历史地位》，在对萨特哲学和文学成果进行不遗余力的推介后，他大声疾呼："萨特是属于世界进步人类的"，"我们不能拒绝萨特所留下来的这份精神遗产，这一份遗产应该为无产阶级所继承，也只能由无产阶级来继承，由无产阶级来科学地加以分析，取其精华，去其糟粕"，这一呼声如石破天惊，让中国社会的目光投向了塞纳河畔的那位法国学者。1981 年，柳鸣九主编的《萨特研究》出版，1985 年再版。正是这位被称为法国文学研究领域里"领头羊"的柳鸣九，把萨特隆重地引进中国，领到了中国读者跟前。

此时的萨特，意外得到一次千载难逢的机会。柳鸣九的《给萨特以历史地位》一文发表前后，恰逢中国社会迎来继"真理标准大讨论"之后的又一场声势浩大的人生观大讨论。1980 年 5 月，《中国青年》杂志发表署名"潘晓"的读者来信《人生的路呵，怎么越走越窄……》，作者用沉重而激愤的笔调叙述了自己在工作、生活、事业上遇到的种种困惑和痛苦，发出了人生的感叹。一石激起千层浪，这声感叹迅速引发全国范围内许多青年人的共鸣，甚至引起了党和国家高层的注意。在半年左右时间里，《中国青年》杂志共收到六万多封来信。其实，这封信是《中国青年》杂志根据当时北京第五羊毛衫厂青年女工黄晓菊的来信和北京经济学院二年级学生潘祎的来信综合编成的，编辑部从他们二人的名字中各取一字，署名"潘晓"。"潘晓现象"持续了半年之久，在中国社会产生的思想涟漪荡漾至今。据黄晓菊后来回忆，一夜成名的她社会活动骤然增多，"许多大学生们纷纷请我参加活动，和我共同讨论萨特"。由此可见，中国问题的"萨特"因素和"萨特"问题的中国因素产生了化学反应，"萨特"成了"潘晓现象"的酵母。正是在这次众目睽睽之中，"萨特"接过柳鸣九先生交给的"签证"和车票，登上了中国思想解放的列车，跑遍全国。

柳鸣九的确独具慧眼、独运匠心，他巧妙地把曾经来过北京人民大会堂、到过天安门城楼的萨特"请"到中国。萨特具有超高的文学成就和较高的哲学成就，不光在哲学著作中表达"自由选择"观，还通过《自由之路》《间隔》等文艺作品表达"自由选择"的主题，使他的哲理思想插上了艺术的翅膀，文学充满哲理，哲学充满文化。萨特，这位资产阶级的批评者、社会主义的同情者、共产主义的同路者、1964年诺贝尔文学奖的拒领者，走进了中国，也使西方哲学走向了中国大众，做了一次中国人的心理医生和心灵钥匙。"萨特"走红中国，是改革开放之后一个显著性的文化事件，对外文化交流中一个标志性的文化现象，在中国的思想星空划出了一道绚彩。柳鸣九先生也因此被学界誉为"中国萨特研究第一人"。时至今日，许多介绍萨特的书籍文章，包括互联网上的百度搜索、360搜索等关于"萨特"的条目资料，常常会引用柳鸣九先生的《给萨特以历史地位》一文。

一把"法国钥匙"能打开千万把"中国锁"，是因为这把钥匙可以为人类所共有，对中国有启示。萨特的"自我选择"哲学是对个体意识的承认、尊重、强调，契合了走向改革开放的中国人在个体精神和主体意识上的甦醒。纵观中国改革开放的历程和中国社会的民主进程，如果没有个体意识的渐醒、个性特征的张扬、个人价值的实现，就不会有主人翁意识、主观能动性、人民主体地位、公民权益的被尊重，也不会有"我的青春我做主""有体面的劳动、有尊严的生活"，更不会有"人民的梦""中国梦"这些热词的涌现。没有个体的设计就没有社会的构想，没有个人的梦想就没有民族的梦想，没有个体意识的唤醒就没有国家精神的重构。社会主义核心价值观的24个字，正是融合了国家、社会、个体三个层面目标的产物。试想，一群浑浑噩噩无所向往的个体能够支撑起一个生机勃勃兴旺发达的社会吗？为社会发展而自我设计，为国家崛起而自定目标，为实现民族复兴而实现自我价值，是文明的标尺、进步的标杆、民主的标志。

"萨特"这把钥匙也重启了尘封的中国文化之门。无论是《左传》里"立德""立功""立言"的"三立"，还是北宋大儒张载"为天地立心、为生民立命、为往圣继绝学、为万世开太平"的"横渠四为"，中国人传统精神中的自立、自主、自强意识从来就有，但长期以来受到压抑，甚至在不知、不觉、不敢、不愿中散失弱化。当然，中国公民个体意识的增强并不只是法国公民萨特的功劳，它是中国的民主意识与萨特的自我意识进行文化交流、精神对撞之后的能量释放。当然,更不仅仅是柳鸣九一己之功,他只是一个有远见的学者在合适的时机做了一件有远见的事情,或者说,他只是一个推销"萨特牌"钥匙的学者。

但必须承认,柳鸣九对萨特的理解超过一般人,"萨特即我,我即萨特",他似乎从萨特身上找到了自己的影子,惺惺相惜。为萨特宣介,为萨特辩白,为萨特注释,不遗余力。萨特是一把钥匙,柳鸣九也是一把钥匙,一把"中国式钥匙",他让我们知道除了物欲、功利,还有一种存在叫"精神";他让我们知道了要在生动实践和火热生活中实现自我的价值,完成人生的设计,不要当社会的旁观者、时代的冷漠者。

开门之后,人们往往忘记了钥匙的存在。柳鸣九先生并没有想过被人惦记,就像萨特很快被人淡忘那样。他在欣慰中从容地老着,在丰收中执着地写着,青丝被岁月洗白,皱纹写满沧桑,淡泊得如一把不声不响的钥匙,生着锈,等着老。尽管不再光鲜时新,却依然有棱有角,有凸有凹,槽齿分明,随时可以启用。

柳鸣九不仅是满腔热忱的引荐者,还是训练有素的质疑者、充满锐气的批评者。20世纪30年代,苏联主管意识形态的领导人日丹诺夫曾做过一个政治报告,认为欧美文化是"反动、腐朽和颓废"的,作品的主人公都是"骗子、流氓、色情狂和娼妓"。这种"日丹诺夫论断"长期以来主导着苏联的文化领域,也深深地影响着中国对欧美文学的态度,如果不进行彻底批判,外国文学就很难走进中国,人类文明的交流互鉴就是一句空话。站在外国文学研究制高点上的柳鸣九看到了这个症结。不越过这座冰山就难以领略大海,不铲除这个障碍就难以步入新境,他暗下挑战"权威"的决心。但是,对政治家的批判要有政治的胆识,对思想家的诘问要有思想的利器,对文化故垒发起冲锋要有文化的战略定力和战斗实力。经过数月的充分准备,在中国社科院外国文学研究所所长冯至先生的支持下,柳鸣九于1979年在广州召开的第一次全国外国文学规划会议上,做了一个长达五六个小时的长篇发言,题目就叫"西方现当代文学评价的几个问题",他站在马克思恩格斯文艺理论的角度,对长期占据主导地位的"日丹诺夫论断"发起猛烈批判,犀利深刻,锐不可当,随后在《外国文学研究》杂志上组织系列讨论,起到了打破坚冰、解放思想的作用,这一套"组合拳"在中国的外国文学研究领域具有里程碑意义。从这个意义上说,柳鸣九又是一位挑战者、拓荒者、清道夫、建树者。

柳鸣九先生长期担任中国社会科学院法国文学研究室主任、中国法国文学研究会会长,享有最高学术称号"终身荣誉学部委员",无疑是外国文学研究领域的代表人物、领军人物。他主持的许多工作、创造的许多成果具有开拓性、独创性和突破性意义。他研究雨果、左拉、蒙田、卢梭、加缪、司汤达、巴尔扎克、罗曼·罗兰、萨特等的文章,翻译雨果、莫泊桑、都德、梅里美、加缪、圣埃克·苏佩里等的作品,使它们成为一个个文化标志,有的甚至产生了"现象级"的影响。

1981年11月,柳鸣九首次访问法国,拜谒了萨特墓,拜访了萨特的终身伴侣、著名作家西蒙娜·德·波伏瓦以及其他一些文学大师,同她就萨特的有关话题进行了深入的访谈、交流。法国之行,加深了柳鸣九对法国文学的理解和感情,法国文学中关于人的解放的人文思想,追求社会公平合理的启蒙思想,同情劳动人民的人道主义精神等,以及各种文学流派源泉、艺术风格,洋溢着的浪漫情怀和艺术表现力,吸引着柳鸣九向纵深处走去。移步换景,柳暗花明,他一边尽情地欣赏,一边勤奋地笔耕,风景美不胜收,成果累积如山,蔚为大观,有一种阿里巴巴闯进了藏金洞的收获。他痴迷于异域文化,不计其他,像一位苦行僧,风雨不动地坚守几十年,虔诚地行走在人类文明的欧洲丛林。他的一篇篇文艺评论、评介引起人们的关注,成为不少法国文学爱好者入门的钥匙。

柳鸣九先生有自己的文化理念,那就是"为丰富社会的人文书架而作贡献"。尽管这个世界芸芸众生利来利往,但他依然坚信"人文书架"是国人"精神骨骼"的支撑。这个速朽的时代、速忘的时代、速食的时代,要拂去的是虚浮,能沉淀的是经典,仍然是一个需要经典、需要人文精神的时代。于是,他像一头辛勤的老黄牛,在文学创作、文学翻译、文艺理论、文学编著四大领域耕耘播种，既有"喜看稻菽千重浪"的欢欣，也成就了自己作为著作家、翻译家、研究家、编辑家的权威地位。他主编的《法国文学史》《法国二十世纪文学译丛》《外国文学经典》丛书、《雨果文集》（20卷）等，翻译的《雨果文学论文选》《莫泊桑短篇小说选》《都德短篇小说选》、加缪的《局外人》等相继出版、再版，15卷本、600多万字的《柳鸣九文集》问世，各类独著、编著、译著达三四百种，各种文集、选本、丛刊、丛书门类繁多。书山字海、经典叠出，柳先生不是"著作等身"，而是著作"超"身了。

愚公移山不容易，柳公造山更不容易，因为建构总比解构难，何况建的是气势雄浑、气象万千的文化之山、思想之山、精神之山。"积土成山，风雨兴焉"，柳鸣九构建的文化大山有参天大木、深涧悬崖，也有涓涓细流、雾歇鸟鸣，留得住脚步，搁得下心灵，可以作为当代中国人安顿身心的精神之地。

近年来，柳先生致力编书，自成风景，渐成气候，是名副其实的编辑大家，他主编的"本色文丛"尤其值得一说。作为擅写散文的学者，柳鸣九力推学者散文，试图萃取一批"言之有正气、大气、底气、骨气"的文化散文。英国的培根、美国的爱默生等，法国的孟德斯鸠、蒙田、伏尔泰、狄德罗、卢梭、雨果、左拉、法朗士、萨特等，他们既是学者，又是散文大家。具有世界文学视野的柳鸣九决心打造一批中国的学者散文和散文学者，并给出了一个鲜明定位，即"本色"。于是，一艘名为"本色"的文化大船起锚出发了，船头上站立着一群学者，他们的名字分别叫真实、朴素、真挚、深刻、广博、卓绝、独特等，他们手里攥着的船票上分别写着知性、学养、见识、哲思、责任、智慧等，而柳鸣九本人则是这条船上的水手，一会儿用力撑篙，一会儿奋力划桨，一会儿全力掌舵，忙得不亦乐乎。目前"本色文丛"已经出了四辑共计三十多册，作者都是各有造诣、享誉国内的学者型作家、作家型学者，丛书既受读者追捧，又受学者青睐，这种景象说明有品质的精神、有品位的文化依然是这个社会的需求。这令柳鸣九这位中国的"西西弗"多少有些欣慰和自得。

拿起笔来是国王，放下笔来是草民，这大概是柳鸣九先生的人生境界。柳先生思维活跃，像一架开启的全天候雷达，不停地转动、扫描、捕捉信号。他关心时局，关心社会，关心学界，有一颗匡时济世之心。他评价自己是"思想不规范，但言行不出格"，但我还是想修改一下，我认为他是"出格"但不出轨，像一个写毛笔字的小学生，偶尔把点横撇捺胳膊腿儿伸到米字格外面，是正常现象，但还是字正体端、棱角分明，不写错字。柳先生有时候一些想法也不一定正确或者完善，有时候又过于谨慎小心而略显局促，有着典型的文人之气。但是他对文人的认识、对文化现象的认知，是入木三分的，批评是有劲道、有力度的。他像一位园丁，不断地整枝剪叶、删繁就简，刈除野花、锄除恶花，不断地薅除疯长的恶俗之草、泛滥的媚俗之草、丛生的低俗之草，力图清出一亩三分地，让圣洁高贵之花有自由清新的成长空间。尽管他也深知，他的这些劳作也许是白费力气，于世无益、于事无补，但他依然在推石上山、乐此不疲。他在学术领域王气侧露、霸气十足，底气充盈、锐气逼人，用他湖南老家的话说叫"霸得蛮"。这种王气、霸气、底气、锐气来自他的精修深造。一如盘旋的老鹰鸟瞰大地，一如山巅的寒松俯视层峦叠嶂。目光深远不等于目空一切，居高临下不等于居高自傲，孤芳自赏是自信的前提，并不等同于否定他人。他有思想、有锋芒，敢于建树、敢于挑战，却不是一个争荣邀宠、贪功占利的人，当然他也很敏感而且很有尊严，傲骨铮铮，风骨凛凛，守护着自己的学术王国，守卫着自己的庄稼、收成，呵护着自己的秧苗、嫩芽，坚守着自己为人的准则、底线，不容藐视、践踏。人不可有傲气，但不可无傲骨，"轻骨头"绝不是文化的本质，文化人的骨头最硬、最重。有风骨的文化是有力量的思想，文化的风骨保有着文化的本色。我们应该尊重有风骨的文化、敬畏有文化的风骨。失去文化坐标的行动容易走偏，缺少文化底蕴的构建容易崩塌，没有文化胸怀和文化视野的思想容易偏狭。文人的价值在于对文化的贡献，柳鸣九为我们呈现了一个中国知识分子的经典样本。

生活中的柳鸣九先生是一位闲淡隐逸之士，一个名利淡泊、与世无争、清静有为的谦谦君子、优雅名士，好用"阁下"尊称对方，用辞谦和讲究，平和中有智慧，平淡中有深意，令人回味和咀嚼。有一则公益广告词说得好，

"30度，45度，60度，90度……这不是水的温度，是低头的角度"。柳先生也不是能向任何人都鞠躬90度的人，甚至也不一定能弯到60度，但也绝不是微倾一下敷衍客套应付之人，45—60度是他礼敬他人的常态。柳鸣九写过《名士风流——中国两代西学名家群像》一书，叙述和评价了令他敬重的冯至、李健吾、朱光潜、卞之琳、钱锺书、杨绛、马寅初、何其芳、蔡仪、郭麟阁、吴达元、杨周翰、罗大冈、何西来等文化名士，有的是他的恩师，有的是他的领导，有的是他的同事，但都是学养深厚、成就显著、才大德高的大家。他的追忆文章写得真挚、深情、客观、理性，譬如他佩服钱锺书先生的博闻强识、旁征博引，认同何其芳先生的"提出问题是为了解决问题"，景仰朱光潜先生高贵的精神人格、纯粹的学者风范，感激蔡仪先生的伯乐相马之恩，等等，他们都得到了柳鸣九的礼敬。评价他人也是评价自己，从这些纪念文章中我们不难反观柳鸣九先生的价值取向和人格力量。谦逊是一种修炼、一种气度、一种风范、一种睿智，是一种落落大方的人生状态。他好用法国17世纪思想家布莱兹·帕斯卡尔"会思想的芦苇"来自喻，脆弱却有自重。他喜不形于色，怒不表于言，从不蹈之舞之、张之狂之，遇到冒犯、轻薄，他的最大反抗和愤怒常常是"再也不给你们写稿了"或者"这是我给你的最后一篇稿子"。在语言暴力泛滥的今天，这种"柳式反抗"显得多么苍白无力而又文质彬彬。

柳先生十分看重亲情，用饱蘸情感的笔墨记述了一位父亲对儿子、祖父对孙女的爱恋深情。他如过电影一般回放着儿子柳涤非从呱呱坠地到远赴美国求学创业、成家立业的过程，不无遗憾地讲述儿子十年未归、离多聚少的思念和牵挂，不无痛楚地倾诉了老年失子的心境，以及反复追忆儿子留给人世间的最后一句话，是告诉前来的急救车救护人员："不要开灯，不要拉警报，我的女儿睡着了。"绵绵眷眷、凄凄切切的思念，白发老父笔悼黑发亲子，该是人间最悲苦的心境了，而柳先生一句写纪念文章"是为了给小孙女留一个她爸爸的记忆"，让读者读到了一位老人的内心强大与高尚。

儿子走了，却为柳先生留下了一个可爱的小孙女，那是柳先生内心深处的绿荫树。小孙女名柳一村，2003年出生在美国，虽然远隔重洋，但老祖父对小孙女的那份爱却飞越万水千山、穿透地幔地核，像岩浆一样炽热。2004年5月，小孙女回国，老祖父对小孙女爱不自禁，写下一篇意趣横生而哲理深伏的美文《小蛮女记趣》，不胫而走，成为他的散文代表作。2006年，由柳鸣九先生翻译的法国作家圣埃克·苏佩里的童话作品《小王子》出版，扉页上留下一行字："为小孙女艾玛而译"，简洁却深情。10年后，《小王子》以新面目出现在读者视野，是老祖父柳鸣九翻译、小孙女柳一村插画的共同作品，50多幅充满童趣和神奇想象的画作给了这部作品新的意境。老祖父特地写代序、作后记、附散文，穿靴戴帽，隆重包装，有满满的欣慰、淡淡的遗憾和闪闪的泪光，情透纸背。平日里，老祖父呕心沥血地写字著文，自己几无消费，为孙女积累了一笔不菲的钱，以确保她将来能受到良好的教育，替儿子完成他未竟的义务。但愿这位华裔小才女能时常记得她的祖国、她的祖父、她的"祖屋"，记得她才华横溢成绩卓著而爱心深沉的老祖父，在须发皆白地巴望着她的归来，哪怕是一个暖心的电话。要知道，这位开启过许多人心灵的老祖父，如同一把家门的钥匙，一把能开启亲情之门、人生之门、事业之门的钥匙，在等着她。

译作《小王子》是柳先生献给小孙女的，也是一本让成人读的书，因为其中蕴藏着丰富的成人思辨和生态哲理。《小王子》所体现的地球意识、人类意识、全球关切、共同命运构想，超越了宗教纷争、民族矛盾、地域冲突、国别界限、种族差别、阵营隔阂，"小王子"是世界的童心，是人类的本心，是地球的初心。"现象"只要存在，"问题"只要存在，作品就会永恒，经典就会保值。《小王子》表达的思想，是开启人类共同命运之门的钥匙。从这个角度看柳鸣九先生，他从小爱走向了大爱。

柳先生真的有着人间大爱。柳鸣九先生还有另外一个孙女，虽然没有血亲。她叫晶晶，是安徽保姆小慧、小艾夫妇的女儿。小慧在柳家服务了30多年，亲如一家人，小慧夫妇无微不至地照顾柳先生，晶晶也在柳家出生、成长，在柳家的帮助下在北京读书，如今在柳先生资助下正在美国的大学攻读生物医学专业。柳先生甚至留下遗嘱，百年之后将房子馈赠小慧一家。2017年3月中旬，柳先生小恙住院，晶晶从美国回来，专门去看爷爷。这份爱的涓滴在相互浸润，让人心暖，是一份经得住时间考验的人间真情。

我经常拜访柳先生位于城东南的家。有时候是我去探望，有时候是他打电话来约。作为一个学无线电专业的工科生，我曾痴迷过外国文学，读过一些后来才知道是柳鸣九先生翻译的法国作品，不曾想到日后还能多次登门拜访、聆听教诲，更没有想到会受先生之命写这篇"序"。

先生鹤发童颜，一脸的儒雅、和善、慈祥，聊时政，讲文化，谈写作，说人事，思维迅敏而缜密。深居简出，粗茶淡饭，一切清清爽爽、简简单单、从从容容，是先生的生活常态；家徒四壁，唯有书墙，饰以小孙女的画作，一台电脑或闪现着字符或放着舒缓的轻音乐，是先生的生活场景。每次去拜访，都提前预约，不敢打乱了他的作息时间。有一次，先生见面的第一句话竟然是为没有来得及刮胡子而表示歉意。我登门拜访过102岁时的杨绛先生，她住在城西北，杨、柳两家互有关切。柳先生的家同杨先生的家都在三楼，有诸多的相同，都是一屋的简朴、满室的清辉，像20世纪80年代的旧照片，没有那么纷繁的背景色，没有那么杂乱的工艺品，但让你感受到一种平静的力量、强大的气场。一样的书香四溢，一样的宁静淡泊，一样的娓娓道来，只有从容在从容中信步，自在于自在中闲谈。先生除了吃饭、睡觉、散步，就是伏案读写，甘坐冷板凳，长年磨剑，笔耕不辍，在方块汉字和法文字母间垒砌精神的高楼，让我想起刘禹锡的《陋室铭》，想起鲁迅先生的"躲进小楼成一统，管他冬夏与春秋"。他甚至常常门窗不启、窗帘紧闭，像是生怕满屋的书香、才气、灵感从哪个门缝窗隙中溜走。

记得2014年10月15日习近平总书记主持召开文艺工作座谈会后，我去看望先生，说起总书记提到许多世界文化名家大师，其中有法国的拉伯雷、拉封丹、莫里哀、司汤达、巴尔扎克、雨果、大仲马、小仲马、莫泊桑、罗曼·罗兰、萨特、加缪等，柳先生显得十分兴奋，连称"没有想到"；记得2016年5月从陕西延安梁家河村回来，我告诉他，去看过总书记插队时住过的三孔窑洞，年轻时候的习近平在窑洞里读过大量经典名著，先生连称总书记是文化人；记得2016年5月17日习近平总书记主持召开哲学社会科学工作座谈会后的某一天，我拜会先生，他对总书记说的"这是一个需要思想并且一定能产生伟大思想的时代"非常认同，他谈到18世纪法国启蒙文学思潮和美国作品《汤姆叔叔的小屋》等，对社会进程产生过重大影响。不管是他说我听，还是我说他听，他总是一位认真的倾听者，也是一位敬业的布道者，我像一个虔诚的受业者，他寥寥数语、画龙点睛，让我有思有悟、心灵受洗。知道我在研究秦朝的某个人物，先生送我一本由他主编的法国思想家伏尔泰的著作，命我一定要读读其中的《路易十四时代》。先生的15卷本《柳鸣九文集》出版后，他在每一本书的扉页上，都亲笔写下一言相赠，且各不相同，如，"洛阳亲友如相问，一片冰心在玉壶。——思想不规范、言行不出格的老朽一个"；"伏尔泰曰：'耕种你们自己的园地要紧'，我是此言的信奉者，执着与超脱、自律与自私，皆出于此"；"以诚善为本，以礼义相待，致成忘年莫逆之交，柳老头生平一大幸事也"，等等，既是人生感悟，更是勉励赐教。先生像一把钥匙，为我打开一扇又一扇的门。

偶尔，陪先生于桃之夭夭的三月，在北京的明城墙根下晒太阳、过"桃花节"；偶尔，陪先生到国家大剧院、保利剧院听音乐；偶尔，陪先生在他家楼下的肥牛火锅城吃饭，给他一个买单的机会，他会点上一桌让你吃不完的菜，然后让你吃不完兜着走。无论身处喧嚣还是独处一隅，先生总是那样宁静和沉醉，仿佛众生不在、市声退去，有如深山古刹间一僧者、一智者、一慧者正打坐入定，在静观凡世、悲悯苍生。

高贵者最寂寞，思想者最孤独。淡泊中的先生却并不寂寞孤独，他的心中有着万千丘壑、百态人生，他的笔下鲜活着那么多名人巨擘和灵动的思想，他的作品有成千上万的研究者、读者在研习。那次，陪先生在国家大剧院听音乐，后座一位中学生得知这位白发苍苍的老爷爷竟然就是课本中法国名著的翻译者，兴奋不已。

坐看云卷云舒，静听花开花谢，近观潮起潮降，远眺日出日落，柳鸣九先生像那个遨游在七颗星球之间的"小王子",既辛勤,又超越。法国作家都德的《最后一课》中,那位韩麦尔老师告诫他的学生们说,只要牢牢记住他们的语言,"就好像拿着一把……钥匙"。

萨特是一把钥匙,柳鸣九也是一把钥匙。你需要或者不需要,它都在那儿。

写完这篇不敢妄称为"序"的读后感,我忽然意识到,先生这是在导读我,命我补上法国文学这一课。

学生深以为谢,谨记师恩。

2017 年 6 月 18 日于北京

(作者单位:中共中央宣传部)

目　录

萨特中国之旅的思想文化意义
　　对话者钱林森：《跨文化对话》主编、南京大学教授 / 1

萨特与中国的思想开放
　　对话者胡赳赳：《新周刊》杂志记者 / 23

关于学术旅程、坎坷际遇
　　对话者涂卫群：文学博士，中国社会科学院外国文学研究所研究员、教授，著名的法国文学研究专家 / 28

推石上山的脚步
　　对话者王东亮：北京大学西方语言文学系教授、北京大学课题小组负责人
　　罗湉：北京大学西方语言文学系副教授、北京大学课题小组负责人 / 42

陋室中的丰硕
　　对话者李萍：《深圳特区报》驻京记者 / 72

关于治学三要"学""识""才"及其他
　　对话者：《湘水》访谈组 / 81

关于我与北大的"科班教育"
　　对话者：《党建》杂志记者 / 91

关于求学道路、学术诚实及其他
    对话者：《光明日报》"人物专栏"主编 / 100

关于《柳鸣九文集》(15卷)的出版
    对话者江胜信：《文汇报》首席记者 / 109

关于我的理论属性与"选学"及其他
    对话者尚晓岚：《北京青年报》记者 / 115

关于为小孙女译《小王子》
    对话者康春华：《新京报》记者 / 123

关于学术业绩与"自我矮化"以及编书生涯
    对话者宁瑛：中国社会科学院外国文学所研究员、外国文学研究所前科研处处长 / 132

关于散文随笔写作的理念与实践
    对话者江胜信：《文汇报》首席记者 / 167

关于《回顾自省录》答《环球人物》杂志社记者问
    对话者许晓迪：人民日报《环球人物》杂志记者 / 197

关于《法国文学史》编选的若干理论与实践问题
    对话者罗芃：北京大学西语系资深教授、博士生导师，著名法国文学研究家，法国文学名著翻译家 / 204

关于《法国文学史》与大学者的标志
    对话者倪培耕：中国社会科学院研究员，印度文学研究专家，《世界文明史》编委员会副主任，外国文学研究学术期刊《外国文学评论》副主编 / 223

目 录

一次友好的谈话
　　——关于同行业中和谐的人际关系
　　对话者王文融：北京大学西方语言文学系教授，博士生导师，北京市优秀教师，法兰西教育骑士勋章获得者 / 235

关于何谓自觉自为的布衣
　　对话者郑雄：河南文艺出版社副总编辑 / 250

关于我的"十字箴言"的对话提纲
　　对话者黄晋凯：中国人民大学文学院资深教授、博士生导师，著名人文学者、翻译家 / 261

为一代人文名士留存精神史的一次努力
　　对话者刘晨芳：传记文学室主任 / 264

后　记 / 272

附录一：延伸阅读柳鸣九其他作品书目 / 283

附录二：对柳鸣九要著的佳评 / 298

萨特中国之旅的思想文化意义

对话者钱林森:《跨文化对话》主编、南京大学教授

对话时间:2005年

钱林森教授在自己的书房里

钱林森:在中法文化和文学关系史上,在20世纪法国作家"满程风雨"的中国之旅中,若以其与近代中国知识界命运浮沉和精神联系之密切而言,因而也最具戏剧性和启发性的,莫过于罗曼·罗兰和让 保罗·萨特的中国之旅了。您作为中国"萨特研究第一人",作为引领思想家、文学家萨特走进中国的权威学者,能在这位文化巨子诞辰百年之际,就其中国之行的历程、影响和

意义，与我们交流、对谈，我深感荣幸和欢畅。欢愉之情，不由得让我忆起当年捧读您写的有关萨特的开山大作《关于西方现当代资产阶级文学评价的几个问题》和您主编的《萨特研究》的情景……岁月如水，已是二十几年前的事了。时值20世纪80年代改革开放时期，中国知识界思想解放的春天，是您首先结识萨特，认识他的价值，并随之将他引入了中国。用您现在幽默的说法，那是您"为萨特在文化上堂而皇之地进入中国代办'签证'"。我们的话题也许该由此切入：能否请您谈谈与萨特"结缘"的来由、理由和背景？以便让我们一起沿着当年萨特东进中国的历史足印，重温并分享那远去的、充满激情和风雨的时光。

柳鸣九：首先，谢谢《跨文化对话》与阁下安排了这次关于"萨特中国行"的访谈对话。

这是一个很有意义的题目，值得交谈，值得总结。它不仅对我本人很有意义，因为我是一个与此有关的主要当事人，而且对学术文化界也很有意义，因为萨特的中国之行，萨特在中国被接受史，正是中国改革开放以来一个重要的精神文化过程，它反映了中国这个新时期的历史步伐与进展。正如阁下所言，这是一个令人欣慰的过程，值得纪念的过程。在20世纪80年代以前，萨特在中国得到极不公正的评价，改革开放伊始，就有了"给萨特以历史地位"的强烈呼声与对萨特进行全面科学评价的《萨特研究》，然而，这些努力很快就在"清污"中遭到严厉的否定与清算，到20世纪80年代中期，又完全"雨过天晴"，时至最近一个时期，萨特的著名哲理"自我选择"已成为千万中国人常用的口头语，而到了2005年萨特百年诞辰纪念之时，国内有影响的大报与大型周刊如《新京报》《南方都市报》《新周刊》《中国新闻周刊》《中华读书报》等，纷纷发表了大篇幅的专题采访与纪念文章，盛况大出人们所料。二十多年来，这一过程，不是很具有戏剧性吗？不是一个很生动很有意义的文化故事吗？它反映中国历史带有某种螺旋式形态的上升态势，对于一个传统力量特别巨大，而现实负荷又特别繁重的国家，即使是高速发展，往往也不可避免地采取螺旋形前进轨迹。

至于在这个过程中，我在萨特问题上做过些什么，可以说是一个很完整的"故事"，请允许我从头到尾讲一遍。

20世纪70年代最后两年，中国开始有了春天的气息，这股气息是"实践是检验真理的唯一标准"那一场讨论带来的。那时，我已完成了《法国文学史》的上卷，正在进行中卷的编写，不久将要面临对法国20世纪文学的评说。但只要一进入20世纪文学领域，就会碰到一座阻碍通行的大冰山：日丹诺夫论断。日丹诺夫是斯大林时期苏联意识形态领域中的总管，以其在学术文化领域里坚持无产阶级专政而著称，他把20世纪西方文化艺术统斥为"反动、颓废、腐朽"，一棍子打死，他的报告与讲话从20世纪三四十年代引入解放区后，就被视为"马列主义的理论经典"，实际上成为带有权威指导性的"准文件"，一直到20世纪七八十年代，它的权威性仍然岿然未动，只要有这座冰山在，对外国20世纪文学的研究、翻译、介绍就根本无法正常进行，只能一骂了事。

那时，我四十出头，在研究工作岗位上已待了20来年，刨去"十年浩劫"，也算有"十年寒窗"的苦读，虽不敢说有多么深的学养，但以自己在20世纪西方文学方面的积累，也深知日丹诺夫论断之有悖于客观实际，而且也不符合马克思主义的历史唯物主义原理以及马克思、恩格斯对待文化遗产那种赞赏有加的典范风度。说老实话，我对日丹诺夫的"反骨"早已有之，就是何时揭竿而起了。"实践检验真理"那场讨论给了我很大的启发，既然有理由重新审视历史传统了，有理由清除不符合客观实际的时弊与陈词了，当然就到了在外国文学、艺术、文化、学术的领域破除坚冰的时机。问题在于我要把这件事做多大，怎么做。

当然，揭竿而起，首先需要有一篇旗帜鲜明、论据充分、有系统、上层次、有学术分量的"檄文"，由于预见到未来的"轰动效应"，我满怀热情地做了这件事，下了不少工夫准备这篇文章。其次就是在什么场合，通过什么方式来宣示这一"檄文"了，正好我当时担任了两个学术职务，给了我甚为广阔的施展空间。一是外国文学研究所西方文学研究室主管科研业务的副主任，一是研究所当时的"机关刊物"《外国文学研究集刊》的执行主编。这给我的"三箭连发"提供了便利条件。

坚冰已破,从1979年后,国内书刊纷纷译介并正面评价20世纪西方文学,蔚然成风。

1980年,萨特逝世,我在《读书》杂志上发表了悼念文章《给萨特以历史地位》,进一步发挥了《关于西方现当代资产阶级文学评价的几个问题》这篇"檄文"中论述萨特的观点。这是社会主义中国第一篇对萨特进行全面的、公正的评价的文章,因为是针对国内长期对萨特极为不公正的评价,所以写得颇有挺身而出、为君一辩的激情,与大声疾呼、申诉鸣不平的姿态。

三箭齐发,必然引起巨大的反作用力。在意识形态领域里,以维持精神道德秩序为己任、惯于批点挥斥者不乏其人,就在上述"檄文"发表的第二年,即1980年,在外国文学研究会第二届(成都)年会上,就有人声色俱厉地提出了指责:"批日丹诺夫就是搞臭马列主义。"来势甚为凶猛。我当时就在场,我没有上台申辩,但却决定采取另一个更大规模的"反驳"行为,我清醒地认识到,在我国学术文化界,之所以有不少人跟在日丹诺夫后面乱批、瞎批,而且不能容忍对日丹诺夫的质疑,其重要的原因就是他们对西方文学、艺术、学术、文化的实际客观情况根本不了解,或了解甚少,因此,我决定创办并主编一套以提供西方文学的客观资料(包括作品文本、作家资料、思潮流派有关资料以及时代社会、背景资料)为宗旨的丛刊。我是搞法国文学的,"各人自扫门前雪",我这个丛刊自然就定为"法国现当代文学研究资料丛刊",其创刊号以萨特为唯一内容,这就是于1981年出版的《萨特研究》。

该书翻译了萨特三部作品与三篇重要文论的全文,分述了萨特其他八部重要作品的内容提要,编写了相当详尽的萨特生平创作年表与相关两个作家即波伏瓦与加缪的资料,报道了萨特逝世后法国与世界各国的反应与评论,翻译了法国国内重要作家、批评家论述萨特的专著与文章,而且我还写了长达两万字的序言,《读书》上的那篇文章《给萨特以历史地位》成为该序的第一部分。整本书的篇幅近五十万字,构成了一本萨特的小百科全书。《萨特研究》出版后,大受读者欢迎,特别是文化知识青年的欢迎,一时颇有"洛阳纸贵"之势。1982年,国内开始"清污",萨特与当时流行的蛤蟆镜、喇叭裤被并列为"三大精神污染",《萨特研究》一书在全国受到了批判,并被禁止出版,该书的序言更是一批"左撇子"猛烈抨击的目标,其批判文章之多,其用语之严厉刻损,实为"文化大革命"之后所罕见。

然而,中国毕竟是进入了改革开放的时代,这样一个时代比过去那个时代之有进步,就在于开始有了若干自我调整的能力。事过一两年,雨过天晴,到了1985年,《萨特研究》又被准许再版。这就是我"为萨特在文化上堂而皇之地进入中国而替他代办'签证'"的客观经历,这个故事既是我个人的,也是公众的,它展现了近二三十年来中国学术文化领域的一个侧面,它反映了我们时代的真实,也启示着我们时代值得深思的真理。

钱林森:在中国知识界的集体记忆里,萨特的名字就是"存在主义"。作为西方存在主义哲学的重要代表,萨特真正进入中国,并非是他生前和终身伴侣西蒙娜·德·波伏瓦结伴而行的"中国游",而是他身后在中国的精神之旅。对于我国绝大多数读者来说,第一次知道萨特这个名字,开始较为了解其人其文的,恰恰始于萨特逝世那年(1980年)中国人写的一篇悼念文章《给萨特以历史地位》。该文出自阁下的手笔,为我国第一篇科学评说萨特的文章,这是存在主义作家萨特真正走进中国的先导。您在这篇文章里,从哲学、文学和政治三个层面给萨特定位,并卓有远见地写下了这段著名文字:"萨特的逝世,给一个社会主义大国的理论界提出了一个艰巨的研究课题。我们相信,通过对萨特的研究人们将不难发现:萨特是属于世界进步人类的,正如托尔斯泰属于俄国革命一样。"历史已经证明,这是多么正确的判断。时隔25年,重读您这篇满含热情的文章,我们仍然感到一种新鲜、亲切之感,唯其不失现实的意义,这使我不免要旧话重提:存在主义为何物?萨特存在主义哲学的内核是什么?萨特哲学精神的本质特征和永恒价值(如果存在的话)何在?萨特的历史地位究竟是怎样的?所有这些问题对我国隔代的青年读者也不会是毫无意义的，是吧？

柳鸣九：诚如阁下所言，萨特真正意义上来到中国，是在20世纪80年代初，即他身后的"精神之旅"。不错，他于1955年与西蒙娜·德·波伏瓦曾访问中国，但那是他作为"社会主义阵营"范围之内的著名社会活动家，被当作国际统战对象请来中国的。对于一个思想家与作家来说，如果他的主要"思想品牌"与"代表作"没有进入一个国家，那么不论自己去过多少次，那也谈不上是来到了这个国家，这就是比较文化学与政治、商务和旅游完全不同的标杆。不错，萨特的《存在与虚无》《毕恭毕敬的妓女》在"文化大革命"之前就翻译过来了，但我想，一个作家真正进入一个国家的主要标志应该是一定程度的本土化，至少是有相当广泛的社会影响，可惜的是，《存在与虚无》这部哲理代表作在中国翻译出版后，其影响微乎其微，我想通读过它的中国人，大概不到一个营的人，真正读懂了且有所感的人恐怕就更少。说实话，这是哲学在社会传播上的天生局限性，即使在本国，一种哲理的广泛传播也要靠通俗化、普及化，要靠有亲和力的诠释。18世纪法国的《百科全书》的历史功绩就在于普及了一个时代的思想学术研究成果，本国的文化传播尚且如此，何况现代法兰西一部艰深的哲学文本来到尚未改革开放的中国？把它翻译过来，前面加一篇短短的说明，声色俱厉地给作者扣几顶帽子，这怎么谈得上"他来到了中国"？至于把《毕恭毕敬的妓女》一剧翻译过来，与其说是介绍萨特，不如说此剧投合了当时国内"反对美帝国主义"的政治标准，因为此剧并非萨特的代表作，与他的存在主义哲理精华完全"不搭界"，而是一部萨特作为一个"法共的同路人"带有反美情绪的政治宣传剧。

萨特是一个哲学家，也是一个哲理文学家，所谓的"存在主义"是他的本质标志，是他的"品牌"，对待他的关键在于对待他的哲理，要把他引进中国，要为他办入境的"签证"，首先就要把他的哲理阐释清楚，使其"本土化"，达到一定程度的普及化，在中国这样一个对当时西方"关门闭户"的社会主义国家如何才能对萨特做到"引进"以至"本土化"呢？我想至少有两个方面：一方面是我在《萨特研究》一书的序言中所说的，要"撩开萨特那些抽象、艰深的概念在他的哲学体系上所组成的厚厚的、难以透视的帷幕"！不做这一"撩开"工作，就无法使中国接近萨特，因此，我认为把一部枯燥艰深的《存在与虚无》往读者面前一放，是没有多大效应的，是在难为读者。另外一方面是要标出"入境"的"口岸""着陆点"，也就是本土对此"舶来品"的需求与"舶来品"的契合，我在《萨特研究》的序言中指出，萨特强调个体的自由创造性、主观能动性的哲理，"大大优越于命定论、宿命论"，"大大优越于那种消极被动、怠惰等待的处世哲学"，"不失为人生道路上一种可取的动力"，等等，都是有感于我们本土世态人心的某些欠缺，而在指出此一"舶来品"的有用性、效应性。至于那篇序言着重指出萨特"在20世纪资本主义社会现实的荒诞条件下，发扬了资产阶级人道主义的积极精神"，指出他"对马克思主义始终抱着一种善意的亲近的态度"，更是有意识在建立萨特与社会主义中国在意识形态上的共同点、契合点、融入点。

关于萨特存在主义哲学及其内核、特征与价值等问题，我想，首先应该指出，萨特的确与德国存在主义哲学先师海德格尔、胡塞尔有承继的关系，但他有超越，有发展，有很大的不同。最大的不同在于他对人、对人的存在以及如何选择存在方式有更多、更深的关注，并形成了系统的哲理；更为不同的是，萨特不仅是哲学家而且更是文学家，他一生更多的精力是用于以文学形式去表现其哲理。文学形式与文学形象本身就具有独立而强旺的生命力与伸延力，足以将萨特的哲理演绎充实得更为丰富、厚重。因此，对萨特关于"存在"的哲理的认知与研究，就必须既通过其哲学论著，又通过其哲理文学作品，甚至后者更应是一条主要的途径。

按我的理解，萨特哲理的主要内容不外是"存在先于本质"论、"自由选择"论以及关于世界是荒诞的思想，即认为人生是荒诞的，现实是令人恶心的，人的存在在先，本质在后，人存在着，进行自由选择，进行自由创造，而后获得自己的本质，人在选择、创造自我本质的过程中，享有充分的自由，然而，这种本质的获得和确定，却是在整个过程终结时才最后完成，等等。

不妨说，萨特哲学的精神是对于"行动"的强调。萨特把上帝、神、命定从他的哲学中彻底驱逐了出去，他规定人的本质、人的意义、人的价值要由人自己的行动来证明，来决定；因而，重要的是人自己的行动，"人是自由的，懦夫使自己懦弱，英雄把自己变成英雄"。这种哲学思想强调了个体的自由创造性、主观能动性。

特别要指出的是，萨特对"自我选择"明确树立了区分善恶的道德伦理标准，他区别了英雄的自我选择与懦夫的自我选择、人道主义的自我选择与反人道主义的自我选择，他这种努力在他的长短篇小说与哲理剧中，表现得非常明显。

毫无疑问，萨特的哲理具有其永恒价值，只要世界上还有人的行动、人的存在、人的选择这一类的话题，他的哲理就不会丧失价值与意义，正如几千年前孔孟伦理的至理名言，至今仍不失其光彩。

钱林森： 您对萨特开拓性的研究，直接导致这位西方思想家、文学家被引入中国，直接引发了20世纪80年代中国青年知识界的"萨特热"，从这一点看，您可是中国"萨特热"的真实"发动者"。萨特之入华土及由此而形成的"萨特文化热"，无论从中外（中法）文学和文化交流史来看，还是从中国思想和中国学术发展史来看，均堪称为一件意义深远的文化事件。它在接受人类优秀文化遗产方面，廓清了"四人帮"极"左"思潮所散布的迷雾，为拓展东西方的精神交流和学术发展扫清了道路；它进一步推动了国人本体意识的觉醒，为张扬人的主体精神，促进精神文明的提升和发展，提供了新的、有意义的"东方实验"。毫无疑义，亦如您所强调的，中国新时期的现实需要，是您研究萨特、与之"结缘"的契机，也是萨特入我中华的契机。萨特的中国之旅，在我看来，便是现代西方哲学精神和中国新的觉醒时代的历史遇合。那么，接下来顺理成章的问题是：萨特的存在主义，这个西方的"舶来品"，萨特这位西方的陌生来客，何以成为20世纪80年代那一代中国人所顶礼膜拜的文化偶像？在萨特那里，吸引当时中国读者的魅力和"热点"是什么？您作为引领萨特进入中国的"向导"和"萨特热"的见证者甚至"发动者"，想必有更真切的感受和独到的体悟。

柳鸣九：的确，20世纪80年代初，中国出现了"萨特热"。今年，北京不止一家媒体在纪念萨特诞生100周年的时候，把当时的"萨特热"称为"80年代新一辈人的精神初恋"，"整整一代人的青春故事"，在当时，其动静之大，当然会引起一些人士的侧目而视，将它视为"精神污染"。

"萨特热"当然与《萨特研究》一书有关，此书起了引发的作用，但深层次的原因还不在这里，而在于当时的现实土壤与时代气候。如果没有深层次的根由，它是不可能引发如此大的"动静"的。

不妨把萨特哲理比喻为蒲公英的种子，即使蒲公英不靠任何助力能够自由飞翔来到中国，即使它有极强的生根发芽的能力，如果没有适合的土壤，它便无法成活。当然，精神文化的种子，是以人心、人性为基本土壤的，而萨特哲理则是以人的主体精神、人的主体能动意识为基本土壤的，任何一个国家、任何一个民族从根本上来说都不会缺少这种基本的土壤，只要有这种土壤，任何符合人性规律、符合人性精神需求的哲理，都有自己落地生根的可能。问题在于，在中国还没改革开放的时代，这片沃土是被冷冻着的，对于任何有积极效益、有强旺生命力的外来"蒲公英"来说，它只不过是"铁板一块"，既然连农民想自由料理自己宅前三分自留地的自由都不允许，还谈得上其他领域里的自由精神、自主意识吗？

终于，改革开放的春风使得冻土苏醒了，有了活力，这才使"蒲公英"有了发芽生长的基本条件，这便是萨特在中国引起一阵热潮的根本原因。我们不妨说，中国的改革开放其首先的变化，就是个体的人自主、自由的空间有所拓展，社会主义体制对个体自主精神、自主行为的限制与约束有所松动。这是一个关于主体意识、个性自主精神的意识形态与哲学哲理有施展空间、有可能大行其道的新时期，甚至可以说是一个很需要这种意识形态、这种哲理的新时期。而萨特哲理正是这样一种意识形态，特别是其"自我选择"的哲理，更是投合了很多中国人在不同领域、不同层面重新进行自我价值取向、重新标定自我定位、重新选择自我道路的精神需要，而当时那位"推销员"也的确把

"自我选择"的哲理阐述得很充分很突出。总之,《萨特研究》恰逢一个"自我选择"的"盛世",赶上了这班大车,自然也就风行一时了。

因此,如果说萨特哲理有什么能深深吸引中国读者的话,首先就在于它具有的这种最为根本的人文哲学的思想性质。

当然,萨特之吸引人,还不仅仅在于他哲理的本质特征、精神素质,他的确有若干很动人的"魅力"。作为哲学家,他有极强的思辨能力、抽象能力与深掘能力,他的说理与逻辑足以在学术上令人叹服;他也是一位哲理警句大师,善于把哲理凝聚在隽永的表述中,如"存在决定本质""英雄的自我选择决定英雄的存在""懦夫的自我选择决定懦夫的存在""他人即地狱"等警句,在中国曾为整整一代青年学子津津乐道。

萨特比一般哲学家远远强有力的一个方面是他有杰出的文学才能。他不仅拥有哲理思想的力量,而且也掌握着感性形象的力量,他的哲理所有的"要义""要点",都通过他的小说作品与戏剧作品饱满而富于感染力的表述来演绎;反之,他几乎所有的代表作都蕴藉着深刻的哲理而具有超凡的思想品质。在他身上,哲理与形象水乳交融,相得益彰,这是他充满魅力的一个很重要的原因。特别值得注意的是,他在文学上基本上都是采用传统的形式,并使之达到经典的高度,以保证他的思想内涵与精神哲理得到清晰、饱满、完美的呈现与表述,他一般都不让形式上的标新立异、荒诞不经的因素来干扰他的呈现与表述,所有这些就构成了他所特有的综合魅力。

钱林森: 根据我个人的体验和认识,勃兴于一时的中国"萨特热",主要是中国接受者(作家、批评家、译者和读者)向思想家、社会活动家萨特的一次逼近,着重吸取的是其思想、政治的一面,而非文学的一面,为中国人接受外国作家、外国文学所惯有的思维模式。中国"萨特热",究其实,是萨特思想启动、中国知识界积极参与的一次思想解放思潮在东方的生动演练,其如火如荼的程度,使之带有浓重的政治色彩和群众性思想运动的性质,激情四射,热闹非凡。但真正沉淀下来,耐得起时间咀嚼的东西并不多。这就是为什么不少当年的"萨特迷"们,在激情消退、时过境迁后发出如此感慨:萨特只是构成他们一代人"精神履历与青春回忆的要件之一"①,已经远去了。而萨特及其存在主义,只不过是留在他们记忆中的一种曾有的时尚话语和超级热词而已,如同今天人们言必称"全球化"一样。甚或有些媒体将20世纪80年代中国知识界与萨特"结缘"的"精神初恋",视为一次"错爱",称与萨特的哲学"结缘","只可一宿,不可久眠"。②对此,您有何见教?您作为中国学界带领读者走向萨特的第一人,当有自己的思考和认识,是吗?萨特对于当今的我们,是否已经过时?这位东渡的西方思想家到底给了我们什么呢?

柳鸣九:阁下上述一番话,如果我没有理解错的话,归结起来就是这样一个问题:萨特在中国的影响究竟范围有多广?深远度有多大?时至今天,他在中国的影响是否还存在?

诚如阁下所指出的,萨特哲理在一代人的记忆中曾留下了"时尚话语"与"超级热词",我想这应该是指"自我选择"。应该承认这个"话语"这个"热词",时至今日仍很流行,具有很高的被使用率,人们在回顾自己某一次由个人主体意识来定夺的经历时,常使用这个词,在陈述自己将要由个人主体意识来定夺的计划时也常使用这个词,总之,是用来概述自己主体的一种精神状态、主体精神的一种价值取向与行为决断,因此,它就不仅仅是一个"话语"、一个"词"了,它有其内容,有其价值观,有其时代历史、社会现实的丰富内涵。我不能说,使用这个词的世人都读过萨特,都受过萨特的影响,但至少说明,当年的"萨特热"多少留下一些东西,说明萨特哲理的确有其广泛的涵盖性,有其强烈的能引起精神共鸣与精神通感的机能,因此,即使是没有读过萨特的人,在利用自己所获得的空间与条件自行其是的时候,也可以借用"自我选择"这样一个话语。在我看来,有广泛涵盖性,能引起精神共鸣与精神通感而有被广泛借用功能的哲理,正是最有生命力的哲理,是不容易过

---

① 何力:《一段精神履历的要件》,载《经济观察报》2005年7月4日。
② 曹红蓓、段京蕾:《80年代新一辈的"精神初恋"》,专题《错爱萨特》,载《中国新闻周刊》2005年第19期(总第229期)。

时的哲理，何况在使用"自我选择"这个词语的广泛人士中，的确有不少人当年是读过萨特，至少是知道萨特的，只不过他们当年通过"自我选择"的行为方式，后来，获得了自己非哲学、非文学的"存在"，成为CEO，或成为经济师，或成为有官职的人……

至于当年热衷于读萨特的人，很多人后来都在学术文化领域里有所作为，不少人已经成为名士，他们都是从萨特这所学校里出来的。很难想象，一个当年对学术文化感兴趣的人是不曾读过萨特、不曾热衷于萨特的，萨特曾经真可谓是他们的"精神初恋"。但是正像现实生活中，初恋往往并不导致结婚一样，热衷过萨特的人，日后往往并没有成为"存在主义者"、萨特主义者，不过，那么多人有那么一次"精神初恋"，有那么一个"青春故事"，对于一种哲理，这就足够了，这就是它优质的标志。

至于当年的"萨特迷"，有些人激情消退，甚至有了"只可一宿，不可久眠"之叹，我的看法是，不论这些人当年热衷于萨特，还是如今他们又发出了"只可一宿，不可久眠"之叹，都是他们自己的自由，都是他们的"自由选择"。（我还强调一句：这些都是他们的"自由选择"，这些都是他们按"自由选择"的法理办事的结果）何必一定要某个人、某些人信奉萨特终生、咀嚼萨特终生呢？任何一种哲学，哪怕是其现实权威强大得如太阳的哲理，也没法将所有的人都拴在自己的身边，不许离去。当年某些热衷于萨特的人后来又做了其他的"自我选择"，比方说，选择了其他的安身立命之道，选择了其他的门庭，其他的路子，例子确是屡见不鲜，有的人又自我选择了解构主义，有的人自我选择了侍奉德里达，有的人则自我选择了仕途或商海……这都很正常，人们不是常说"世界是丰富多彩的""世界是多极多元的"吗？重大的哲理主义，也不过是一个有吸引力的"精神展台"而已，不时有人围聚起来进行观摩、参悟、玩赏、膜拜，不时又有人散去，时聚时散是再正常不过的，但这种现象与这一哲理是否无用了、是否"过时了"的问题是两码事，而萨特的"自我选择"论，作为一种具有积极自主精神、创造进取精神的哲理，应该是不会过时的，不会沦为无用之物的，因为只要有人类的主体意识取向、主体实践活动存在一天，人们就会对这种哲理有所需求，就会对这种哲理感到亲切。因此，我相信，萨特这个精神展台前面的人群肯定会聚聚散散、散散聚聚，但绝对不会荒无人迹。今年，时值萨特诞辰100周年，虽然有人弹出了似乎带有些微"左"味的"错爱萨特"的高调，但竟有如此多重要的媒体为萨特献出了如此多的篇幅，就是一个明证！

应当承认，近几年，在中国，读萨特的人少了，与当年的盛况相比，相差远矣。这个"精神展台"的前面，大有冷落之势，倒并不是因为萨特丧失了固有的魅力与价值，而是因为社会现实有了变化。首先，改革开放已经有一些年头，人们在政治法律规范所允许的范围里已经得到了进行自由选择的自由，改革开放之初，全社会范围里那种急切要求实现个体意识、个体决断的情结已经大有释解，而且经过自由选择有所作为、有所成功的个人比比皆是，人们在现实的生活中就能够得到启发，找到典范，并由自己来付诸实施，那又何须一定去请教萨特？总之，社会群体，包括知识学术群体对哲学的需要大大降低了，这是最深层的根由。还有一个重要的千万不可忽视的社会原因，那就是我们正处于一个物质功利主义大张扬的时代，人们都忙于赚钱、谋求功利的目的，大家都很忙，没有多少时间读书，特别没有多少时间读严肃的书、令人深思的书、人文的书，流行的文化形态是"快餐文化""娱乐休闲文化""看图识字文化"，在整个人文精神失落、人文文化影响缩小的大背景下，比萨特更有经典地位的思想家、作家被冷落的尚且不乏其人，何况萨特？

钱林森：萨特是法国20世纪精神文化领域的巨子，是一位具有世界意义的大家，这是您给这位大家在人类文化坐标上的定位。萨特在中国的精神之旅，不管有怎样的际遇和潮涨潮落，这个历史定位都不会有什么变化。可创造自己体系的思想家、文学家的萨特，他的精神谱系何在？我是问，他的哲学体系、文学创作和西方精神传统的关系何在？他的文学创作和哲学思想有着怎样的关联？记得1994年"萨特热"潮落后，中国法国文学研究会在您主持下举行了"'存在'文学与20世纪文学中的'存在'问题"的学术讨论会，就此进行了深入的探讨，1997年同名论文集出版，列入您所主编的《西方文艺思潮论丛》第七辑。请说说您的看法好吗？

柳鸣九：关于萨特的哲理属何"精神谱系"，按我个人的理解，简而言之，可谓以存在主义之名，行人道主义之实，他的哲理可视为有存在主义之名的人本主义、人道主义。

说萨特是存在主义，原因不难理解，因为他是学存在主义哲学出身的，他早年留学柏林，师从胡塞尔，研究被称为存在主义的德国哲学，他早期的哲理著作《存在与虚无》遵循了胡塞尔、海德格尔的套路，可以说是一部存在主义的专著。但是，当萨特以其文学创作成名之后，在1943年左右，加布里埃尔·马尔塞给萨特的文学创作贴上了存在主义的标签，不久后，萨特在一次讨论会上，却明确予以拒绝，宣称"存在主义，我不知道此乃何物"。这是怎么回事？我以为问题出在萨特早于出版自己的存在主义哲学专著之前，就已经在文学界崭露头角，有了相当大的名声，出在他的哲学专著与他哲理文学作品之间的非等同性。

德国存在主义哲学有自己的理论范畴，如对人类生存命定性的阐释，存在与时间的哲理，生存哲学，生存哲学现实论，关于存在与超越的理论，对现在、境遇与瞬间的论述，真理的多重性，宗教价值的超验性，等等。萨特作为一个德国存在主义哲学的青年研究者，当然会要面对这些问题，但是，他作为一个创作了《苍蝇》《间隔》等一系列文学作品的著名作家，他在创作中面对的就是另外一些问题了，即使是哲理，他想要在作品中表达的与他所能表达的，当然会有所不同。他是以文学作品而不是以他的哲学专著成名并享有巨大声誉的，而他在文学作品中所着重表达的哲理正是我们所看到过的，即"存在决定本质""自我选择"等。

正因为他在自己的作品中所表述的哲理与原本的德国存在主义哲学有所不同，所以当批评家把存在主义的标签贴在他那些已经风行的文学作品上时，他自然就会予以否认。然而，存在主义文学这个标签已经成了时髦标志，加以热衷者的鼓噪与炒作，使得萨特也难免心动（要知道，他一生都惯于追求某种轰动效应），他终于接受了这面大旗，充当了它的旗手，于是，"存在主义文学"成为一个正式的牌号进入世界文学史，并且风靡一时。这便是我们中国人所面临的文学史既成事实，说实话，这造成了我们在理解上的某种困惑，因为按我个人的理解，萨特在其文学作品所集中表现的"自我选择""存在决定本质"的哲理，与其说属于哲学认知与理论解析的范围，不如说是属于伦理学、人生观的范围，如果说存在主义哲学仍是对世界的认知与描述，那么，被称为存在主义文学的那一部分文化精神成果的哲理内涵，则是对人生的清醒认知、彻悟意识、态度立场与形象展示，用简单的话来说，就是有关人的一种人生观，在根本上，这种思想哲理内涵显而易见是属于传统的人道主义体系、人本主义体系，是这种思想体系中的一个组成部分、一个"部类"，只不过它使用了存在主义哲学的某些概念与术语，如"存在""本质"等。

萨特本人一定是感到了存在主义哲学体系与自己文学作品中哲理的非同等性，而他本人又不无尴尬地完全接受并享用了存在主义作家这样一个带有光圈的称号，为了弥合这种理解与认知上的裂痕与距离，他在1946年，他的"存在主义文学"已经大行于道、风靡全球之时，出版了《存在主义是一种人道主义》一书，此书后来被称为"存在主义圣经"，应该说是萨特对自己精神谱系的最具有"拍板定案"作用的阐释。总之，在我个人看来，萨特仍然属于人道主义思想的传统，而他所作的"存在主义是一种人道主义"的解释，值得我们尊重。

钱林森： 作为20世纪西方精神文化领域的巨人，萨特在文学、哲学、政治社会斗争诸方面都有自己的建树和贡献，他留给后世的精神遗产是丰富的、多层面的，我们接受萨特这份精神遗产，自然也不限于哲学、思想、政治层面。对萨特的接受会因接受者不同、时代境遇不同而呈现不同的层面和重点，永远受制于接受者的取向和时代的变迁，是个十分复杂的课题。面对这位集哲学家、文学家和社会政治活动家于一身的"丰富复杂"的萨特，我还是要问：您作为研究法国文学和萨特的权威批评家、萨特的中国接受者，更喜欢更看重萨特的哪一面？也就是说，在萨特一生的劳绩和创造中，您个人觉得哪一份最重要、最有价值，对中国人来说最有意义？

柳鸣九：的确，萨特留给后世的精神遗产是多方面的。阁下指出，"对萨特的接受永远受制于接受者的取向与时代的变迁"，我很同意，至于我对萨特哪个方面更为看重，更为喜欢，既然我是一个文学研究工作者，自然对他的文学成就更为看重，更感兴趣。说到"喜欢"，很坦率地说，萨特并不是我最喜欢的外国作家，在我喜爱的程度上，加缪就排在他的前面，但作为一个研究者，我有责任对他本人，对他的各个方面做出科学公正的评价，最好是符合中国国情、适合当前文化发展阶段与状况需求的评价。

萨特是学存在主义哲学出身的，他作为那个谱系里的一个哲学家，应该说是很出色的，可谓青出于蓝，他所表现出来的思辨力与抽象力是令人赞叹的。他也写出了两三部纯理论的哲学专著，不过，这些专著即便在法国，也只是写给高层次的业内人士看的，正像博士论文经常是写给评审委员会看的一样。对一般读者来说，完全是"阳春白雪"，"曲高和寡"。其中有一两部译成了中文，据我所知，读者甚为稀少，如果不是对思辨与抽象有割舍不了的热情，一般读者是不会去问津的。

萨特一生在社会政治斗争、思想文化活动方面倾注了很多精力与热情，他大量的政论时文就是他在这方面的产物，收编为《境况种种》，共有十卷之多。1981年10月我在巴黎拜访西蒙娜·德·波伏瓦的时候，我问她对萨特在精神文化几个不同方面的贡献有何看法时，她特别强调了萨特本人对这一套文集的高度重视，波伏瓦也认为它是人类宝贵的思想财富。但是，在我看来，时至今日，如何评价萨特的政治社会活动与相关成果，反倒成了一个问题。我们知道，萨特作为一个政治社会活动家，除了早年参加过若干反德国法西斯占领的活动外，后来，在国内主要是以法共甚至是极左派的同路人的身份，而在国际上则主要是以社会主义阵营的斗士的姿态，在20世纪80年代初，我为萨特在思想文化上堂而皇之进入中国代办"签证"时，曾经大力介绍了他作为大左派的倾向与表现，那是为了取得社会主义中国对他的认同，也是为了消减些许"左"派批评家射击的火力。现在,经过了20多年的世事沧桑,当人们对很多事物愈来愈持理性的态度的今天,就有必要指出萨特当年不少姿态与表现是经不起历史检验的(像他所发动的对加缪的抨击与责难)。他曾热衷于卷入一次次斗争或事件,凭借他的声望与才华、信仰与自信,投入得太执着、太淋漓尽致了,丝毫没有给自己留下一个作家最好应该保持的适当距离,没有采取一个思想家最好应该具有的高瞻远瞩的超然态度,倒把自己的阵营性、党派性(虽然他并未正式参加法共)表现到了极致程度,因此,当他所立足的阵营与政派在历史发展中露出严重历史局限性而黯然失色,甚至成为历史陈迹的时候,人们就看到了萨特振振有词、激昂慷慨所立足的基石、所倚撑的支点悲剧性地坍塌下去,看到他在那个地方所投入的激情、岁月、精力、思考文笔大部分付诸东流。

在文学上,萨特是真正意义上的巨人。他在文学史上地位稳固,经得起时间的考验,具有长存的、经典的意义。他雄浑的力量在于把自己"存在"的哲理与现实生活形象水乳交融地结合在一起,以清晰鲜明的古典文学形象表述了发人省思的现代思维内容,创造了一系列既有形象感染力又具有深邃意蕴的杰作。他这种"双结合"的优势是很多20世纪作家所不具有的。他表现了"存在"哲理的寓言性戏剧与同时具有丰满生活形象的小说作品,不仅其深刻隽永的内涵足以令人反复思考,回味无穷,而且其纯净的经典式的艺术形式也足以给不同时代的人提供巨大的美感享受。即使是他的一部分时事针对性特别强烈的"境遇剧",也并非一概"过时",倒由于历史社会事态的发展而焕发出新的生命力,如他揭露法西斯残余势力的《阿尔托纳的隐藏者》,在当今欧洲又出现纳粹幽灵的时候,就仍有其现实意义。萨特在文学理论方面的建树是很卓越的,对我们有很高的研究借鉴的价值,至于他多种具有深刻哲理的传记作品,则像藏量丰厚但至今仍未被开采挖掘的巨大矿山。他的自传《文字生涯》篇幅不长,价值很高,可与卢梭的《忏悔录》媲美,其严酷的自我剖析精神堪称典范,显示出作者独特的人格力量。

钱林森： 研读您有关萨特的文章，倾听您对这位大家创造业绩的考量，您更看重的显然是文学家萨特，您把他列于法国 20 世纪文学史大师的地位，他的世界性影响是不言而喻的。回顾萨特流入中国的历程，文学家萨特——确切地说，作为思想家的文学家萨特——对中国新时期文学发展的冲击和影响是有目共睹的。正如有些研究者指出的："当作为哲学家的萨特在中国的思想研究领域里日益退后的时候，萨特在文学、艺术领域的启蒙作用则表现出更为持久的影响。徐星的厌倦孤傲，刘索拉的青春躁动，格非、潘军、残雪、谌容以及朦胧派诗人……透过一份被批评整合过的受萨特影响的作家名单，你会发现，过去 20 年中国文学的新变，已经无法离开对萨特的评说。"[1] 这是中国作家对萨特文学层面的接受，虽然在人数上和规模上远不如当年"萨特热"的精神鼓噪那么普泛、宏大，但它到底留下了一些耐人咀嚼的东西，表明通过文学的交融而获致人的心灵情感的汇通，永远具有强大的生命力。萨特思想的滋养给中国新时期作家、艺术家以新的灵感、新的视野、新的题材和新的表达方式，这是不争的事实，它已成为今日大学校园里不少年轻学子攻读学位的选题。试问萨特给予中国新时期文学的这种影响，是思想家萨特的作用，还是文学家萨特的作用？抑或两者共同作用的结果？换言之，中国作家对萨特文学层面的接纳，主要是真正意义上的文学滋养，还是萨特哲学精神的启迪？

柳鸣九： 阁下是研究比较文学与比较文化的，对法国文学与当代中国文学的双向交流、双向影响很有见解，可惜的是，我个人的研究是单一领域的，我研读中国当代作家的作品甚少，不敢对你所列举的那些中国作家与萨特影响的关系发表意见，与其信口开河，不如自认"不知为不知"。不过，从萨特这一方面来看，我认为他影响当代作家的方式与途径不外有二：

一是以他的哲理内涵。他的哲理与传统的人道主义、人本主义相通，对于任何有人文关怀的作家都会具有亲和力，而改革开放时期的中国作家，是不缺人文倾向的。他的哲理具有现代特征，运用了现代哲学的概念与术语，对于憧憬现代倾向，对现代性颇为好奇、感兴趣的中国当代作家是会有强烈吸引

---

[1] 何力：《一段精神履历的要件》，载《经济观察报》2005 年 7 月 4 日。

力的。

二是以其将现代的哲理与古典的文学形式熔于一炉、水乳交融的方式，也就是说他给中国作家提供了哲理文学的范例，这种文学的形象鲜明性与思想隽永性，足以对改革开放后的中国作家有强烈的吸引力，并构成可以效仿的典范。如果说，在这个时期的中国出现过哲理文学作品或带有哲理色彩的作品，也许就与萨特的影响不无关系。

除此二者之外，萨特对当代中国文学的影响就不大可能有其他的切入点了，具体来说，不可能在文学形式与表现方法上给中国作家提供什么新的灵感，原因很简单，因为萨特没有什么新文学形式，他不像"新小说"派、"荒诞派"戏剧，他的文学表现形式基本上是传统的、古典的，他的戏剧形式中国作家早在易卜生那里就见识过，而他的中短篇小说形式，与莫泊桑、契诃夫的小说基本上属于一个类型，只有他的中篇《恶心》在形式上有点"膈色"，但那篇小说的可读性实在很差，我想，相当注重可读性的中国作家不会有兴趣去仿效。

钱林森：在我看来，在萨特那里，哲学家、文学家是二而为一，或思想家、文学家、社会政治活动家是三而为一，互为补充、互相制约的整体，他在创作上的一切特点、风格和追求，都是和他这多重身份、层面紧密相关的，很难截然分开。在对萨特的评析中，我特别注意到您对萨特自传中的人格魅力的分析和对他作为"作家兼斗士"的强调和评价，我认为，这种既是文学层面的，也是思想层面的分析和评价，捕捉到了萨特其人其文的本质特征，其价值取向也直接承继了中国作家接受外国文学的一种传统精神。其实，在法国文学历史上，许多在文化上有重要建树的大家，大凡都是"作家兼社会斗士"的角色，很政治化的，几乎形成了一个文学传统，从伏尔泰到卢梭，从左拉到法朗士，从纪德、罗曼·罗兰、马尔罗到萨特……而中国新文学作者，从鲁迅、茅盾到巴金、胡风、路翎……在接受外国（法国）文学滋养时，不仅致力于学习外国（法国）作家为文的本领，也十分注重学习他们为人的风范，也几乎形成了一个接受传统，所以您对萨特文格和人格力量的强调和评价是十分有意义的。

柳鸣九：一个国家的文学中能形成某一种文人传统、作家传统，是这个国家文学丰富与成熟的标志，并非任何一个国家的文学中都能有此种"景观"的，一般来说，是在某种历史相对悠久、内容相对丰富和厚重、发展相对有持续性的文学中才会有的，法国文学就是这么一种文学。也许，在法国文学中，能称得上传统的东西不止一项两项，比如说，对创新精神的强调，对哲理的重视等，当然，作家关注并介入社会生活，要算是法国文学中较重要的一个传统。

阁下列举了这传统中一些令人瞩目的作家，我很同意。这些作家不只是一般地关心社会现实、民生疾苦，也不只是一般地"指点江山，挥斥方遒"，介入社会政治。他们的介入往往有声有色，甚至轰轰烈烈，常常为了某一个正义的目的，敢于站在当时统治阶级以至整个国家机器的对立面，勇敢地抗衡，如雨果为反对拿破仑三世的政变与独裁，流亡国外达19年之久，不做任何妥协；左拉为了德雷福斯冤案的昭雪，敢于冒监狱之苦与生命危险，等等，这些作家以其轰轰烈烈的正义之举而在历史上留下了光辉的一页。

萨特显然是很景仰这种勇者的辉煌，他十分有意识、十分自觉地将作家的这一种行为方式，这一种存在形态，提升为一种道德职责，一种美学规范，大加阐释，建立了"介入文学"论。他自己当然是这种理论、这种理想的实践者，而且也达到了轰轰烈烈的已成事业的规模（即使较伏尔泰、雨果、左拉稍逊一筹）。他在其中也表现出了很令人钦佩的勇气，如他反对阿尔及利亚战争的时期，受到了右派要"枪毙萨特"的威胁后，仍坚持斗争；又如他在匈牙利事件中抗议苏联出兵，采取了断然决裂的态度，不惜公开否定自己长期作为苏联之友的历史，而这种敢于否定自己的勇气似乎更为不易，没有一定的人格力量是做不到的。

不过，应该看到，法国文学中之所以能形成"作家兼斗士"的传统，是与法国社会民主化的历史较早、民主化程度较高这一历史条件有关的，萨特之所以能把自己的"介入"理论扮演得淋漓尽致，也是与戴高乐总统的雅量有关，他曾明令："我们不要去抓伏尔泰。"各个国家有各自的历史社会条件，不同国家的作家也有实现人格力量的不同道路与方式，如果不考虑本国本民族的客观条件，硬要抄袭或照搬，那肯定是学不来的，甚至往往会反受其害。

钱林森：我们就"萨特在中国"所进行的讨论和交流，差不多已接近尾声。请容许我提一个知识性的、近于幼稚的问题：萨特这位业绩卓著而风格鲜明的作家、思想家，这位西方明星式的大知识分子，在他生前和身后，何以在西方和东方不断招惹是非，引起争议？世人对他的臧否如此分明，在法国作家中实属罕见，这是因为他思想深邃复杂、风格鲜明独特所致，还是他追求明星效应的个性所致？

柳鸣九：萨特是一个既得到过大欢迎、大赞赏、大崇拜，也得到过大非议、大厌烦、大否定的作家，他得到什么，要视他面对何种人群而定。在20世纪五六十年代法国以至整个西方世界的文化青年面前，他是一个被热烈崇拜的对象，一个完完全全的文化偶像，在20世纪六七十年代法国乃至西欧极左派青年面前，他是一个精神导师。在法国以至西方的传统社会阶层与右翼社会群体那里，他被视为一个喜欢骂街的人，一个叫人心烦的人。而在东方，在社会主义中国，他

的"自我选择"说又曾被视为瓦解集体主义的"精神污染"。他之被赞颂还是被否定，与其说主要是由于他个人的主观原因，不如说是不同人群的不同立场与喜爱。当然与他的主观表现也有很大的关系，如果他只是一个哲学家，一个小说家、剧作家，他不至于引起这么大的争议，问题在于他热衷于社会政治，热衷于政论时评，他的实践活动与批评议论不可能不触动不同方面、不同阶层的利益与神经。加之他是一个个性张扬的人，喜欢追求轰动效应，也善于制造轰动效应，如发表宣言、上街游行、探访监狱、拒绝领奖等，这样张扬、极致、尖锐的表现形态，当然很容易招致中国俗话"树大招风"所说的那种后果。但我想，对于头上有光圈、口袋里有法郎、没有家庭与儿女的拖累、毫无后顾之忧的萨特来说，也许他图的正是这个。

钱林森：回顾萨特在中国的精神之旅，谈论萨特在中国的被接受，是个沉重的话题。您是这个话题必不可少的"焦点人物"，甚至在一个时期，您本人成了人们议论的中心话题。20世纪80年代，您引领萨特进入中国，便一度和这个招人喜爱而又招惹是非的外国人，一起成了中国青年和学界议论的中心话题，在二十余年后萨特百年诞辰的今天，人们又一次把您请出来，置于萨特话题的中心：请您向新一代读者讲述萨特一生的峥嵘岁月，重温萨特中国之行的风雨历程，重估萨特在中国的影响和意义。国内各大报刊相继刊发采访您的文章，数家出版社也纷纷重版您开启的萨特译介、研究的多种著作。梦回星移，世事沧桑，萨特在中国的命运真是今非昔比，这使我们这些亲历者、见证者，不免感慨万端。请问，面对这个巨变，您的感受是什么？是苦涩还是欣慰？

柳鸣九：《萨特研究》问世至今已近25年，今年，萨特100周年诞辰之际，各大报刊的纪念盛况令人大感意外。两卷本的《萨特精选集》（北京燕山出版社）与七卷本的《萨特文集》（人民文学出版社）的出版，也表明萨特精神遗产已经正常而顺畅地在中国通行。眼见改革开放所带来的这一番文化景象，我作为一个当事人倍感亲切与欣喜。想当年，《萨特研究》问世之后不久，我的确受到过很大的压力：大会上的点名，报刊上的批判，严肃的个别谈话，书被禁再版，等等，最后，我总算坚持了自己的学术观点，没有去遵命写领导命题的反省文章"我对萨特的再认识"，当然，我也付出过若干代价，但至今回顾起来，却并不感到苦涩，我深深感到，自己能参与"萨特的中国行"这样一个文化进程，在这个过程有所作为，也算是"生逢其时"的一种"造化"，对此，我感到欣慰。

对话者学术成果书影

萨特与中国的思想开放

对话者胡赳赳：《新周刊》杂志记者

对话时间：2005年6月

《新周刊》：萨特是如何与中国发生关系的？

柳鸣九：萨特被中国接受，不像巴尔扎克、托尔斯泰那么简单，从新中国成立一直到改革开放，商务印书馆出过一本《存在与虚无》，影响很小。改革开放之前，他在中国一直被称为"帝国主义的代言人"，萨特戏剧性地来中国是在改革开放以后。在中国，对西方文化的科学评价，应该归功于那次"实践检验真理"大讨论，上面打开这个局面，下面才能跟着上。

《新周刊》：反对苏联文化意识形态，那时候为什么不是别人提出来而是您？

柳鸣九：上帝看上我了。说实话，对日丹诺夫论断，我早就有"反骨"，只是趁了当时改革开放大环境"揭竿而起"，做报告，发文章，组织笔谈，目的就是要破那个坚冰。以前一提到西方著作，都是反动的、腐朽的，那就没法谈了。实际上就是把很多优秀的精神文化拒之于门外。

《新周刊》：您的知识谱系是怎么建立的？

柳鸣儿：我是学外国语的，在北大，我们这一届是很"科班"的。1957年毕业，那四年，领导一直号召向科学进军，那个时候能否入党，还得看你学习刻苦与否，学习成绩如何，不是突出政治而是突出学习，那一届很出人才。

冯至、朱光潜、卞之琳都是我们的师长，那是非常扎实的一届毕业生。我一毕业就被分配到社科院研究所，可以看到的原版外国书实在是太多了，那时管外文图书工作的是钱锺书和李健吾，文学所和外文所的征订书单上，我们那些时候要看的东西都能看到。

《新周刊》：您第一次接触萨特是什么时候？

柳鸣九：出了大学之后，在外文所。我不是特别迷恋萨特，我们研究工作者涉猎的范围很广，我们毕竟在研究所里泡了十几年了。我批日丹诺夫、评萨特时已经四十出头了，如果没有积累，根本就攻克不下，人家毕竟是个体系。1980年4月萨特逝世，《读书》7月号登了我的文章《给萨特以历史地位》，这个标题本身就是为他平反，对他做正面评价的。

《新周刊》：那时候这篇文章引起了什么反应？

柳鸣九：这篇文章后来成为《萨特研究》序的一部分，《萨特研究》出版于1981年，当时发行了5万册。大概是1982年就开始"清污"。"清污"批判的重点之一就是《萨特研究》，这本书就不能再卖了。直到1985年，此书又获准再版，萨特在中国的经历有这么一个戏剧性的过程。萨特问题之所以能提出来，不是偶然的，也是中国改革开放的必然，如果没有改革开放便不可能被提出来。"实践是检验真理的唯一标准"那个大讨论，开辟了一个天空，如果没有这个天空的话，我们这些人就飞不出去。

《新周刊》："清污"时您有没有受影响？

柳鸣九：上面让我做自我批评，写一篇"我对萨特的再认识"，我没写。后来领导也没有强求，毕竟我们进入了改革开放的时代。

《新周刊》：为什么萨特在中国有文化偶像的地位，而不是别人？

柳鸣九：首先因为萨特在西方、在法国本来就是地位高、影响大的文化偶像，也因为萨特来到中国，正逢中国改革开放的大好时机。他的"自我选择"的哲理正投合改革开放以后人的主体意识有所拓展的状况。至于后来的变化与发展则反映了我们整个精神解放一个曲折的、反复的、螺旋形上升的过程。

《新周刊》：您现在对他的评价没有改变吧？

柳鸣九：没有变。我在纪念他逝世20周年的文章中已经讲得很清楚了，如果你有兴趣，可以参阅。萨特的好些精神文化遗产，其本身的价值是恒定的，如果你作过认真的研究，你的估价就会符合客观对象的价值。在20世纪80年代，之所以要着重讲"自我选择"，是因为这既是萨特哲学的核心，也是中国人当时所需要的，适合于中国的土壤，因此萨特才大行其道。我只不过是一个诠释者，推动他在中国的"通俗化""本土化"，我相信我当时是诠释清楚了。

《新周刊》：为什么别的思想家没有萨特这样受欢迎？

柳鸣九：现在知识界，基本就是80年代的一代人。从自我选择，有价值取向，要怎么走，因此才走到目前的地步。之所以说80年代影响大，我想是因为他投合了中国人对自我主体意识的强调。没他的思想就不会出现下海的大潮，不可能出现从政的人。首先有了这个主体意识，才谈得上价值取向，才谈得上走什么路，萨特投合了这个需要。当然，萨特有法国的现实，中国有中国的现实，这个在精神文化领域有一个精神现象，只信曲调，不信歌词。你喜欢曲子，跟着跳舞就行了，歌词跟我心里的话语是否一样不重要的，他提供了这样一个意识形态，我可以填进自己的歌词，在这个意识里就可以实现自我，为什么着迷于这个曲调，原因就在此。

《新周刊》：那这算不算误读？

柳鸣九：不算，他提供了自我选择，提供了一个容器，我可以说我自我选择社会主义，我可以自我选择去经商，原因就在这里，80年代那些人思想解放,不是荒诞派的那些,他们首先走萨特这一步,就是自我选择这一步。

《新周刊》:为什么后来就渐渐看不到萨特了?

柳鸣九:在现实社会中,自我选择已经不成其为一个问题了。中国人已有自己同胞成功的先例,为什么要去求助萨特的哲理?

《新周刊》:您认为萨特对中国的贡献是什么?

柳鸣九:老实说,最大的贡献就是思想解放。他的哲理影响了一批人,这批人,在文化界、在经济界都有。显而易见,中国现在的文化界很多人恐怕都是从萨特那个学校出来的,说没有受萨特影响,不大可能,这就是最大的影响。至于后来这些人,选择了别的武艺,别的花样,那是另一回事,但当初,不经过萨特,就走不到今天这一步。当然应该看到,萨特要你进行自我选择,但并没有要你一定选择德里达,选择解构主义,选择新潮派文化理论。其实萨特是很传统的,萨特的伦理观、文学形式都是很传统的,很古典的。不过,后人在文化上有自我选择的充分自由,可以选择德里达,可以选择尼采以及别的什么,现在真正信奉德里达的不知有几个人,但玩德里达的的确不少,这是个人的自由。

《新周刊》:目前萨特是否被我们抛弃了?

柳鸣九:萨特作为人类的一个优秀的文化遗产,我相信他永远不会被抛弃。对任何一种文化现象,对任何一个文化偶像的热衷程度,是随时代变化而变化的。不过,有一个问题倒值得一提,如果说现今我们对萨特有所冷落的话,那倒的确是。但是,有人文价值的东西,今天被冷落的何止萨特?比萨特更无疑义、更好看的人文遗产被抛在一边的比比皆是。本来,物质生产、物质生活的发展理应带来人文精神的上升,但现在只带来了物质功利主义的张扬与人文精神的滑落,这是一个极为严肃的问题,值得深思,值得讨论。要知道,和谐社会缺了人文精神是不成的。

《新周刊》：您现在修正了哪些对萨特的看法？

柳鸣九：谈不上什么"修正"。他的主要精神遗产是动摇不了的，如他的哲理剧、他的哲理小说、他的自传，等等。当时，我对这些做过很高的评价，现在仍然如此。世界性的文化人物，其业绩都是客观存在的，他们一直在那儿，并没有离开，在那儿任人评说，只不过，在历史沧桑变化中，对杰出人物的评价往往如潮汐一样，时涨时落。如在20世纪80年代，你必须强调萨特是个左派，这是萨特被中国人接受的一个理由，你要申请萨特到中国的"签证"，就必须摆出这个理由来。现在不存在"签证"的问题，也就无需再强调这个理由。而且，还应该看到，对缩小萨特的光圈起了特别重大作用的，还是社会历史进程本身。任何人、任何事都要接受时间的检验，只有通过了时间考验的，才具有持久的价值、永恒的价值。20世纪充满了各种社会政治思潮、各种意识形态体系、各种国家民族、各种势力集团的复杂矛盾与激烈冲突。这个世纪的历史进程是反复多变、曲折复杂的，在这样的环境与条件下，对习惯于对各种问题表述观点与意见的思想界人士来说，"一贯正确"只可能是一种可望而不可即的理想境界，如果慎之再三，如履薄冰，步入历史误区的可能性相对会少一点。但萨特作为一个作家、哲学家，不仅非常社会化、政治化，热衷于卷入各种思想文化争端与社会政治斗争，而且凭借他的声望与才华、信仰与自信，他在具体的政治社会事件与极左思潮中，投入得太执着、太淋漓尽致了，他把自己的阵营性、党派性（虽然他并未正式参加法国共产党）表现到了最鲜明不过的极致程度。

关于学术旅程、坎坷际遇

对话者涂卫群:文学博士,中国社会科学院外国文学研究所研究员、教授,著名的法国文学研究专家

对话时间:2007年8月

涂卫群

涂卫群按:

法国文学界著名学者柳鸣九先生,早在20世纪80年代初,我在北大西语系法语专业读本科时,便知道了他的名字。他主编的《法国文学史》是当时我和同班同学经常参阅的,其翔实的资料、生动有趣的叙述与雄辩的说服力大大开阔了我们的眼界。而他主编的《萨特研究》则在当时更多的北大同学中

传阅，起到了启迪思想、拓展精神的作用。在北大读研期间，我曾和同学一起出席法国文学研究会主办的左拉学术讨论会（1988年），柳先生做的主题发言"重新评价左拉的几个问题"，以其学术勇气和对作品的深入细致的分析，给我留下了深刻的印象。1999年，柳先生作为法国文学研究会会长在外文所主持"'六长老'半世纪译著业绩回顾座谈会"，更让我领略了他作为法国文学研究会会长的敬老尊贤的精神。

一个风和日丽的下午，我来到柳先生的家里对他进行访谈。这是我第一次来到这位学界著名前辈的家中。虽然先生简朴的作风我早有耳闻，但他房舍的窄小简陋仍令我感到吃惊。仿佛时间倒转，我进入了20世纪80年代初的一间普通知识分子的陋室：水泥地、白粉墙，没有任何多余的装饰；引人注目的是沙发对面的两个并列的书柜，里面六大格整整齐齐地存放着出自先生之手的书籍。这些二十多年间出版的作品，记载了先生献身文化事业的艰辛历程，其中不少获得了全国性的图书大奖。一柜柜书籍装帧精美雅致、色彩缤纷，恰与陋室形成对照。

书柜的第一格为专著、翻译作品、散文集，原创的与再版的共四五十种。三卷本的《法国文学史》（主编、主要撰写者，1992年获全国第一届国家图书奖提名奖），涵盖从中世纪一直到19世纪末20世纪初的法国文学，立论有据，资料翔实，被评论界誉为"一部成熟的文学史"；两大卷"法国二十世纪文学史观"《超越荒诞》和《从选择到反抗》，则通过对重要作家作品（涉及六七十位作家、一百部左右的作品）的"个案研究"和对其进行的"切实、深入而有见地的说明与分析"，提供了"法国二十世纪文学发展的大致历史过程与各个方面的景貌，对重大的思潮流派与显赫的文学现象，也有若干聚焦的写照"。这一切充分显示出先生在治史方面的独到见识与卓越成就。译作《雨果文学论文选》《莫泊桑短篇小说选》《都德短篇小说选》，以及加缪的《局外人》等，从中我们可以窥见先生多样化的文学趣味和不同寻常的文字功底：从文学大师雨果的磅礴气势到都德温馨、细腻的文笔，他都能够淋漓尽致地加以传达。散文集《巴黎散记》《巴黎名士印象记》《米拉波桥下的流水》等则讲述了先生在巴黎时忙碌而富有成效的访问，从写著名作家（阿兰·罗伯-格里耶、玛格丽特·尤瑟纳尔、米歇尔·布托、埃韦尔·巴赞等）到写人文名胜（卢浮宫、巴黎圣母院、罗丹博物馆等）。先生所主编的"盗火者文丛"中散文随笔集《山上山下》，则选载了先生徜徉法兰西文化之"奥林匹斯山"以及所经历的"人间烟火"的华彩篇章。回忆性散文集《"翰林院"内外》记述了他与六位西学大师钱锺书、杨绛、朱光潜、李健吾、冯至、卞之琳交往过程中的所见所闻、所思所感，并追忆了他求学时期与郭麟阁、吴达元、徐继增和严怪愚四位老师相处的时光，表达了他对前辈、师长的思念感恩之情……

柳先生的文笔深得学术界、文化界人士赞赏：他的理论文章被认为"充满了理论气势与雄辩的力量"；作家作品的评论文章与鉴赏性的随笔，则被评论为"充满激情的文字"，"见人之所未见，言人之所未言，洞幽发微，词情并茂"，"每文皆流动一股灵气"，"立论清新"，"文采斐然，自然成章"，他的散文名篇，被选入多位著名学者主编的各种权威性的当代散文精品文库，有的还选入高中语文教材。

书柜的另外几大格则摆放着先生主编的书籍：《法国散文选》《法国短篇小说选》《法国浪漫派作品选》《法国自然主义作品选》等，还有规模宏大的几项"文化积累系列工程"的累累硕果，《法国二十世纪文学丛书》（70卷）、《雨果文集》（20卷，1999年获第四届国家图书奖提名奖）、《加缪全集》（4卷，2003年获第六届国家图书奖提名奖）、《世界短篇小说精品文库》（18卷）、《世界心理小说名著选》（13卷）、《世界小说流派经典文库》（15卷）……

站在简陋单调的灰色水泥地上，面对着书柜中琳琅满目的精神产品，我的眼前出现了一片绿色园地，那是柳先生以自己的心血耕耘、浇灌与栽培出的丰饶、茂盛、生机勃勃、无边无际的绿色园地。流连其间，心里不免充满崇敬与敬畏之情，而这时满头银发的柳先生为我端上了一杯刚刚沏好的热茶。我们很快便进入正题。

涂卫群：20世纪80年代初，您以《给萨特以历史地位》一文（国内首篇对萨特进行全面公正评价的文章）和主编的《萨特研究》一书，将这位著名法国学者引入我们刚刚打开的国门，从而引发了"萨特热"，对促进解放思想和客观地译介研究西方现当代文学起了重大历史作用。2005年是萨特诞辰100周年，多家有影响的大报与大型周刊纷纷发表纪念文章和专题采访，您再次成为媒体关注的中心。尤为发人深省的是，南京大学教授钱林森先生与您进行的访谈对话——"萨特在中国的精神之旅"，在访谈中，您曾提到萨特的自传《文字生涯》，认为这部作品"显示出作者独特的人格力量"。作为一位一生"爬格子"且著作等身的学者，从您的作品和与您的几次接触中，我也常常感受到您身上"独特的人格力量"。您如何看待自己的学术历程与文字生涯？在您的学术历程中，是否也曾遇见过困难，您是如何面对、如何渡过的？

柳鸣九：困难总是会有的，每个人有自己不同的困难。在我们的社会中，知识分子道路很坎坷，碰见大难处的大有人在。我毕竟平平安安地走下来了，但实际上，在这条路上还是有很多坎坷的。我说平安，是指没有被整得爬不起来，没有被整垮，没有被打成"右派"等。我还算在研究所里走下来了。我相当循规蹈矩、胆子很小，我之所以有些坎坷，并非因为我特别出格，而是因为有时外界的理解力很有限，比如我为萨特讲话其实是正常的事，结果在"清污"中成为全国批判的重点；我批驳"日丹诺夫论断"完全正当，有理有益，但很快被扣上"批日丹诺夫就是搞臭马列主义"的大帽子。博导问题，我当时的资格与成果"最硬""最多"，居然三次被否，都是因为非学术的原因。说起来这不是什么了不起的事，没有博导这顶小帽也完全过得下去，但在学界，我的这种情况可以说是遭到了重磅打击。在逼仄的环境中，能做出一些事情，好像确实有一个胆识的问题。实际上，与其说我胆大，不如说比较有识，胆来自识，来自我对自己提出的问题了解得比较透彻。如果没有对萨特较为深透的了解，那么也不敢为他讲话，如果在20世纪80年代初对当代西方文学的情况摸得不透，我也就不敢对日丹诺夫发出挑战。当然还有对我们党的规律也比较了解，知道电闪雷鸣、暴风骤雨之后，总会有晴朗的一天。我是一个比较有学术热情的人，总想把自己的学术思想观点坦直地表述出来，有时这会惹麻烦。

在我主编的"盗火者文丛"的序言中,我写道,鲁迅曾把从事西方文化研究、翻译、介绍工作的人,称之为普罗米修斯式的"盗火者",对这类人来说,这无疑是一种荣誉。什么是"火"?在近代,凡是对中国的现代民主化进程有益,对人文主义精神发展有用的一切外来的精神营养,即可谓"火"。什么是"盗火者"?凡是对这些精神成分能自觉地引进、真诚地赞赏、执着地推崇、必要时还能勇敢地挺身而出、进行维护与捍卫的人,即可被称为"盗火者",这便是我个人粗浅的理解。在那篇序言中我是这样说的:"在此称谓中,其行为性质之有益、目的理想之崇高与行为方式之尴尬、之被侧目而视,虽成强烈的反差,但其所具有的悲怆性是不言而喻的。不过,以平常心观之,而不加拔高与崇高化的话,应该说,这种悲怆性与其说是完全来自这种工作与事业本身的内在价值,不如说在很大程度上是侧目而视的时代环境与条件所造成的,是'时势造英雄'的结果。"

在"清污"高潮中,萨特首当其冲,《萨特研究》遭受批判,在批判的高潮中,我拍了一张照片,正坐在藤椅上看《萨特研究》,并未有半点恐慌之态,倒是泰然自若,轻松自在。这张照片恰如其分地体现了我当时的精神状态:"纵然一夜风吹去,只在芦花浅水边。"照片的潜台词是,站得住的东西,最后总能站得住。我有这一点认识,至少我对我们的社会还有雨过天晴这点有信心。时间最能磨平一切,特别是具有充实生活内容的时间。有时我想,如果我的"学途"当时更顺利一些,我或许也会像有些人那样进入庙堂,端坐堂上,悠然自得地享受庙堂荣誉的日子,那我至少不会像现在这样竭自己贫弱智力库之水源,去如此努力浇灌"自己的园地",我自得其所,自得其果,自得其乐。伏尔泰说得好:"我们该耕种自己的园地。"

涂卫群:如今您"自己的园地"里已结出丰硕的果实,您有着不凡的文字生涯,您"与文字的因缘"(借用您在评论萨特的自传《文字生涯》时的说法)又是从何时开始的呢?

柳鸣九：在我身上，不存在什么"家学渊源"的问题，我是从"草根"成为"学者""文化人"的。我的父亲没有多少文化，但仰慕文化、渴求文化；"做读书人"，这就是他对下一代的理想与期待。虽然从抗战时期一直到20世纪50年代之初，全家一直是东西南北，不断颠沛迁移，父母却竭尽全力、耗尽积蓄，使我每到一个城市都得以进入当地最好的中学，从南京的中大附中，重庆的求精中学到湖南的名校广益中学与省立一中……我的英文底子就是在这些名校中打下的。这种并非书香子弟的生存状态决定了我对文化的仰慕与渴求的心态，对于优秀文化与思想充满新鲜感、好奇心与掌控意愿。

1953年，我进入北大西语系法国语言文学专业学习。当时北大西语系的教授阵容很强，有一大批著名的学者直接授业：冯至、朱光潜、李赋宁、杨周翰、闻家驷、陈占元、郭麟阁、吴达元、田德望等。1957年，我从北大毕业后，被分配到当时尚属于北大的文学研究所任"古典文艺理论译丛"的编辑与翻译，开始译了一些西方古典文艺理论的名篇，较早在本学界引起注意。

涂卫群：也许我们可以说，您本人的法兰西文学文化之旅，始于您在"古典文艺理论译丛"编辑部工作时，对一些古典文艺理论名篇的翻译，特别是对雨果的文艺理论系统集中的翻译。同时您又是一位身体力行的学者，20世纪80年代您曾两度（1981年，1988年）应邀前往巴黎访问，关于巴黎之行，您出版了《巴黎名士印象记》《巴黎散记》《米拉波桥下的流水》等文集。在对法国文化已有了相当深入的认识后，您作为一位访问者，作为一位思想者有何切身感受？

柳鸣九：巴黎，我只去过两次，都是应法方的邀请而去的，每次的时间也不太长。但收获甚丰，短短不到半年的访问，就出了三四个集子。由于我在国门内关了40年，第一次出国，就像海绵一样吸收着周围的一切知识，每天带着照相机、录音机、笔记本，如饥似渴地奔波在巴黎，那真是一种强体力劳动。如果早早出国，也许对这一切反倒会习以为常，不会有如此强烈的感受与求知欲。感受颇深的一次是，我在罗丹雕塑博物馆庭院里见到《思想者》时的情形，有人说我那篇写罗丹博物馆的文章有一段是在写我自己，确实如此。罗丹的《思想者》是一个全身赤裸裸的"苦力"，他全身肌肉紧绷，拳头紧攥，显然在支付巨大的体能，如果说他与一般的体力劳动者有什么天然区别的话，那便是他从事的不是简单、重复、机械的劳动，而是有较大创造性的劳动，他必须关注自己产品的创造性、独特性、突破性。谁要是为了探索与研究、为了思考与创作，曾竭其心智、曾度过不眠的夜晚、曾两鬓添上了秋霜、曾尝过辛酸与苦涩，来到这赤身裸体、经受着日晒夜露、风吹雨打的形象面前，怎么会不百感交集、怆然而涕下？而且，这个思想者全身赤裸，毫无遮盖与庇护，最袒露、最不设防，显然最易于招致外界的伤害，这也使我联想到自己的经历、际遇，那是一种非常特殊的感受，当时面对《思想者》，我确实落泪了。

涂卫群：您无疑是一位有胆识的杰出的思想者，在学术上，可以说您的所作所为不失为具有独创性和突破性，请您谈谈这方面的成就吧。

柳鸣九：我的主要学术成就，首先是一个重大的理论突破。在20世纪70年代末80年代初，我做的一件有全国性影响的大事，就是对"日丹诺夫论断"发起冲击。日丹诺夫是斯大林时期苏联的意识形态总管，他对西方20世纪文化艺术全盘否定，一棍子打死的论断，在中国长期被奉为经典，影响很大，不破除这一大块坚冰，外国文学的研究与翻译根本就无法前进。我深知攻坚之难，便借"实践检验真理"大讨论的东风，对日丹诺夫论断"三箭连发"。"一箭"是在"全国外国文学工作会议"上做长篇学术报告（两个上午的时间）《现当代西方文学评价的几个问题》，重新评价西方现当代文学。在座的有当时中国学术文化界从事"西学"的名家大儒冯至、朱光潜、季羡林、杨宪益、叶君健、卞之琳、李健吾、伍蠡甫、赵萝蕤、杨周翰、王佐良等。当然，要在一个社会主义国家里公然颠覆日丹诺夫论断这个一贯享有神圣庙堂地位的庞然大物，就得首先论证它是违反历史唯物主义与辩证唯物主义的，是不符合文学发展客观规律的，而在济济一堂的饱学之士面前做这件事，更必须比较充分而令人信服地说明西方现当代文艺各方面的客观状况，必须正面论述其主要文学流派、重要作家作品在思想内容与艺术风格上的特点、意义与价值，而所有这一切，都必须做到言之有理、言之有据，最好还要有若干闪光的思想与出彩的分析评论。说实话，如果做不到这一点，那么会场上的一大批长老岂会让一个小字辈在台上夸夸其谈四五个钟头？从会场上聚精会神的关注度而言，从会下好些前辈学者的热情赞赏而言，这个报告应该说是成功的。另外"一箭"是不久即在当时全国唯一一家外国文学评论刊物《外国文学研究》上发表同一论题、长达五六万字的论文；还有"一箭"则是在我主持工作的《外国文学研究集刊》上就西方20世纪文学评价问题组织笔谈，参加的由卞之琳、朱虹、李文俊、高慧琴等著名学者、翻译家。这三件事，做得有规模、有声势，扎扎实实，影响广泛。坚冰既破，于是在20世纪80年代初期，中国就出现了西方20世纪文学大译介、大普及的新局面。

涂卫群：正像我们在前面已谈到的，您在理论上的突破基于"识"。实际上，在着手研究20世纪法国文学之前，对于此前的法国文学您已进行了较为全面和深入的探究。1979年和1981年您主编的三卷本《法国文学史》分别出版了两卷，从中世纪文学开始一直写到19世纪末的罗曼·罗兰中期。您能否谈谈您是怎样构思与编写这套文学史的？在其中您想要表达什么样的学术观点？

柳鸣九：在文学研究领域，编写文学史一直被视为高层次、高难度，也具有重要学术文化意义的项目。新中国成立前出版过几部简单的外国文学史，但篇幅较小，涉及内容也不广泛、不全面，缺乏深度。吴达元先生出版过一部《法国文学史》，他是这个学科名副其实的先行者与开拓者，他的文学史主要参考了一位法国人编写的文学史。新中国成立后，国内一直没有人编写法国文学史。由于有"文化大革命"之前十年的积累，在"文化大革命"后期，我想找点有意义的事来做，多少弥补一下被耽误的时光，我自己就办起了"地下工厂"，邀了两三位同道，开始编写《法国文学史》。由于当时很自觉地要冲破"四人帮"的那一套理论戒条，成于"文化大革命"时期的第一卷总算经受住了时间的检验,在"四人帮"垮台之后并没有成为无法出版的废品。

关于文学史,我的基本观点是,文学的发展过程,根本上说来,就是一部又一部、一批又一批、一代又一代的文学作品的生产与流通的过程,其实就是一代代作家作品的出现史、发展变化史。因此,作家作品研究是文学史研究、文艺理论研究的基础。我们的文学史,对整个法国文学进行了系统的梳理和总结。在规模、广度与深度上可以算是很像样的一部文学史,为法国文学学科建设打下了实实在在的基础。

涂卫群: 从 20 世纪 80 年代初开始,您很多精力便放在了法国 20 世纪文学上,在那片当时尚属"若明若暗"的领域,完成了一些很有规模的文化建设工程,产生了广泛深远的影响。您给我们谈谈这方面的工作吧。

柳鸣九: 理论突破之后,还应该有正面的文化积累与学术建设,在一个伟大民族的开放时代,文化摆渡与文学译介当然应该有一定的规模。单靠个体翻译家艰辛地爬格子是远远不够的,还必须把这种个体劳动提升为一种上规模的工程与事业,这是一个历史使命。这使命必然落在对外国文化的历史与现状有系统研究、有深刻见解而又熟谙翻译之道的学者的肩上,也只能由具备这种条件的学者来做。对此,我多少还有些责任感,我的文化学术目标很明确:为丰富社会的人文书架而作贡献。因此,我适应这种社会要求与文化学术规律,从 80 年代初期以来,陆续主编译介了一些关于外国文学,特别是西方 20 世纪文学的大型的作品丛书与理论丛刊,以构成社会文化积累,主要有《西方文艺思潮论丛》(7 卷),对 20 世纪西方文学进行了系统的梳理与评析。当然,法国的 20 世纪文学是其中的主要对象。《法国现当代文学研究资料丛刊》(10 卷),与《法国二十世纪文学丛书》(70 卷),为法国 20 世纪文学建立了一个规模相当大的文库,也为我国的法国 20 世纪文学研究与教学工作,提供了系统的历史资料。此外,还有《加缪全集》(4 卷)等。在这些大项目进行的过程中,我本人还写下八十余篇专论法国 20 世纪文学的文章,共约六七十万字(包括序言、评论等),对法国 20 世纪绝大部分的重要作品与重要思潮都有广泛的涉猎。

上述这些系列丛书既可以说是开拓性的、上规模的文化工程，也可以说是我的理论有所突破的一种佐证，其中有不少在社会上曾引起热烈的共鸣，产生了深远的影响，《萨特研究》就是最为突出的一种。这一个又一个的大工程，恐怕很难有人在今后10年内、20年内能够做到这个规模。法国文学译介得比较透了，我进一步扩大范围至整个外国文学，于1997年开始又一巨型"文化积累工程"：《外国文学名家精选书系》，已成功出版了60种，还有20种待出。

这20年来，我基本上处于埋头耕耘的状态。被人们称为"影响很大"，这并非我自己刻意追求而来。我没有走"庙堂"道路，而是把精力放在了实实在在做出几件事情上。就这样，长期坚持，事无巨细地实干。我一直认为自己智力平平，说自己"勤奋"，当不会引起异议。但对常人而言，能够做到我这样的规模确实不容易。

涂卫群：从文学作品到文学流派您都进行了大量的译介、研究。就文学研究的方法而言，您非常强调"对作品本身切实具体的研究与评析"，同时您提出"宽容是文学批评的灵魂"。请您谈谈对这两个方面关系的看法。在您认真研读过的法国作家中，您比较欣赏哪一位？

柳鸣九：我的学术观点与方法已体现在我所构建出来的文化景观中。至于文学批评中的宽容精神，我指的是要乐于、善于从任何有效、有益的对象中发现优点和价值。即使对于自己不太喜欢的作品也应能做到这一点，一个文学史家，一个站得住的文学评论家，必须有这种度量、有这个本领。

就个人而言，我喜欢平和、恬静的风格。虽然我曾集中译出了雨果的文艺理论，雨果鸿篇大文《〈克伦威尔〉序》的雄浑气势与斐然文采对我颇有潜移默化的作用，影响了我后来理论文章的文风，以至于有人调侃笑称我为"小雨果"；但在气质上与我比较投合的是都德，早在大学时代我就开始译他的作品，我很喜欢他的《磨坊文札》。他幽默、温馨，格局比较小。这与我的脾性、与我作为劳作者的生存方式有关，我喜欢简朴的生活，喜欢柔和的东西，兴趣也比较平民化。

涂卫群：2000年，您在法国巴黎大学被选为一篇博士论文的专题对象，并且这篇题为《法国文学在中国：一位中国当代批评家的漫长旅程》的论文通过了答辩。如今，我们已身处21世纪，回过头来看，法国文学被介绍到中国来，乃至在更大的范围内，我国译介、研究西方文学已走过近一个世纪的道路。如果将其看成一个历史过程，这个漫长的过程的不同阶段似乎面临不同的问题，而每一个阶段都有标志自己一个时代的里程碑。您如何看待自己这一代人的作用？还有哪些工作您认为值得进一步开展？具体到法国文学研究领域，您如何看待本学科的前沿问题？

柳鸣九：新文化运动之后，开始了外国文学的译介和中外文化交流，在引进方面，20世纪30年代初见成果，出现了一些优秀的翻译家和翻译作品。傅雷先生在新中国成立前便出版了一些译作。新中国成立以后，我们外国文学的翻译介绍与研究评论都取得了相当大的成绩，特别是对20世纪以前的古典文学，由于有马克思、恩格斯的有关论述可循，我们基本上持继承的态度，并进行了一些历史唯物主义的分析与研究，尽管这种研究还不深入，并且不时受到一些"左"的干扰。当然，这方面的工作在规模与范围上远远比不上改革开放以后。常听人说，我们这一代人，"是被耽误的一代，被牺牲的一代"，其实，我们是内秀、不乏天赋而又勤奋、有理想的一代，只不过生不逢时，作为被大打了折扣，即使已被烈火烧焦，不像个样子，但春风一刮，就又生气勃勃。纵观这一代人在改革开放后获得了精神解放最初十多年的作为，他们的确非常有效地利用了时代发展的机遇，大大推进了学术文化的发展。因此，不妨说这一代人的业绩与成就，总体上比起其前面的老一代似无不及，至于其后的新一代，要创建出这一代人如此规模、如此分量的劳绩，恐怕还需要有待于来日。

至于何谓本学科的前沿问题？确切的含义我不甚了然。这里，我想讲一个有关的问题，对于外国文学这个学科来说，恐怕最重要的还不是亦步亦趋地紧随一时的动态变化，动态固然要关注、要跟踪、要积累，但一时的文学动态是会经过时间的检验、时间的筛选、时间的淘汰的。我以为更重要的是要做阶段性的概括整理与综合研究，研究那些阶段性发展所呈现出的状态与问题，这是研究机构的分内职责。我在20世纪80年代初，就曾经预言，新寓言派肯定是法国20世纪最后一个流派，在它之后20世纪就不会再出现什么新的流派、新的潮流了，迄今的历史发展证实了这点。现在有一个问题是不是"前沿问题"，我不敢说，但确实值得研究思考：从20世纪初到80年代，法国为什么几乎每一二十年就出现一种新的流派思潮，就有一道新的文学风景线，而最近30年倒没有了，原因何在？显示出了什么带规律性的道理？再如，20世纪法国曾经是左翼文学极其强大的国家，在这里，具有世界意义的巨匠大家比比皆是，但后来，这一切却像海市蜃楼般地消失得无影无踪，其由来是什么？必然性是什么？经验教训是什么？如进行深入的研究，可以得到不少启示，可以明白不少事理。

涂卫群：在您的近作《"翰林院"内外》中，您特别写了您与六位西学大师钱锺书、杨绛、朱光潜、李健吾、冯至、卞之琳先生的交往。书中您用"仁者"形容李健吾先生（您还用"君子兰"散发清香比喻李先生的"善良、仁义、热情的本性"），您用"君子"形容钱锺书、杨绛先生。您认为他们这些西学大师的学术成就与他们作为仁者和谦谦君子的人格风范是否有关系？在为人处事方面，您遵循哪些原则？另外，您在本学界长时间以来起了领军人物的作用，是多次全国性学术讨论的发起者与中心人物，且学术成果丰硕，对青年学者您有何忠告？

柳鸣九：前辈学者的美德，润我细无声。先贤之德，我在书里讲了很多，这里不再重复。至于我自己为人处事的原则，我觉得在学界中要有与人为善的精神，一种同道的精神。我当了十年法国文学研究会的会长，设立了一条规矩，只要是在法国文学研究方面做出一定成绩的人全都应该当理事。我不愿看见任何一个认认真真、辛辛苦苦做事的人得不到承认。我记得，我的一位老师生病住院时，曾对我说（那时我还没有当上会长），他对法国文学挚爱了一辈子，也做了不少法国文学的工作，为什么一个区区的理事的头衔也不给他呢？对此，我深有感慨。我当上会长之后便立下上述那个原则。因此法国文学研究会的理事最多。

我在研究室的工作中，先是给卞之琳当副手，后来当了南欧拉美室的主任有十年之久，我很自觉地继承了"出人才、出成果"的传统，在一定程度上沿袭了卞之琳"无为而治"的做派，当然也添加了一些"乐观其成、大力赞助"的热诚与善意，这个室成为外国文学所里公认的科研硕果累累、俊秀人才辈出的研究室。

法国文学专业于1978年招收了将近二十名研究生，正式任命的导师有三人，李健吾、罗大冈与我。十几个硕士研究生毕业论文的指导工作由三个老师平均分担，为了使研究生在本学科的舞台上早一点出道，我又另行要求自己为他们每一个人做一件事（从拟定写作题目或翻译项目、做若干引导工作直到向报纸杂志推荐），虽未能面面俱到，但实际上的工作量也就多了好些。而我之所以这样做，仅仅因为我自己尝过长期当"焦仲卿"的味道，不愿意后来者碰上与我同样的苦涩，就像电影《良家妇女》中那个婆婆因为自己经历过辛酸而尽量使自己的媳妇少受伤一样。

总之，做学问，我以勤为本；做事，我还算颇有效率，被人美称为"有爆发力"，而且力求细致、到位，把每一件事都"搞定""扣死"，在整个过程中，则忌"雷声大雨点小"；关于做人，我在学界奉行与人为善的原则，乐于对人"唱赞歌"，乐于提供助力、玉成其事，至少能做到通情达理，决不碍事、挡道，决不压人。我深知学界天地广阔无边，业内兄弟姐妹尽可八仙过海，各显神通，如能互相帮助，则不亦乐乎。至于我的局限与"软肋"，亦甚多多，兹略举一二：胸无大志，只求把自己分内的小事做好，一也；肚量不大，二也，受到不公正的伤害后，即耿耿于怀，为了不闷出癌症，竟敢一吐为快，不免又获"有失清高""不够超脱"的贬语，又引异议，实为世故智商不高所致也。我远非完人，这辈子就这样了。

目前，从人文学科的大环境看，有不利因素。物质功利主义太张扬，人文科学首当其冲。社会上普遍存在的浮躁心理对人文科学、人文精神很不利。在虚假的繁荣后面存在着萎缩。当然客观条件也有好的一方面,如对研究项目的资助甚是阔绰,堪称豪华,这是我辈当年享受不到的。学者受到的制约不一样了。困难总会有,但人的价值就在于克服困难。学科总要往前走,不能简单重复。对于年轻人,希望他们能够守望麦田,耕作不息,走自己的路,实实在在地超越前人。

涂卫群按:

整个访谈过程中,我体验最深的还是柳先生那种不慌不忙、从容不迫、大彻大悟者的幽默语调,那种"纵然一夜风吹去,只在芦花浅水边"的气度。

最后我们又谈到柳先生名字的来历,《诗经·小雅·鹤鸣》中的一句:"鹤鸣九皋,声闻于天"。这首诗全文如下:"鹤鸣于九皋,声闻于野。鱼潜在渊,或在于渚。乐彼之园,爰有树檀,其下维萚。他山之石,可以为错。鹤鸣于九皋,声闻于天。鱼在于渚,或潜在渊。乐彼之园,爰有树檀,其下维榖。他山之石,可以攻玉。"细细品味柳先生坎坷而成果卓著的学者生涯,不能不让人感到个中无限诗意……

访谈者学术成果书影

推石上山的脚步

对话者王东亮：北京大学西方语言文学系教授、北京大学课题小组负责人

罗　湉：北京大学西方语言文学系副教授、北京大学课题小组负责人

对话时间：2013 年 4 月

（一）

王东亮、罗湉：柳先生，您好！非常感谢您接受我们课题组访谈。无论是以新中国成立 60 年还是"改革开放"30 年为时间段，考察我国外国文学研究方面的学术史，都是无法绕过您本人在法国文学译介和研究方面的作用和贡献的。能否从在北大西语系读书或更早的经历开始，首先介绍一下您是怎样走上法语语言文学这条研究道路的？

柳鸣九：既然你们的访谈问题基本上是按时序的先后，那我就从我的原本讲起。我的出身条件与我走上外国文学研究的道路，两者之间即使不能说是格格不入，也是颇有差距的，我不是书香门第出身，根本没有半点家学渊源，我的父亲是一个厨师，我的家庭随着父亲的谋职而辗转各地，本来我能得到正规的教育就已经很不容易了，但由于我父亲对文化的仰慕，对儿女教育的重视，我居然从初中到高中上的都是当地最好的名校：南京的中大附中，重庆的求精中学，长沙的省立一中。可以说我受到了很完整很优质的中学教育，这三个学

校都有非常好的文化教育的气场，在这样的气场中别说是努力学习，即使只是耳濡目染，也可以使一个人受益无穷。是的，我的家庭没有什么家学可以继承，但我从父母那里继承了对文化的敬畏、仰慕与渴求，这倒是一份可贵的精神遗产，有了对文化的敬畏与仰慕，才会有强烈的求知欲，才会有勤奋的求学态度，这样我才考进了北京大学西语系。而且这种对文化的仰慕，可以说使我后来成为了一个文化至上主义者，对优秀文化充满了激情与礼赞，也使我比较善于从各种精神文化中发现它的可贵价值，即使它也有一些杂质，只要它是一个真正的精神文化产品就行，谢谢上帝，我的草根出生，使我在文化上没有那种目空一切、恃才傲物、玩世不恭等毛病，我觉得这对于一个文化人是很重要的。

至于我是怎么开始走上法国文学之路的，似乎没有什么早慧必由的原因，仅仅是因为我从中学起就比较喜欢文科，文科成绩也比较好一点，被公认为是文科生，在中学我就独立办过一份小型油印的"文学刊物"，也长期是班上黑板报的"主编"，算是我最早的编辑生涯吧。考进了北大西语系，分专业时，因为觉得中学已经学了英文，想在大学再多学一门外文，所以选择了法文专业，这才开始走上了文化学术的道路，仅此而已。

（二）

王东亮、罗湉：经过1952年院系调整之后的北京大学西语系可谓名师云集，1953年经第一次全国统考入学的一届学生更是得天独厚，接受了比较完整的专业训练，为未来的职业生涯奠定了坚实的基础。能否结合当时法语专业的课程设置，给我们谈一谈前辈名家在教书育人方面的一些情况，以及对您个人选择学术道路的影响？另外，北大四年的科班训练，是否有一些受益终生的收获？

柳鸣九：北大四年的生活带给我最大、最具体、最明显的变化，当然要算是把我造就成了一个有专业文化、有专业技能的人，这是我日后获得职业工作岗位、获得"饭碗"的基础，也是我建立并发展毕生志趣、积攒我的精神劳绩与文化成果的最初基础。我在北大学的是西语系法国语言文学专业，其培养目标是法国语言与文学的教学人材与研究人材。应该说，西语系的专业教育还是很成功的，至少是很全面的、完备的，首先，课程的设置是很科学、很扎实的，既然是培养某一外国文化的专门人材，打好该国的语言与文化的基础当为重中之重，因此，我所在的专业，法语课程的分量是很重的，整个四年没有一天没有法语课，每天少则三四节，多则七八节，从语法、语音、精读、泛读、笔译直到口译，授课教师都是当时国内最优秀、最资深的语言文化专家，绝大多数曾长期留学法国，获得名牌大学高学位者比比皆是。大学一年级，由吴达元与齐香任我们的主课教师，给我们的法语打基础，吴是著名的法语语法学家，他的专著《法语语法》一书是国内高校外语系的一本著名的经典教科书，他在课堂上的教学既得法又严格且严厉，"严师出高徒"，这大大有助于给我们打下坚实的法语语法基础，而由于法语这种语言具有规律性强的特点，在语法上打下了扎实熟练的基础，也就等于具备了这种语言重要的基本功。齐香是游学海外多年后归国的语言学者。法语语音学与法兰西谈吐艺术是她的所长，其发音之准确，语调之优美，即使是法国人也深感钦佩。跟着他们两位当助手的则是青年教师桂裕芳，也就是后来译有《追忆逝水年华》与《变》的著名翻译家，有他们三位每天对我们进行法语强度锤炼，整整一年下来，坚实的基础也就打下了，虽然在课堂上没有少见吴达元先生严厉的脸色，但学生的确是获益良多，终生受用。

　　从大学二年级到四年级，法语主打课是精读，读的全是法国文学名著中原汁原味的经典篇章，授课的分别是三位对法国语言文学有专深修养的资深教授：李慰慈、李锡祖与郭麟阁。李慰慈的讲课以细腻深入见长，尤其能加深你对原著原文的深透理解。李锡祖是一位令我难忘的老师，他的幽默、他对同学的亲和态度与他天马行空像自由和风一样的讲课，使我觉得他在骨子里最具有"法兰西风格"，虽然他老穿一身不起眼的布料中山装，而不像吴达元那样从来都是西装笔挺，头发严整油亮……李老师长于词汇学，每讲一个词，他总远远地从词根讲起，直讲到由此而来的种种结构上形态上的变化、延伸以及时代历史所增添的内容，如此根茎蔓延，枝叶恣长，一个个词就成了一簇簇文化景观，深使青年学子受用。郭麟阁则学养深厚，绝活多多，他写得一手典雅的法文，他用法文写过一本《法语文学简史》，可惜时运不济，迟迟未能出版，出版后又影响不大，他的迻译本领也甚是了得，善于把中国的成语译成法文，北大西语系的《汉法成语词典》就是在他的主持下编写出来的，他在课堂上还有一绝，能闭上眼睛随口就背诵出法国古典主义名剧中大段的篇章，其记忆的功力使我等深感叹服……除了主打的精读课始终贯彻四年外，到了大学三、四年级又增加了泛读课与翻译课，精读课以提高同学们准确的外语理解力与精微的语言修养为目的；而泛读课则是培养与锻炼同学们快速的阅读能力，当然所读的全是有一定难度的文学原著，而且愈到后来愈难。教这门课的是法国语言文学界的资深教授曾觉之，他以渊博的文史学识见长。翻译课则是大学三、四年级的重点课程之一，专门培养与锻炼学生的翻译能力与技艺，前后由陈占元与盛澄华两位教授分别执教，陈占元是中国翻译界的元老，曾参与鲁迅和茅盾创建中国第一家文学翻译杂志《译文》的工作，早就有不少译作问世；盛澄华则是著名的纪德专家，卓有成果的译者与研究者，在法国文学界以其富有才情、成名甚早、风流倜傥而闻名。此外，还有口译课，由陈定民教授主持，他更是一个鼎鼎大名的人物，建国初期，他一直是国家领导人会见外宾时或政府涉外高级会谈中的首席法语口译，但可惜的是，他因为政治外交出访任务出差而经常缺课。

既然是以培养外国语言文学的教学人材与研究人材为目标，西语系的教学设置中当然有很大一部分文学史专业课程。首先，文学史课程从大学一年级就开始有了，一直贯穿到大学四年级，头两年是全系各专业都要学的欧洲文学史课程，讲授者是李赋宁教授，后两年则是各专业自己的国别文学史课程，我们法文专业学的是法国文学史，授课老师是闻家驷。李赋宁与闻家驷都是西语系的名教授，享有很高的声誉，李赋宁既是造诣专深的英美文学学者，又对整个欧洲各国文学有广博的修养，他毕生最主要的学术成就是他所主编的三卷本《欧洲文学史》，在建国后半个多世纪里，这要算外国文学研究领域里最令人瞩目的一部学术巨制了。闻家驷作为西语系资深教授的名声，当时似乎不及他作为闻一多之胞弟的名声那么大，他后来则以雨果诗歌的译者与《红与黑》的译者而享有声誉。他们两位都是高水平的文学史教授，讲课很是精彩，叙述准确，评论中肯，剖析精到，立论稳当，颇有经典论述之风。同样是为了给学生打下专业文学史有深度的基础，还设有另一门课程，那是陈占元教授的巴尔扎克专论，安排在大学四年级，每周也有两节课，课时篇幅不小，把巴尔扎克这位法国文学引以为骄傲的作家放大加以呈现与评析，由于陈占元曾游学巴黎多年，在法兰西文学氛围里浸染已久，学养深厚，他的视点、评叙、材料与阐释都透出那种文学原汁原味的自然气息，而不同于新中国成立初期在外国文学领域里占主导地位的苏式庸俗社会学的观点与论述。这三门课都是我当时特别感兴趣的，学得也很用心，也很努力，这肯定对我多年后的工作是有所影响的，在今天看来，我毕竟在编撰法国文学史方面还算得上"有所作为"，我应该怀念我的先师、先行者对我的启蒙与启迪。

在冯至系主任的主持与领导下，当时的西语系为了培养出一批批既有国别语言文学的精良专业水平，又具有广泛的文史学科基础与修养、真正能适应、胜任研究与教学工作的人文学科人材，的确在课程的设置上下足了功夫，至少是做出了最全面、最周全的安排，似乎是要在把这批学生送出校门之前，使他们得到最完整的装备，真正"武装到牙齿"，除了以上两大板块的专业课程外，还设置了不少配合性、补充性的课程。众所周知，文学的产生与发展都是在一定的历史框架里进行的，因此，历史不可不学，不仅要学专业语言文化所在的国别史，如法国史，而且还要学中国历史，这大概是为了防止西语系的学生产生"言必称希腊"，甚至"崇洋媚外"的倾向。再者，不同的文化是需要加以对照比较的，特别是从事外国语言文化的人，面对外国的语言文化，需要有本民族的文化知性与文化意识，为此就要学中国文学史，特别是"五四"以后的中国新文学史；还有在中国从事外国文化工作必须经常通过自己本民族的语言文化的技能与修养，因此打下良好的汉语写作能力至关重要，汉语写作、汉语修辞课程的设置也就很必要了，总之，我们也有幸享受了应有尽有的文史大餐的服务。当然更不能忘记的是，西语系要培养的是"有政治觉悟"的"又红又专"的人材，而不是"白专"人材，于是，政治课就成为了贯穿四年的一条"红线"，每年都有一门重头课，马列主义哲学课是为了培养学生有唯物主义的、科学的、进步的世界观，政治经济学是为了使学生们通晓从剩余价值学说到阶级斗争学说的政治社会理论；新民主义革命史与党史则着力教育学生牢牢树立"只有共产党才能救中国"的理念，促使学生树立感恩、报恩的责任感……总而言之，西语系的课程堪称全面、丰富周到、稳妥、经得起推敲，这份课程设置与教学大纲显然是一批既精通中西语言文化又尊崇社会主义革命路线的教育专家煞费苦心的杰作，为了将青年学子喂大喂壮，他们不仅设置丰富如"满汉全席"般的佳肴大餐，而且让每一道大餐都由技艺高超的名师掌勺，中国现代文学史由王瑶，汉语修辞写作由杨伯峻，中国历史由田余庆……早在50年代，他们也都是北大著名的教授了。

有如此明确的培养目标，如此周全扎实的教学内容，如此强大高质量的师资队伍，西语系培养出来的外国语言文学人才，一般都具有这样几个强项：外语阅读理解能力较强，特别是文学阅读与理论阅读的能力强；笔译水平较高；历史社会与人文文化知识较为丰富。因此，以就业而言，往往在教学研究、编辑出版与文化交流等领域占有明显的优势，其中不涌现出一些优秀出色的文化工作者那才是怪事呢。

至于北大对我学术道路的决定性影响，说来不好意思，我是在北大这个强大的气场里面，形成了根深蒂固的"成名成家"的志向与决心。上北大使我倍感骄傲自豪的是，它作为中国精神文化的摇篮，曾经汇集了我所崇拜的思想文化先贤：从蔡元培到胡适到陈独秀……他们已经构成了近代中国文化学术史上的光辉一页，而从我们进入学校的第一天起，又发现自己的眼前就是当代中国学术文化难得一见的群星闪烁的风景线。开学典礼的那天，学校的领导与各系的系主任都列坐在民主楼大礼堂的主席台上，被一一介绍给入学的全体新生：校长马寅初，鼎鼎大名的经济学家；副校长汤用彤，著名的国学大师；教务长周培源，国际著名的物理学家；还有一批系主任，经济系的陈岱荪、化学系的黄昆、地质地理系的侯仁之，历史系的翦伯赞，中文系的杨晦，西语系的冯至、东语系的季羡林，图书系的向达……无一不是闻名遐迩的学术权威、文化大家，坐在台下的我，翘首远望，目不转睛，盯着台上一个个现实的活生生的名家大师，的确有些心潮澎湃……于是，这一场开学典礼对我来说，就成为了一场洗礼、一个激励、一次升华，它在我凡俗的躯体中，点燃了星星的一点"圣火"，立志成名成家的"圣火"，我之所以夸张地称之为"圣火"，是因为它在我此后的生命中，毕竟带来了一点"光"、一点"热"，如果我的作为，有些还算得上是"光热"的话。

　　从我入北大后的感受来说，名家榜样的激励远远不止于入学典礼上，它几乎无处不在。一进入到系里，高年级同学就津津乐道向我们新生介绍本系的名学者、名教授的阵容，在我的印象与比较中，我们西语系似乎比其他系更为"星光灿烂"，除了冯至外，还有朱光潜、田德望、杨周翰、李赋宁、吴达元、闻家驷、张谷若、吴兴华、盛澄华以及原本属于西语系、即将调入文学研究所的钱锺书、卞之琳、杨绛、潘家洵……这些人在青年学子心目中之所以闪闪发亮，要么是曾经在国外的名牌大学里获得了高学位，要么就是在著书立说、传学布道上已有令世人瞩目的劳绩，从这些活生生的榜样里，我开始形成了这样明确而凡俗的人生观：成名成家是最有价值的人生之途，而成名成家的核心就在于要有自己过硬的"本钱"，何谓"本钱"？按我的理解，那就是文化学术实绩，就是一本本论著，就是一部部作品，就是"本本"。在燕园如此强大的名家名师磁场中，我不仅很快确定了自己人生努力的方向，而且几乎无时无刻不感受这磁场的魅力与感染。在未名湖畔，我经常看见陈贷荪绕湖散步，他轩然不凡的气宇、清高矜持的神情、悠悠自得的状态，使我对名师名家的精神意境有了具体的感受，产生了执着的向往；我也经常看见骑着自行车的周培源风驰电掣在办公大楼与各个教学楼之间，特别是他上车与下车时的快捷麻利动作，使我对名家的高效风格有了最初的概念与榜样；我也经常看见朱光潜，不是夹着书本去教室讲课，就是在体育馆附近慢跑或打太极拳，总是一身布衣，一点也不引人注意，但他那种布衣大师的形象，一直刻印在我的脑海中，成为日后仿效的参照……现在看来,这是我最初对名家风度的感受,从这些感受出发,我才有对名家风度的想往与仿效以至自己身体力行,从我起初在未名湖畔、在燕园之内的感受里,我至少把脱俗不凡、潇洒清高、高效有为、布衣低调认定为名家风度的基本元素与摹仿目标,而没有把抽烟、喝酒、熬夜、高谈阔论、写诗、着洋装或有意不修边幅视为名士风度的入门课,就像北大那时有些天才少年那样……我对名士风度这样粗浅、朴素的认定与选向,使我终身受益不少,至少我从朱光潜那里学来的慢跑习惯,并坚持了数十年,总算到78岁还有精力为出版社主编两大套书系……

北大燕园是一个丰富而神奇的气场,不同的人可以从这里吸收到不同的精神营养,在这里有的人立下了报效国家的壮志,有的人形成了服务社稷民生的宏愿,很不好意思,我只形成了成名成家、做一个学者的志愿,思想境界不高,现在80岁了,也没法再拔高自己了,我讲的是大实话。

(三)

王东亮、罗湉:大学毕业之后,您先后在蔡仪领导的文学研究所"古典文艺理论译丛"编辑部和文艺理论研究室工作。1964年中国社会科学院外国文学研究所成立后,您调入外文所西方文学研究室,从文艺理论研究转到国别文学研究。这期间有哪些比较难忘的经历?是否可以说,在文艺理论研究方面的积累和实践,也为您后来善于从全局和整体的层面开展文学研究提供了某种准备?

柳鸣九:由著名美学家蔡仪主编的"古典文艺理论译丛",创办于1955年,以翻译介绍外国文艺理论经典的名著名篇为任务,编委基本上都是搞西学的大学者大名家,如朱光潜、钱钟书、李健吾、季羡林、杨周翰、冯至、田德望、陈占元等,可谓名家荟萃,至于译者也都是高水平的专家学者。这是一份学术性高,具有开创性、开拓性与系统性的刊物,创办后,就在学术文化界理论界深受欢迎,成为20世纪五六十年代影响巨大的刊物,每一期的出版都使读者翘首以待。大学一毕业就被分配到这样一个单位工作,是我的幸运,我负责欧美区的联系工作与编辑工作，每一次与编委和译者联系工作、打交道，都是使我受教益的机会，这份工作对我来说就是学业上、业务上的进修。不仅如此，我在文艺理论翻译方面也得到了很好的锻炼，我身在"理论译丛"的编辑岗位上，蔡仪所允许并鼓励的翻译实践只限于古典文艺理论的翻译，他深知此类名篇巨制的读解之难与迻译之难，要求译文必须忠实准确、精益求精。正是在他的允许与鼓励下，我翻译了不少古典文学理论名篇，如费纳龙的《致法兰西学院书》、莫泊桑的《论小说》、斯达尔夫人的《论莎士比亚悲剧》、达文的《〈人间悲剧、哲学研究〉导言》、左拉的《论小说》、雨果的《论莎士比亚的天才》等，并且都在"古典文艺理论译丛"上发表了，当然，这些译文都是按蔡仪的规定、经由该刊专家编委严格的审校后才获准发表的。不论怎么，这成为我最初的学术平台，在这里，我最初得以在理论文化界"混了个脸熟"。也正是在蔡仪麾下的几年中，我初步完成了以理论名篇《〈克伦威尔〉序》为重要篇目的一部译稿《雨果文学论文选》，算是我进修西方文艺批评史的成绩单之一。这部译稿经不止一次校改，最后成书后，交付给了"三套丛书"工作组，但在那里被无故压了两三年，又恰恰遇上"十年浩劫"的阻隔，直到 1980 年才被列入了著名的"外国文艺理论名著丛书"得以出版。

这一时期我也向理论文章写作这个领域踏出了第一步，事情是这样的：那是在我走上编辑工作岗位仅半年的时候，正值"古典文艺理论译丛"1958 年第二辑出版问世，这一辑集中译介了西欧 18 世纪的美学理论，主要有狄德罗的《美的根源及性质的研究》与《论戏剧艺术》、康德的《美的分析论》、黑格尔的《论美为理念、即理性与感性的统一》以及菲尔丁的《关于现实主义创作的理论》等在美学史、文艺批评史上赫赫有名的理论名篇。这一辑以其厚重的分量立即引起学术理论界的关注与重视，《人民日报》直接与蔡仪联系，希望他提供一篇对该辑的评介文章，篇幅不少于 4000 字。蔡仪没有把任务交给我的两位革命老大姐，而是交给了我。这文章不好写，要把这一辑中理论名篇的价值与意义写出来、写准确，你至少得研读得比较深透。我总算交了卷，文章很快就发表在《人民日报》理论版较显著的位置上。稿费也很快就到手了，天下第一家党报毕竟气派大，付酬标准相当高，足比我两个月的工资还多。我揣着这笔丰厚的额外收入走进中关村新开的一家西式饮食店，在一个清雅的角落要了一杯牛奶、两块美味的点心，算是对自己的犒赏。这是我生平第一次喝到的一杯奶，点心也特别甜美，总共却只花了我不到一元钱，我走出这个饮食店时，心满意足，觉得自己真是"幸福的人"……对这件事，我一直保持着一份美好的记忆，要知道，一个穷小子二十四五岁上生平的第一杯牛奶绝非"小事"，其来龙去脉、与之相关的人与事，他是不会淡忘、不会"忘恩"的……总之，我在"古典文艺理论译丛"编辑部得到了蔡仪的提携与重用，有了很多实际锻炼的机会，在实践中摸爬滚打，而随时又得到名家的指点与教悔，现在想来真胜过念了两年研究生。

还有一个特殊性，那就是"文艺理论译丛"编辑部是从属于蔡仪所领导的文艺理论室，我实际上是属于研究人员的编制，除了我要做一部分编辑工作外，蔡仪还给我规定了研究工作的专题方向，那就是西方文艺理论批评史，因此，我得以在这个方向下进行了比较系统的进修与积累，在文艺理论室的几年里我这个专业方向一直没变过，这对我后来的文学史研究工作也是一个基础，因为搞清楚了文艺思想、思潮的发展变化，很有益于对整个文学史过程的掌握。

这个期间，另一段比较重要的经历是，我参加了蔡仪的《文学概论》的编写工作，这本书是当时周扬领导的全国高等学校文科教材编选工作的一部分，我独立负责了其中一章的编写，全国高等学校文科教材的编写工作都集中在中央党校进行，为期长达两三年，工作条件与生活条件都很优越，对我来说，这既是文艺理论的全面进修，也是理论批评工作的实践，正如你们所言，这一段工作对我后来善于从全局或整体的全面开展文学研究提供了重要的准备，当然，我在理论思维、理论概括、理论表述的能力上也颇有增进。

（四）

王东亮、罗湉： 1978年10月在广州召开了全国第一次外国文学工作会议暨中国外国文学学会成立大会，您被邀请做了关于西方20世纪文学艺术总体评价的长篇大会发言，引起了很大的共鸣和反响。那篇发言的具体题目和大致内容是什么？是在什么样的背景下酝酿和产生的？从"新中国外国文学研究60年"这样的范围考察，它发挥了什么样的作用？对我们今天从事外国文学研究工作有哪些启发意义？

柳鸣九： 1978年对中国来说是一个重要的年份，这一年发生了"实践是检验真理的唯一标准"大讨论，可以说这是中国改革开放的舆论信号，我还不算太愚钝，从大讨论一开始我就处于亢奋的状态：一是我觉得它从根本上动摇了个人崇拜式的思想桎梏，中国很多事情也许就会有转机。二是我明确感觉到这场讨论对我个人来说完全是一次真正的机遇，一次可以有所作为的机遇，既然这是意识形态领域里一定程度"解冻"的信号，而我又在这个领域里摸爬滚打了很多年，当然就会得到施展一番的空间与余地，至于施展什么，几乎与此同时，我就已经胸有成竹了，我决定在西方20世纪文学的评价上有所作为，具体针对的目标就是苏式意识形态的日丹诺夫论断。

日丹诺夫是斯大林时期的意识形态总管，在位多年，权威很大，在他一个著名的政治报告中，对20世纪文学进行了全面的批判，斥之为反动、腐朽、颓废。由于日丹诺夫在苏共中央的权威地位与他这篇政治报告的重要性，更由于我们在新中国成立后一开始就"向苏联一边倒""向苏联老大哥学习"的政治路线，他这篇演讲很早就译为中文，被当作思想文化工作的指导原则，在中国获得了"准文件"的经典地位，当年在研究所里，领导印发给我们大家的"文件汇编""学习资料"中，就常见它赫然在目。在涉外文化工作中，日丹诺夫的敌视立场得到效仿，日丹诺夫的戒律与准则得到了虔诚的遵循，日丹诺夫的批判语言，广泛得到了重复与引用，日丹诺夫论调还不时得到人们自觉的阐述与发挥，当然是作为恭恭敬敬的"学习心得"。于是，直到七八十年代末期，西方现当代文化有生命力的"蒲公英"种子虽然在世界上各个地域已经广为传播，并且得以生根发芽，但在中国只发现了坚硬如花岗石的土地。在这里，有政府的意识形态部门以及文化出版机构的严格掌控，西方现当代先锐、先锋的理论思潮被拒之门外,西方20世纪种种时尚的文化产品完全被禁止引进,西方现当代经典的文学艺术作品不允许翻译出版,即或偶尔有所出版,也仅仅作为"供分析批判的反面教材"或"内部参考资料",并且往往加上了批判性的按语或说明,如某个很有声誉的出版社翻译出版了萨特的《存在与虚无》,出版社就没有忘记在前言中宣称作者是"帝国主义的代言人",当然,全国仅有的两家有权出版外国文学作品的官方出版社也翻译并公开出版过一些"外国文学作品",但都是当时社会主义阵营中一些文化活动家半是时政宣传、半是文学的作品,或者是少数有文学成就的左翼作家如阿拉贡、亚马多等人政治色彩浓厚的社会主义现实主义的作品,而真正具有广泛社会影响与经典地位、将进入文学史的作家作品则几乎无一入选……这便是当时闭关锁国的文化状态,而其理论形态与理论指导原则就是日丹诺夫论断。

我从古典到现代,对西方20世纪文学认知得更多以后,就对日丹诺夫论断不以为然,早就心存反意,我深感如果不把日丹诺夫论断这只拦路虎请走,西方现当代文学研究是没法搞下去的。"实践检验真理"的讨论开始后,我觉得时机到了,就开始着手要做一篇"翻案文章",重新对西方20世纪文学作公正的评价,于是,我就闷头开始做这件事。当时,我既是外国文学研究所西方文学的一个研究室的主任,也是全所性的研究刊物《外国文学研究集刊》的实际操作者,因此,我在写"翻案文章"的同时,也利用《外国文学研究集刊》这个平台,组织了目的性一目了然的重新评价西方20世纪文学的笔谈。我做的这一切所领导都看在眼里,实际上也得到了他们的默许,那时他们正在中宣部与社科院的领导下,以外国文学研究所的名义,准备在这一年的10月召开全国第一次外国文学工作会议,并借此成立全国性的外国文学学会,将近9月的一天,所长冯至招我去他的办公室,交给我一个任务,在这次大会上做一个关于西方现当代文学的重点学术发言。这无疑是大大的重用,对我来说,是一次极为重要的机遇,我可以把向日丹诺夫冲击、重新评价西方20世纪文学的这一件事做得有声有色。为此,我进行了充分的准备。

第一次外国文学工作会议于10月在广州召开,这是建国后外国文学界前所未有的一次全国性的盛会。

会议开得很有气派、很隆重。虽说是由外国文学研究所出面，但上有中宣部与中国社会科学院的大力支持，从旁协作的又有对外友协、作家协会、外文局、各出版单位以及各重点大学的有关院系，主办单位与协作单位阵容如此强大，实为后来国内单一议题的文化学术会议所罕见。意识形态领导部门的大员纷纷莅会到场，也证明了这种支持与重视，而且来的都是学者型的高级领导，记得有中宣部的首脑、文艺批评权威周扬，中央编译局局长、资深翻译家姜椿芳，中国社会科学院副院长兼秘书长、著名小说《钢铁是怎么炼成的》的译者梅益，等等。我之所以特别记住他们几位，是因为他们的文化学养的确与这次学术盛举很是靠谱，相得益彰，而不是常见的那种领导"内行"的"外行"。

会议规模甚大，与会者约有三百人之多，文化学术会议达此规模者，似乎只有全国作家代表大会曾经有过或有过之，除了少数工作人员与新闻媒体的列席人员外，全是来自全国各地的外国语言文学工作者，不外这样几种人：研究机构的学者、高等院校的教师，编译机构与对外文化交流机构的工作者，以及报刊杂志编辑、出版机构的从业人员，等等，浩浩荡荡，洋洋大观。中国有这样一支齐全的涉外文化大军，不失为一件值得自诩的事。

特别令人瞩目的是，在与会的人群中有声望的名流方家比比皆是，他们基本上都来自一些著名高等学府与权威的学术文化机构：来自北京大学的有朱光潜、季羡林、金克木、李赋宁、杨周翰等，来自社科院研究所的是冯至、李健吾、罗大冈、戈宝权、陈冰夷、叶水夫等，来自南开大学的有李霁野等、来自中山大学的是梁宗岱、戴镏龄等，来自中央编译局的是杨宪益、叶君健等，来自复旦大学的有伍蠡甫、杨恺深等，来自北京外国语大学的有许国璋、王佐良……来自上海的译界有草婴、辛未艾、吴岩、方平等，来自山东大学的是吴富恒、陆凡等，来自人民文学出版社有楼适宜、孙绳武、绿原等，除了这些文化学术界的高端名流外，则是各单位、各高等院校的党政负责同志以及已经在学界文坛崭露头角的业务骨干。

任何高规格的会议都少不了慎重其事的仪式性程序，内容不外是主办单位的开幕词，各上级机构领导同志的讲话以及地方有关方面、有关机构的祝词贺信等，广州会议自不例外。不过，会议的组织领导不愧是学术文化工作的行家里手，这些讲话都相当短小精悍，并非长篇累赘的大报告，安排得也很紧凑，因此，整个仪式部分只占用了半个上午的时间，仪式走完之后，次日上午便开始大会发言，这是广州会议的主体部分。大会发言并非自发性的，而是高度有组织有准备的安排，但一共只安排了三个。第一个是人民文学社总编辑孙绳武汇报新中国成立后人文与上海译文出版社外国文学作品的情况，因为直至当时，国内只有这两家官方出版社有权从事外国文学的出版，它们曾经出版过的外国文学作品也就是国内这个方面出版工作的总和。第二个发言是当时的华中师范学院《外国文学研究》的主编周立群汇报部分高校文科院系举办的一次"资产人道主义问题"学术讨论会的情况。第三个发言就是柳某的"重新评价西方现当代文学重新评价的几个问题"了。孙绳武的发言基本上是对外国文学出版物分门别类的概述与有关的统计数字，周立群的发言则基本上是一次客观的学术动态汇报，两个发言的篇幅都不长，加在一起也只占用了半个上午的时间。剩下来的足有一个半上午约五六个小时的时间都给了第三个发言，难怪冯至先生在最初布置任务的时候就允许我的大会发言可以"讲得充分些"。实事求是地说来，广州会议的"重头戏"就是这第三个发言了。

整个发言共分五大部分。

第一大部分是提出问题，一开始就尖锐地指出了这样一个不合理的文化现象：在中国，现当代西方文学被视为"一个陌生而可怕的领域"，"不能公开出版，图书馆里很难找到，大学讲坛上更是从不讲授"，而其原因，发言者则归于日丹诺夫论断，虽然也扫了一扫"四人帮"文化专制主义的为孽。对立面明确之后，以下四五个小时就完全是对它进行辩驳与冲击了。"名不正，言不顺"，如此不客气的发难当然需要有大理由，理由多着呢，而且都十分堂正，《共产党宣言》中的"世界文学"论、毛泽东的三个世界划分论、"国际统一战线"论、"四个现代化需要引进借鉴"论，"外为中国"论、"知己知彼"论、"无产阶级在文化上有世界胸怀"以及"中国在当今世界事务中的地位",等等。以所有这些名义来请走日丹诺夫这只拦路虎,当然是马克思主义大雅之堂上的正经事、义举。

第二大部分是对日丹诺夫论断中"反动"说、"腐朽"说、"颓废"说的一一反辩,是对西方20世纪文学艺术的社会性质、社会意义与社会作用的全面评析与认定,是对西方20世纪文学艺术的总体评价与总体认识。发言者深知,日丹诺夫论断没有以"帝国主义是资本主义的反动垂死阶段"这一著名学说为本依,既然这一学说属党国要事,发言者自然要小心翼翼,不予触犯,但总可以大谈马克思在《政治经验学》导论中所提出艺术生产与一般社会发展不平衡的规律吧,总可以特别强调要以马克思主义关于"一分为二"的辩证方法来对待西方20世纪文学吧,这就足够揭示出日丹诺夫论断的偏颇与谬误了。如果发言仅止于这些抽象的理论,也搞不定日丹诺夫论断,当然也没法吸引面前济济一堂的饱学之士、学界精英听下去,所幸这位发言者操持过《二十世纪欧美文学大纲》的编写工作,也开始主编了多卷本的《法国文学史》,他的演讲卡片里装了大量的文学史史料,何况,他一直有心成为一个通晓文学史的学者,而告诫自己不要成为只靠马列主义经典作家的引文吃饭的"空头理论家"。

他先从"20世纪西方文学领域中作家的社会活动、政治表现"开论,既然中国的社会主义文艺学从来都特别讲究"政治标准第一"。在他看来,政治上、社会活动中有"良好的"进步表现的作家简直就"成批成军",不胜枚举,他索性上溯到无产阶级登上了历史舞台的19世纪后期,为那些一直被否定被批评的"恶魔诗人","颓废派诗人"也讲了些好话,又为后20世纪的现代派诗人在政治上正了名,还为那些曾经作为"同路人"的一大批欧美作家如马尔罗、萨特、加缪等评功摆好,至于很多对资本主义社会持传统批判立场的现实主义作家更是"功不可没"了,在他看来,革命导师恩格斯早在19世纪后期就已经对这种批判倾向表示了感谢。

为什么在资本主义制度下能出现如此多的"贰臣逆子",而不像社会主义制下几乎全都是歌功颂德的臣民？发言者又深入到"从作家在资本主义社会的阶级地位来看"这第二个层次，在这里，他免不了要作些社会阶级成分百分比的调查（虽然是大略的统计，但实属言之有据），以众多的实例，指出了出身于小资产阶级甚至社会下层的作家占很高的比例，这就决定了对社会制度"冷眼旁观"持批判态度的占"大多数"。讲到这个层次还嫌不够，还需从根本上论述作家在西方现当代社会中的地位变化，对此，发言者考察了18世纪以后稿费制度的发生发展，考察了写作成为了社会生活中的一种自由职业，从而可以见出，一方面作家在经济上摆脱了对当权者的依存关系，另一方面相对独立的经济地位也派生出"忠于作家的良心""伸张正义""捍卫自由"等一系列作家职业道德规范。

从道理上讲清楚大量"贰臣逆子"的必由后，又进入到第三个层次，即"从西方现当代文学的思想内容"来做进一步考察，以下就是洋洋洒洒一大篇为西方现当代文学"评功摆好"的赞赏演词了。从世纪之初的反战文学，到稍后出现并长久不衰的批判现实主义文学、30年代至40年代的反法西斯文学、抵抗文学，一直到战后的存在主义文学、新现实主义文学、"愤怒青年"文学、"黑色幽默"等，为整个20世纪的西方文学描绘出完全不同于日丹诺夫论断的积极进步的形象，还它以本来的面目，展示出其中蕴含的诸多有助于人类向前发展的社会意义：它对社会弊端的揭示与批判，它主持正义的呼喊，它对社会公正的召唤与追求，它对战争与暴力的反对、对独裁与专制的抗议、对自由理想的向往、对纯朴人性的赞赏、对善良与人道的歌颂，等等。可以毫不夸张地说，这一番言之凿凿、言之有据的论说，恐怕要算新中国成立后学术文化领域中第一次对整个20世纪西方文学全面的推崇性的善评。

长篇发言的第三大部分是"如何看待西方现当代文学思想基础"，进一步对文学的精神内核做了深层次的考察。虽然发言者认为20世纪曾产生过若干错误、甚至是反动的社会哲学思潮，并对文学领域也不无消极的影响，但指出20世纪西方文学基本上还是继承、发扬了人类历史上进步的思想传统，特别是人道主义传统，并闪耀出了新的灿烂光辉，达到了新的高度。对此，他除了对一般层面作出概述外，还特别选择了卡夫卡、萨特、贝克特这三个在思想与艺术上具有现代派特点因而不易被中国读者理解的重要作家进行了比较专深的论述，对他们的代表作《变形记》《审判》《城堡》《存在主义是一种人道主义》《艾罗斯特拉特》《墙》《厌恶》《等待戈多》等一一做了比较深入细致的分析，着力于剥除它们现代派哲学词汇的外衣与荒诞不经的外表形式，而见出其动人的人文主义的光彩。客观地说，如果这位发言者在第二大部分力图展示出自己在文学史方面的知识的话，那么在这第三大部分的演词里则力图追求精到的论析能力与闪光的思想火花。

长篇发言的第四大部分是"如何看待西方现当代文学的艺术性"。与日丹诺夫论断针锋相对，发言者视西方20世纪文学为人类的又一艺术高峰，它继承了过去时代文学的优秀传统并推进到新的水平，如：写实传统因自然主义与心理学的引进而有了新的高度与深度，浪漫主义传统因表现主义、象征主义的贡献而有了新的活力与面貌。他还力挺20世纪文学在艺术上超越传统的创新成就，对荒诞派戏剧的表现方法、意识流小说超时空的描写、表现主义的意象化艺术表现都一一做了正面的论述。

长篇发言最后一大部分是："坚持历史唯物主义，掌握正确的批评标准，对西方现当代文学进行科学的评价"，这既是对日丹诺夫偏颇谬妄批评方法的全面批驳，也是对国内一贯过左批评论调的系统反思，在这里，发言者对两个批评原则做了比较透辟的论述，即第一，"应该从西方作家当时当地的历史条件出发，而不应该从我们的主观要求与愿望出发"，第二，"应该把作家当作作家要求，而不应越出作家的职责去加以要求"，还对"求全责备""晚节不保""色情下流""颓废消极"等常见的批评棍棒的不合理性一一进行了论析。

发言一完毕，我就感受到了成功的滋味：从走下讲台那一刻起，一两天之内，人们有些上来握手祝贺，有些表示认同肯定，有些表示赞赏称道，有些表示关怀鼓励。使我最为难忘的还是朱光潜当着周扬的面对我的称赞，那是在我发言的第二天，周扬莅临大会与学术名流见面的时候。他进入大厅，仍有昔日王者般的气派与优雅，大家列队欢迎，相当热烈。在这种名士大儒济济一堂的场合，我当然对自己的斤两有自知之明，所以自觉地缩在人堆里，但朱光潜看见了我就主动地把我拉出来，向周扬介绍说："这是柳鸣九，他昨天在会上做了一个很好的学术报告"，只不过，周扬当时对此没有任何反应……

之所以成功，除了是因为这的确是一个有主见、有理论、有史料、有系统、有爆发点的报告外，恐怕主要是因为它讲出了在座很多有识之士想讲却还没有敢讲或还没有来得及讲出的话。要知道，他们都没有少受日丹诺夫论断的压抑，因此，乐见有"出头鸟"打鸣，也就不禁报以掌声了。广州会上我所感受到的热情，其实就是一定族群在一定时际的一种宣泄。

几乎是从广州会议的讲台上一下来，我的那篇发言稿就被《外国文学研究》的主编捷足先登、大包大揽地预签了独家发表权。这是当时国内唯一一家外国文学评论刊物，由华中师范学院主办，至今已红红火火办了30年，也算是国内高校系统的一家重点期刊。我从广州回到北京后，将发言成文定型、调整润色为一篇将近六万字的大文，后由该刊1979年的前三期长篇连载。如果说在对日丹诺夫的发难中，广州会上的发言是我射出的第一支箭，那么《外国文学研究》上的这一篇长文就要算是射向日丹诺夫论断的第二支箭，至于我在1978年通过《外国文学研究集刊》所组织的"笔谈"，由于分别刊载的第一、二、三期直到1979年9月以后才陆续出刊问世，倒成为了射向日丹诺夫论断的第三支箭了。

也正是在广州会议期间，我与参加了会议的上海文艺出版社社长郑锽达成了协议，由该社出版我的第一个论文集《论遗产及其他》，其中的主打文章就是对日丹诺夫论断发难的这篇长文。后来，论文集于1980年出版。初版13000册，两年后又获再版加印，达到18000册，算是那个时期一本颇受欢迎的书。

这就是1978年我以"实践检验真理"的讨论为时机，针对日丹诺夫论断的所作所为。我不能说，在这一年的广州会议以前，国内完全没有公开的对西方20世纪文化文学的翻译介绍，但从广州会议之后，对这个领域文学的翻译、介绍、讲授、研究、评论方才欣欣向荣、蔚然成风却是明显的事实，毕竟国内外国文学工作领域里的精英，从高等院校的教学骨干到出版社、文化文学期刊的社长、总编、负责人,都在广州盛会上得到了他们所需要的讯息。

但是就在我的"三箭齐发"之后不久,日丹诺夫忠实信仰者的反击与清算就降落在我的头上了。广州会议的第二年即1979年,全国外国文学工作第二次会议,也是外国文学研究所主办的外国文学学会第二届年会在成都召开,规模亦相当盛大,只是气候乍暖还寒,风向有了变化,在这次大会上,领导上安排了一个革命大批判发言,该发言高调宣称:"批日丹诺夫,就是要搞臭马列主义",其锋芒所指,当然是广州会议上的那个发难者。

在成都会议上,我没有做任何声辩,我深知,此种高调一方面是出于某种个人的"理论利益""学术文化利益",另一方面是由于对国门外的文化学术真实状况孤陋寡闻,愚昧无知。因此,我决定"进一步让事实说话",其具体作为便是开始主编"法国现当代文学资料丛刊",进一步提供客观史料,其中的第一集便是由我自己编选的《萨特研究》。

1981年,《萨特研究》出版问世,该书对这位在中国一直被侧目而视的作家做了全面客观的译介与实事求是的评价与推崇,出版后大受欢迎,成为了一代知识精英的必读书。

1982年,"清污"风风火火在全国进行,萨特首当其冲,《萨特研究》成为批判对象并被禁止出版,同时挨批受冲击的还有其他西方现代派的种种文学艺术。在"清污"中纷纷出手的理论家,仍是日丹诺夫论断的老信徒。

1985年,雨过天晴,《萨特研究》被解禁再版重印,"法国现当代文学研究资料丛刊"亦"春风吹又生",我编选的《马尔罗研究》(1984年)、《新小说派研究》(1986年)、《尤瑟纳尔研究》(1987年)得以陆续出版问世。最后,至90年代中,这个丛刊因出版困难而停止,总共出版了十种。

为了对"清污"中被涉及的西方现当代文学思潮流派再一次进行评价,我开始主编"西方文艺思潮论丛",该论丛于1987年开始陆续问世,计有《未来主义、超现实主义、魔幻现实主义》(1987年)、《自然主义》(1988年)、《意识流》(1989年)、《二十世纪文学中的荒诞》(1993年)、《二十世纪现实主义》(1994年)、《从现代主义到后现代主义》(1994年)、《存在文学与文学中的存在》（1997年），一共七大卷。

为了对西方20世纪文学做进一步大规模的"文化积累"，我开始主编巨型的"法国二十世纪文学丛书"，该丛书的第一批书七卷于1986年出版问世，此后，惨淡经营，坚持不懈，终到1999年出齐十批书共70卷，成为国内规模最大的一套国别文学丛书，深受中国文学界、文学创作界的重视与欢迎。与此过程中，我撰写了70万字的评论，后结集为2卷集《法国二十世纪文学景观》（《超越荒诞》与《从选择到反抗》）出版……

为了扩大与深化对外国文学的系统积累，我在国内一批学有所长的外国文学学者的合作下，于90年代又开始主编"外国文学名家精选书系"，这套书从1997年问世到2008年，基本上已出版70卷共约5000万字，其中西方20世纪文学部分占1/3，包括一些在中国曾备受争议的作家，如《萨特精选集》《劳伦斯精选集》《卡夫卡精选集》《里尔克精选集》《乔哀斯精选集》《王尔德精选集》《阿波利奈尔精选集》等。特别是我主持编译的四卷本《加缪全集》，要算是此过程中的最重要的成果。

1978年到2008年，我走过的历程大抵如此。从某种意义上来说，我在学术文化上相当大一部分作为是从1978年开始的，构成了我学术文化的"近代史"的起点与开篇，其中的重点与贯穿始终的主线清晰可见，那便是对西方20世纪文化的说明与展示。

回顾这30年走过来的道路，不免深感其不平坦，如果再加上80年代中到90年代初我前后三次被极不公正地拒在"博导"队伍之外的逆境，那就应该说道路实在是坎坷之至。所幸，从这一趟行程中，留下了一些实实在在的卷帙，对于"会思想的芦苇"这样一个脆弱的个体来说，这也许就是存在意义的唯一了。

（五）

王东亮、罗湉：1980年8月，您在《读书》杂志上发表《给萨特以历史地位》，1981年，您主编的《萨特研究》出版发行，对80年代初中国兴起的

"萨特热"产生了直接影响。有媒体称您为中国"萨特研究第一人",您自己喜欢"为萨特办文化入境签证"这样的比喻,我们想了解的是:事过30年之后,您对萨特的理解和评价是否有所改变?我们应该怎样解读当年的"萨特热"?从今天人们的一些文学阅读选择来看,萨特的作品在经典性或永恒文学价值方面看,是否比不上加缪的《局外人》和《鼠疫》?

柳鸣九:我1980年发表在《读书》杂志上的《给萨特以历史地位》与1981年出版的《萨特研究》一书,都致力于对萨特作为思想家、哲学家、文学家与社会活动家做出正面的积极的评价,为了使萨特在思想文化上堂堂正正地进入中国,我讲的为萨特办"文化签证"的比喻就是这个意思,因为萨特在1955年作为统战部的客人就来过中国一趟,但谁都知道统战对象往往并不是思想文化上被认可的对象,事实上我们的意识形态领域对萨特的思想文化一直没松口,还是日丹诺夫式的立场。因为老论断、老思维模式、老语言是现成的,拿来就可以用,用不着自己费力气,更不会有任何政治风险,这是日丹诺夫论断在中国思想文化界根深蒂固的一个客观原因。我要在思想文化上为萨特办"正式签证"就要费大力气,首先自己要吃透萨特的方方面面,然后使他中国本土化,用中国的语境全面准确地展示出真实的萨特,我"给萨特以历史地位"的大声疾呼与全面介绍萨特的《萨特研究》一书基本上做到了这一点,其中最核心的就是给了萨特的"自我选择"哲理及其在他文学创作中的表现给予公正的、正面的、合情合理的评价,我的作为在当时的确有很大的影响,曾被有关方面视为"精神污染",而在全国范围里面受到了批判,但是萨特的"自我选择"哲理以及我所做的哪怕是很肤浅的诠释,却正好投合了改革开放初期人群中个体人自主精神、选择精神的社会需要,试看今日之社会,有几个人不说"自我选择"这句话,不见得这些人都读过萨特的论著与作品,但萨特的"自我选择"的哲理有助于释放个体人的主观能动性的能量,这是不争的事实,一种哲理吻合了社会的需要,这便是"萨特热"的真正根由,我当时不知道影响有这么大,后来才知道在改革开放中崭露头角的精英,很多人都是从萨特的哲理中出来的。至今,我对萨特哲理的评价,特别是对他的核心哲理及其文学表现的评价,没有什么变化,也用不着有什么变化。

不过,我在萨特逝世20周年的时候曾经指出,世事如沧海桑田,萨特作为一个社会政治活动家,在当时当地的社会政治事件与极左思潮中投入得太执着太淋漓尽致,没有给自己留下一个作家最好应该保持的适当距离,没有采取一个思想家最好应该具有的高瞻远瞩的超然态度,倒把自己的阵营性、党派性表现到再鲜明不过的极致程度,因此,当他所立足的阵营与政派在历史发展中露出了严重历史局限性而黯然失色,甚至成为历史陈迹的时候,人们就看到了萨特振振有词、激昂慷慨所立足的基石,所倚撑的支点悲剧性地坍塌下去了,看到了他在那个地方所投入的激情、岁月、精力、思考、文笔相当大一部分皆付诸东流,萨特的十卷文集《境况种种》中一部分内容就是如此。

至于萨特与加缪的比较,阁下这个问题很有意思,但展开讲很费口舌,我只简单讲两点意思:一、对不同作家,与其比较他们的优劣与长短,不如指出他们各自强有力的方面与各自的软肋;二、虽然我对萨特与加缪都唱过赞歌,但我个人肯定更喜欢加缪为人的格调与他的西西弗哲理,喜欢西西弗哲理中的坚毅精神与悲壮情怀。

(六)

王东亮、罗湉:由您担任主编和主要撰写者的三卷本《法国文学史》是中国外国文学研究学术史上具有里程碑意义的著作,我们"新中国外国文学研究60年"项目组负责外国文学史研究子课题的同事会专章讨论它的价值和意义。您把这三卷本文学史与《法国二十世纪文学史观》称作"我的主课作业",我们很想了解您个人对自己"主课作业"的理解和评价。

柳鸣九:我把文学史工作作为我的"主课作业",一是因为它在我一辈子的业务工作中所占的比重很大,最早我在文艺理论研究室的几年,明确的业务进修方向是西方文艺批评史,调到了西方文学研究室,我参加了《欧美二十世纪文学发展史纲》的编写工作,这项任务是当时周扬交给外国文学研究所的,强调为"研究所生死存亡的大事",整个项目由卞之琳挂帅,我作为史纲编写组的学术秘书，协助卞之琳操持常务工作，这个项目后来由于"文化大革命"的来到而中断，只完成了一个六七万字的纲要，但给我打下了认知西方20世纪文学的基础。再后来，就是文化大革命后期开始的三卷本《法国文学史》的编写了，我虽然是主编和主要撰写者，但还有郑克鲁、张英伦等同志参加合作。再后来的两卷本《法国二十世纪文学景观》，则是由我一个人撰写的。总之，文学史的工作在我一辈子的学术研究活动中一直贯穿始终，这是我把它称为主课作业的第一个原因。第二个原因就是文学史的研究工作一直是我业务活动的基础，很多事情都是从这里派生出去的，有了文学史研究工作作为基础，我主编一大套一大套的丛书就是得心应手、轻车熟路的事了，我对日丹诺夫论断发起的冲击，没有文学史研究工作作为基础，那是不可想象的。

文学史的资料与文本浩如烟海，面对着这样一个大海，我深感个人能力的有限，个人写下的关于文学史的文字，虽然有好几本书，但只不过是一份作业、一份答卷，且留待后人评说吧。如果一定要我自己说点评价，我只能说因为是多卷本国别文学史，论述的范围是全面的、细致的；论述的深度也算"还行"，最主要的是所言都是自己的看法与分析，没有编译外国人论著的痕迹，而是中国人自己独立的总结与评述。没有辜负钱钟书、李健吾等先贤的鼓励与首肯，三卷本《法国文学史》于1993年获得了国家图书奖提名奖，那是新中国成立后第一届全国图书评奖，积累多年，参评的图书共有五十余万种之多，故此奖得之不易。

（七）

王东亮、罗湉：除了《萨特研究》之外，您也主编策划了多种作家选集和大型丛书，并亲自参与具体章节的翻译和撰写，而且选题范围也并不局限于法国文学。这是些造福学界和读者的重要工程，主编的威望、影响、号召力在其中固然发挥着重要的作用，但是从选题策划到出版发行通常是一个漫长艰巨的过程，需要付出很多的心血和劳动，能否结合某套具体的丛书比如70卷的"法国二十世纪文学丛书"（"F·20丛书"），跟我们分享一下作为主编的辛劳和喜悦？

柳鸣九：在文化界，我也算是一个著名的编书匠，的确编了很多选本、文集、丛刊以及大型丛书，多得叫我自己也感到不好意思，但是这些编书工作其实基本上都是我的文学史研究工作的派生物、副产品，没有文学史研究功底的人，要编这些书是不可想象的，选什么作家、作品以及如何归类、概括，对他来说都是难题，但对研究、撰写文学史的人来说，情况就完全不一样，他把整个文学史都摸透了，对作家作品都了然如心，编起书来自然得心应手、水到渠成，只要加上独特的视角与闪光的切入点，再加上组稿约稿以及具体编辑工作，一个选集、一套丛书就可脱颖而出，这就像是做好了一个大蛋糕之后，要把它切成不同的块片，再摆成一个个拼盘，相对来说也就是一件比较容易的事了。当然，独特的视角与闪光的切入点是灵魂。

但是，从编书的意图来说，只有很少数的编书项目是我自己主动要搞的，如《法国现当代文学研究资料丛刊》十卷与"F·20丛书"70卷，是为了再一次证实我的反日丹诺夫论断的文学观，是为了提供出颠扑不破的文学经典与有代表性的文本。有些编书则是为了表现我独特的学术见解与别具一格的知识性，如：我主编的《世界心理小说》13卷、《撒旦文丛》多卷与《盗火者文丛》10卷。其他大部分丛书、丛刊，包括《雨果文集》20卷、《加缪全集》4卷、《世界短篇小说精品文库》18卷、《外国文学名家精选书系》80卷，基本上都是应出版社的聘请邀约而主编的，既然人家对你有充分的信任，把你当作一个"知名品牌"而诚邀固请，那何乐不为？何况我作为一个布衣学者、草根学者，在社会地位上与经济上都没有清高摆谱的本钱，说得坦率一点，这也是我编书的利益驱动。不过，我不同于一般"编书匠"的是，我比较注重编书工作中的学术含量，除了要求选题的全面、准确与精当外，还特别要求必需冠以有分量的学术性的编选者序，因此，我编的书在口碑上"还行"，共有四项先后获得了"全国图书奖"与"中国图书奖"，至于阁下提到的"F·20丛书"，的确是一套很有开拓性的丛书，影响也比较大，特别受到了中国文学创作界一些名家才人的重视，我断断续续花了十多年，才完成了七十卷的，个中有很多辛劳和喜悦，辛劳主要是在选题上，主编要先行一步，先搞清楚要选择介绍哪些作品，这件事就得靠笨功夫，饭要一口一口地吃，书要一本一本地读，选题才能定下来。另一种辛劳，则是写序，七十种除了极少数的几种外，全部的序都是出自主编之手，写得有些苦，不仅在内容上要言之有物，有助读者对法国20世纪文学有较深层次的了解与认知，而且在文笔上也追求行云流水的风致，我个人的才情并不高，如此免为其难，也是自作自受。

（八）

王东亮、罗湉：我们注意到，您也翻译了一些重要的法国文学作品，在选题上有些个人偏好吗？您对文学翻译有哪些个人体会？对时下比较热门的翻译学有什么看法？

柳鸣九：在学界，我算是弄翻译相对较少的一个，原因很简单：能量守恒，在这方面花的精力与时间较多，在那方面能投入的也就较少。对于天才也许例外，至少对我这样的智力平平的人完全如此。

到如今能够勉强构成四五个"点"的，只有雨果、都德、梅里美、莫泊桑与加缪，总共一百来万字。雨果我只译过一本文艺评论集，都德、梅里美、莫泊桑、加缪也只是各一两个小说集。

翻译这些作品都有当时的具体原因，有的甚至是被逼译出来的，真正我所喜欢的作家与作品，那就是都德的《磨坊文札》，我喜欢他那种平和自然的风格、富有感情与情趣、而又蕴藉柔和、不事张扬的笔调，在我未译过的作家作品中，我最喜欢的是卢梭的《忏悔录》，我喜欢它面对人世的坦诚态度与因人世变化的苍凉感，我多次动笔翻译，都因为时间不够而放下，但它的面世态度对我自己的为人做事一直颇有影响。当然，加缪的《西西弗神话》更是我心仪赞赏的作品，我尊崇其中那种执着而悲壮的精神境界，我立志做一个推石上山者，我知道，我也只能是一个推石上山者。

我没时间多搞翻译，更没有时间与精力去研究翻译学，我觉得我在翻译方面只是小打小闹，敬奉信、达、雅三个字就足够了。

（九）

王东亮、罗湉：您担任过十几年的法国文学研究会会长职务，我们至今还记得您任期内非常有创意的那次"'六长老'半世纪译著业绩回顾座谈会"以及2002年那场规模宏大的"首都文化界纪念雨果诞辰200周年大会暨雨果文学创作学术讨论会"，以您的经验看，这样的学术团体究竟应该发挥怎样的作用？它的领导者应该在哪些方面有所作为？

柳鸣九：谢谢你们还记得上述两次活动，这两次学术活动的情况很不一样，前一个座谈会只有清茶一杯，没有摄像留影，没有隆重的宴会，原因很简单，法国文学研究会很穷很穷，得不到什么经费，但也不能无声无息、毫无作为。因此，那一年我就设计出了"'六长老'半世纪译著业绩回顾座谈会"，说实话，任何物质条件都没有（清茶一杯，也只是普通茶叶），只有我的一份敬老尊贤的诚意，创意就是来自诚意，诚意只要真挚，朴素清淡的会议形式也能打动人，当然主持者也得拿出一份亲切动人而非官样文章的开幕词，因此，用自己的心去写一篇礼赞文章，成为了我唯一要下功夫去做的，不过，平时早有敬意、早有诚意，写这样一篇开幕词，也无需下什么特别大的功夫。雨果纪念大会则不同，规模宏大，排场豪华，但同样也是法国文学研究会囊中羞涩的另外一种结果，恰逢一个伟大作家诞生200周年这一个"节气"，法国文学研究会总该有动作、有表示吧，法国文学研究会虽然有自己的挂靠单位，但挂靠单位的经费僧多粥少，在分配上，还有这个倾斜、那个讲究，法国文学研究会从未得到过眷顾，想在一个像样的场所举行一次雨果纪念大会，只好自己去凑钱，这就不是简单的诚意能解决问题了，那就得多打电话、多跑腿、多调查研究、多费口舌，多下笨功夫，最后总算联合起二十来个单位共同来举办，场面当然是"大大的"，在国际饭店的宴会厅举行，参加的不仅有法国文学界的著名学者，而且有不少首都文化界的名流，总之，挂靠单位并没有拨多少款，经费全靠"化缘"解决，只不过要放下身段，使出"浑身解数"，也可以说工夫不负苦心人吧。

我在会长任内十多年，基本上就是这么惨淡经营过来的，在人文精神滑落、物质功利主义张扬的社会条件下，办人文科学的研究会是很不容易的，要办出有影响有口碑就更难，只能靠自己的诚意、创意与下苦功来进行坚守，这是我的心得体会。我坚辞法国文学研究会会长一职已有十多年了，为了不给后来者添乱，我再也没过问过研究会的任何事情。对于"学术团体应该发挥怎样的作用""领导者应该在哪些方面有所作为"这样的大问题，请恕我这个退休老头不再说三道四了。

（十）

王东亮、罗湉： 整整30年前，20世纪80年代初期的时候，国内大学法语专业的学生在研习着您的《法国文学史》，学术界在热议着您的《萨特研究》，而文学青年和更多的读者在争读着您的《巴黎对话录》。从文化传播的角度看，学术散文覆盖的范围更为宽广，影响更为深远，但不是每个学者都有作家的文笔，写出的文字被广大读者所喜爱。就我们所知，学术散文、文化随笔在您的工作中占有相当的比重，几个文集将近百万字，且多与外国文学有关，深受读者欢迎。能否给我们介绍一下这方面的情况，顺便谈谈您与读者的互动？

柳鸣九： 中学时，从语文课本中读到了徐志摩的《我所知道的康桥》，在此之后，它那种精致的文化内涵、潇洒的神韵与绝美的文笔就一直不断地"润"着我那混沌初开、尚未脱离愚顽、智商不高的悟性，它慢慢地营造着一个人的精神向往与文化追求。我后来心仪国外的文化，投考北大西语系，实与此多少有关，其时，居然形成了一个朦胧的人生理想：但愿能获得如此这般的文化修养，将来能写出些许如此这般的文字……

徐志摩的青春年华是在康河上泛舟度过的，而我的则是在高音喇叭声中度过的，其后的岁月还更为酷热，更似"惨不忍睹"。直到1981年，我年已四十六，都一直关在国门之内，还没有见过心仪已久的国外文化文物一眼。如果是愚昧无知，倒也罢了，心里没有饥渴的对象，就不会有饥渴之苦了。但我在大学里的专业，恰巧是外国的语言文化……在那么漫长的岁月里，我辈同龄人充满了向往与期盼的精神文化生活，往往都是望梅止渴的，比如，在阅读中沉醉，从背诵贝多芬第六交响乐的第二乐章的优美旋律中自得其乐，等等。

终于到了1981年秋，根据中法双方关于学者互访的协议，我得以第一次去到向往已久的文化之都巴黎。于是在短短的三个月里，我如饥似渴、狼吞虎咽地享用着法兰西文化大餐：到处参观访问，手里握着一支笔，拿着一个笔记本，背着照相机，不断地观赏，不断地记录，不断地拍照，街上没有一个游客像我这般贪婪、如此功利……我那毫无半点观光者潇洒休闲劲的样子，着实有些可笑。

1981年出访巴黎的时候，除了要为写文学史收集资料外，的确怀有我的"徐志摩康桥情结"，想写点关于名胜、文物、景观的东西，这便是《巴黎散记》一书的来由，但我要求自己不要限于"到此一游"式的浮光掠影、舞文弄墨，而要写出一点有历史感、有认知深度的东西，如关于巴黎圣母院、罗丹博物馆、卢浮宫、圣女贞德广场的文字，写得倒还"言之有物"，有实感，有哲思，也有一两篇曾经荣幸地被选入了中学语文教材，但说实话，有学者的实诚，而无诗人的灵性，也少画家的色彩缤纷。总之，少了徐志摩那份才情，在他跟前，我只是一个文化散文写作的"矮子"。

至于我的《巴黎对话录》（又称《巴黎名士印象记》）则不是我预定计划的结果，由于法国外交部文化技术司接待我的礼遇甚高，愿意主动安排与一些知名作家与文化人的见面，我本着机会难得、何乐不为的态度来做这件事。我所见到的的确都是上个世纪后半期仍健在的大作家，如西蒙娜·德·波伏瓦、玛格丽特·尤瑟纳尔、埃尔韦·巴赞、阿兰·罗伯-格里耶、娜塔丽·萨洛特、米歇尔·布托、米歇尔·图尔尼埃、索莱尔斯、皮埃尔·加斯卡尔等，幸亏我在见他们之前也算是一个"有准备的人"，毕竟写过文学史，为了西方20世纪文学对抗过日丹诺夫论断，身上也有点故事、有点时间积淀，如：《萨特研究》事件等。因此，在他们的面前，我还勉强算得上是个对话者，对他们有一定的认知，能提出比较在行的问题，且不乏自己的见解可发表，双方有讨论问题的自由空间。总而言之，这些对话都还算是"言之有物"，与他们的见面也就不仅仅流于简单的、仰慕性的礼节性拜访。而且，大概是得益于我对心理学的兴趣，也由于我在现实生活中喜欢当一个"静观者"，多少有些观察力，因此，在这些时间并不长的会面中，我对对方的性格总有一定的敏感与洞察，何况法国人喜欢自我表现，由此，我的访谈文章中得以有若干有趣的性格观察与描绘，这是真正属于我自己的东西，出于这个原因，我后来把这本书称为《巴黎名士印象记》。

我的学术散文与文化随笔中还有一大部分是写国内西学界的名士大儒的，如：朱光潜、钱锺书、李健吾、冯至、卞之琳、杨周翰、梁宗岱以及吴达元、郭麟阁、闻家驷等等。从我求学与工作的环境来说，我几乎可以说是在这些名士大家中间泡大的，几乎每天都感受着他们的气场与磁场，我很熟悉他们，从他们那里我得到的教诲多多、启悟多多、感慨多多，正如有人所评，"更识大儒真形态，皆缘身在学林中"。这些人文领域中的名家，既有自己鲜明的个性，也有时代社会的典型性，我觉得自己既然有就近直接观察与见证的条件，那么，把这些人文知识分子代表人物在特定条件下的存在状况、文化作为、精神心态、言行方式、性格表现等等记述下来，就是我应该去完成的"一桩精神文化的使命"，这就是《翰林院内外》一集与二集的由来，我没想到的是，这两本书给我带来的读者远超过外国文学界的范围。

（十一）

王东亮、罗湉：在我们所访谈的学界前辈中，您是为数不多的在理论探讨、文学史撰写、专题研究、丛书编辑等多方面都有重大建树的学者，我们知道一个人的精力有限，要完成您到目前为止所完成的那些工作，需要非凡的毅力、体力和创造力，我们很想知道，您的秘诀是什么？这一切是怎样成为可能的？面对正在从事或有志从事外国文学研究工作的青年一代，您有哪些希望和期待？

柳鸣九：我没有什么成事的秘诀，说得简单一点，就是要舍得下笨功夫，舍得投入时间，我的劳绩基本上都是用劳作与时间堆出来的，我这一辈子几乎没有度过一个完整的假期，没有做过一次纯粹的旅游，基本上没有节假日没有星期天，几乎每天都在工作，说实话，我的生活质量是极其低下的，但是为了保证我的身体能正常运转，使我不至于被神经衰弱、低效所拖累，我每天都要花一定时间去进行体育锻炼，基本上做到了风雨无阻，在这方面我还算是一个有毅力的人。当然，我做事也比较讲究效率与得法，久之也就熟能生巧，不过，毕竟是一辈子劳动强度不小，而且，还要应付多次不公正待遇与意外打击而形成的沮丧与难受，血肉之躯怎能不受损伤？因此，时至今日，我已经是白发苍苍、老态龙钟了，在我身上，老年病可谓"应有尽有"，而我的同龄人满头青丝、健步如飞者比比皆是，所幸我离老年痴呆症似乎还颇有距离，至今还能凑合应付若干精神劳务。

陋室中的丰硕

对话者李萍：《深圳特区报》驻京记者
对话时间：2013 年 7 月 23 日

夏日的一个上午，在北京东城一栋中国社会科学院的住宅楼中，记者敲开贴着"年老多病，谢绝来访"告示的一扇房门，被誉为"萨特研究第一人"、著作等身并创造了多个"第一"，集文学史学者、理论批评家、翻译家、散文家于一身的柳鸣九先生，朴实无华地出现在记者面前。

他已八十高龄，满头华发，须眉皆白，但脸色红润，精神矍铄，思维敏捷。进入十多平方米的书房，还是三十多年前入住时的老样子，水泥地显得并不光整，原本白色的粉墙因为岁月流逝而变得灰暗，房间里甚为整洁，摆设却近乎简陋，能构成一道"风景"的，仅有并排而立的两个大书柜，其中陈列着他撰写、翻译、编选、主编的三四百本书，展示出他丰富多彩的人生。

就在这仿佛能感受到岁月慢慢流淌的书房，柳鸣九先生引领着记者，进入他一生钟爱的浩如烟海的法国文学世界，以及他自嘲为"相当无趣"但自得其乐的生活。

我从事的是"摆渡"和"搬运"的工作

李萍：您 1953 年考入北京大学西语系，毕业后，到北京大学文学研究所文艺理论室工作。当年您为什么会走上法国文学之路？在大学期间，有什么印象特别深刻的事吗？

柳鸣九：我不是书香门第出身，没有半点家学渊源，我的父亲是一个厨师，但他让我受到了很完整很优秀的中学教育。而我走上文化研究之路，最初只因为我从中学起就比较喜欢文科。考进了北大西语系后，因为想在大学多学一门外文，就选择了法文专业，由此开始走上了我文化学术的道路，仅此而已。

在未名湖畔的四年，燕园美景是我生活的基调与底色，我假期也不回家探亲，把时间全用来"充电"了。印象最深刻的是北大汇集了众多我所崇拜的名家大家，在强大的名师名家磁场中，我很快确定了自己人生努力的方向，而且几乎无时无刻不感受着他们的魅力。我经常看见朱光潜，不是夹着书本去教室讲课就是在体育馆附近慢跑或打太极拳，总是一身布衣中山装，一点也不引人注意。他那种朴实无华、不炫外表的布衣大师的形象，一直刻印在我脑海中，深刻影响着我。

李萍：大学毕业后，您被分配到文学研究所工作，当时文学所所长是何其芳，文艺理论室主任是蔡仪。您能回忆下当年的趣事或与他们的交往中对您影响深远的事吗？

柳鸣九：何其芳是一位好领导、好学者，他一点没有官架子，平易近人，非常有亲和力。而蔡仪是著名美学家，他非常严肃，不苟言笑，但对下属同道非常好。他是我的师长，是我的"伯乐"，虽然我还算不上是什么超凡的"千里马"。

要说趣事，那可不是一个趣事多多的年代，尤其是在这样一个肃穆的学术研究机构，要说难忘的事，那倒有一点，且说一件：那是我走上编辑工作岗位仅半年的时候，我向理论文章写作这个领域踏出了第一步。当时蔡仪交给我一个任务——写一篇三四千字对"古典文艺理论译丛"第二辑的评价文章。这文章不好写，我总算交了卷，并发表在《人民日报》理论版较显著的位置上，稿费也很快就到手了，足比我两个月的工资还多。我高兴地走进中关村新开的一家西式饮食店，在一个清雅的角落要了一杯牛奶、两块美味的点心，算是对自己的稿赏。这是我这个穷小子第一次拿到稿费，二十四五岁生平第一次喝到牛奶，吃到甜美的西点。

这件事，之所以难忘，是因为这是我"写文章—挣稿费—补贴生活"这种生存方式的开端，我这一辈子家庭负担从来没有轻过，年轻时要奉养父母，中年时期要养育儿女，老年时期还要支援孙女在外国的学习，而我所在的中国社会科学院工资是出名的低，微薄的工资远远不够用，我一直不能不靠挣稿费来补贴生活，这构成了我的一种生存方式，只不过，我们国家的稿费标准很低，在不断增长的通货膨胀面前，学者再多的稿费收入，也只能维持小康的生活水平。

李萍：您原来是研究文学理论、文学批评史的，但后来，您却在法国文学研究方面取得了丰硕的业绩：《法国文学史》《走进雨果》《自然主义文学大师左拉》《超越荒诞》《从选择到反抗》……为什么您对法国文学研究情有独钟？

柳鸣九：我们生活在一个理论居于强势地位的时代。我深知，要真正成为一个优秀的理论人才，成为一个"大家"学者，还必须有深厚的文史功底。一个理论家至少应对某几个作家、对某几个断代文学史有较深的研究，对某一国别文学称得上是真正的行家，他才不会有"空头理论家"常有的那种空论、那种缺乏史实依据、似是而非的夸夸其谈。

为此，我规划出自己的学术道路：最好先对国别文学潜心研究一二十年，再去做理论的总结阐发和体系的完善构设，这样或许能成为令人信服的文艺理论大家，我最理想的国别文学研究就是法国文学研究，因为这个国家几乎是世界所有文艺思潮、众多文学流派的摇篮与发源地，而这正是我大学所学的专业。

所以我一直内疚有负蔡仪的栽培，我最终告辞了我的"伯乐"，转向国别文学研究，"愈陷愈深"，再也回不去了。

李萍：您与大师李健吾、罗大冈一起被人称为"三贤"，还被法国巴黎大学正式选定为博士论文专题对象,但您谦虚地说,自己做的只是"摆渡"和"搬运"的工作,为什么?

柳鸣九:我是从事外国文学译介的,本来做的就是"摆渡"和"搬运"的工作,根据"洋为中用"的要求,外国的哪些东西是好的,就要介绍翻译过来,把外国文化本土化,变成中国文化。我尽可能把"搬运"工作做多做好,至于人家给我什么称号,这不是我的事。这类事,总得要"水到渠成",而且也要感谢人家的宽待与青睐。

我为萨特进入中国办文化"签证"

李萍:对外开放初期,您与董乐山、施咸荣、梅绍武、袁可嘉等人充当起促进新时期中外文化交流的架桥者,被人们誉为"开放的翻译家",使中国读者第一次接触到了西方现代的思潮与流派。为什么坚持引入西方现代的思潮与流派?当年压力大吗?

柳鸣九:"四人帮"垮台后,我想埋头做一点自己感兴趣的事,与志同道合的朋友结伴而行,这就有了获第一届国家图书奖提名奖的《法国文学史》三卷。

在"实践检验真理"大讨论的时代春风中,我向日丹诺夫论断开火,接着,我把萨特引入中国。

为打破20世纪中国人对20世纪西方文学认识与把握的局限性,我开始主编巨型的"法国二十世纪文学丛书",从1986年到1999年共出齐70卷,成为国内规模最大的一套国别文学丛书,深受中国文学界、文学创作界的重视与欢迎……

压力肯定是有,特别是1982年,"清污"在全国进行,萨特首当其冲,我的《萨特研究》一书成为批判对象并被禁止出版,此书的炮制者成为批判的靶子。

李萍:早在1978年,您在《现当代资产阶级文学评价的几个问题》学术发言中就肯定了萨特的进步思想。当年20世纪西方文化艺术被统斥为"反动、颓废、腐朽",1982年,萨特又与当时流行的"蛤蟆镜""喇叭裤"被并列为三大"精神污染"。在如此的环境下,您对左右中国译著学界的苏联日丹诺夫极"左"论断开火,遇到的最大难题是什么?是如何破除坚冰的?

柳鸣九: "实践是检验真理的唯一标准"大讨论时,我已完成了《法国文学史》的上卷,正在进行中卷的编写,不久将要面临对法国20世纪文学的评说。但只要一进入20世纪文学领域,就会碰到一座阻碍通行的大冰山:日丹诺夫论断。日丹诺夫是斯大林时期苏联意识形态总管,他把20世纪文学斥之为反动、腐朽、颓废,一棍子打死。如何请走这只拦路虎成为最大难题,我一直有计划、有目的地酝酿此事,上述那场大讨论成为了绝佳的时机。

这就有了我的"揭竿而起"与"三箭齐发":1978年秋,在外国文学第一届全国工作规划会议上,我的长篇学术发言《现当代西方文学评价的几个问题》矛头集中指向日丹诺夫论断,相当一部分篇幅是专论存在主义文学与萨特的,产生了巨大的影响;紧接着将上述报告整理为约六万字的长篇论文,在当时唯一一家外国文学评论刊物《外国文学研究》上发表;在我主持工作的《外国文学研究集刊》上,有计划、有组织地刊载了题为《外国现当代文学评价问题的讨论》的一系列笔谈文章,扩大了"揭竿而起"的声势与影响。

但之后不久,日丹诺夫忠实信仰者的反击与清算就降落在我的头上了。次年全国外国文学工作第二次会议上,就出现了"批日丹诺夫,就是要搞臭马列主义"的大批判发言。但我没有作任何声辩,决定"进一步让事实说话"。于是,1981年,我编选组译了《萨特研究》并撰写了长篇编选者序《给萨特以历史地位》,我的这些举动无异于捅了马蜂窝。

然而,中国毕竟是进入了改革开放的时代,1985年,雨过天晴,《萨特研究》被解禁再版重印,我所主编的"法国现当代文学研究资料丛刊"亦"春风吹又生"。

有人说我是"中国萨特研究第一人",这使我深感受宠若惊,这只不过是因为人们记得文化学术历史中的这一"公共事件",记得这一"时代履痕"。

我更愿意把这称作"我为萨特进入中国办了文化签证"。

李萍：从《萨特研究》到《为什么要萨特》等书，您一直坚持不懈地引入萨特，研究萨特、为什么？萨特对当时的中国来说，有什么特殊的时代意义？

柳鸣九：萨特的"自我选择"哲理以及我所做的哪怕是很肤浅的诠释，正好投合了改革开放初期人群中个体人自主精神、选择精神的社会需要。现在人人可能都说过"自我选择"这句话，他们不一定都读过萨特的论著与作品，但萨特的"自我选择"的哲理有助于释放个体人的主观能动性的能量，这是不争的事实，一种哲理吻合了社会群体的精神需要，这便是萨特热的真正根由。

很高兴可以拿出个人文集15卷

李萍：您在《浪漫弹指间》一书还披露了在巴黎期间，探访与萨特关系密切的西蒙娜·德·波伏瓦，与她谈萨特。您翻译作品或研究时，是不是经常去法国实地探访，同这些作家或与他们接触密切的人接触？

柳鸣九：1981年秋，根据中法双方关于学者互访的协议，我得以第一次去到向往已久的文化之都巴黎。由于法国外交部文化技术司接待我的礼遇甚高，我见到了上个世纪后半期仍健在的大作家，如西蒙娜·德·波伏瓦、玛格丽特·尤瑟纳尔、埃尔韦·巴赞、阿兰·罗伯-格里耶、娜塔丽·萨洛特、米歇尔·布托、米歇尔·图尔尼埃、索莱尔斯、皮埃尔·加斯卡尔等，得以与他们对话，于是有了《巴黎对话录》（又名《巴黎名士印象记》）。这么好的访问与交流的机会，是很难有多次的，何况，中国学者每出一趟国，也并不很容易。

李萍：您还写过《翰林院内外》，与李健吾、朱光潜、钱钟书、杨绛、冯至、卞之琳、郭麟阁、吴达元、徐继增以及马寅初、梁宗岱、何其芳、陈占元、闻家驷等名家大师都有过交往。他们对您影响最大的是什么？

柳鸣九：从求学与工作的环境来说，我几乎可以说是在这些名士大家中间泡大的，几乎每天都感受着他们的气场与磁场，我很熟悉他们，从他们那里我得到的教诲多多、启悟多多、感慨多多，正如有人所评"更识大儒真形态，皆缘身在学林中"。这些人文领域中的名家，既有自己鲜明的个性，也有时代社会的典型性，后来就有了我写的《翰林院内外》，这些名士大家确对我的学业与人生都有很多影响。

李萍：有人开玩笑说，您这么多年写作的东西累积起来，比您的身高还要高。多年来坚持翻译和研究写作，您有什么秘诀？您最满意的是什么？对自己怎么评价？

柳鸣九：法国思想文化研究是一个深不见底、浩瀚无边的大海，我自认为智力水平中等偏下，不像钱锺书大师一样有博览群书、过目不忘的本领，我总有一种紧迫感，总觉得穷我一生都不可能达到终极的尽头，只能不断"挤时间"，以勤补拙。所以，我的秘诀就是要舍得下笨功夫，舍得投入时间。为此，我这一辈子几乎没有度过一个完整的假期，没有做过一次纯粹的旅游，基本上过的是没有星期天、节假日的书斋生活，几乎每天都在工作。即使现在，我仍然坚持7点左右起床，夜晚总要过12点才就寝。说实话，我谈不上有什么生活享受，甚至可以说我的生活质量是很低的，是一个"相当无趣的人"。

我聊以自慰、感到欣悦的是，我还算是留下了一些东西。我常常坐在书房的长条沙发上，面对着摆满了自己的书的那两大书柜，自得其乐。这儿是我的"绿洲"、我的"家园"、我的"疗养胜地"、我的"加油站"。

但回顾我几十年生命存在，我只不过是一根"会思想的芦苇"。

李萍：近期，您有什么新作正在筹备或创作中吗？媒体报道，您正主编由深圳海天出版社出版的"本色文丛"，为什么想做这个项目？

柳鸣九：人文学者于散文更有优势，我答应出版社出来主编这一辑学者散文,就是希望或能给文化读者带来一点不一样的感觉。取名"本色文丛"则是希望能通过这些散文本色地表现人文情怀、人文关切。目前第一辑八种已出版,第二辑已交稿,将于近期出版。

近期,译林出版社已经再版我主编的《雨果文集》20卷;上海译文出版社正在再版我主编的《法国二十世纪文学译丛》;河南文艺出版社正出版我主编的《外国文学经典》丛书;我还在筹备出版《柳鸣九文集》(共15卷约600万字),这是一个大工程,基本收入了我全部的论著。我很高兴,在我80岁时,可以拿出一个15卷的《文集》来。

记者采访手记:

生活"无趣"而自得其乐

柳鸣九先生八十高龄,因为身体原因和繁忙的工作,已有十多年没有接受媒体采访了,约访十分不易。

最终,柳老被我们的诚意打动。两三个月后,我在一个很不起眼的老旧住宅楼,见到柳老,心情很激动,又很惊讶。激动是因为可以与这样一位文化大家面对面对话,惊讶是因为没有想到他如此平易近人,没有想到他居室如此简陋,没有想到他的生活如此简单、"无趣"。

四十多平米的两居室何止不大,简直称得上简陋,三十多年来从没有装修过,连家具都大部分是三十多年前的。但他笑着说,有一个书桌,能不受打扰地读书写文作书就行,"屋不在大,有书则灵"。

与同龄人相比,他白发苍苍,连眉毛都是白的,受帕金森病影响,手脚略有点抖,一天要吃十几种药,他自嘲地笑说自己因各种老年病"异化"了。但即使如此,他仍然坚持工作,每天不到夜里12点不休息。

他的书房中所有的书、资料都井然有序地摆放着。他笑着解释说,自己做事一向井井有条,有严格的生活规律,讲究方式方法,讲求效率,不然不会有时间做这么多事。我想到自己提前半小时到,立刻惴惴不安,但他并没有责备我打断了他的工作，只是笑着提醒说下次按时就行。

　　因为这次柳老空出来的约访时间是中午，他诚恳地请我在家里吃"快餐"，说都安排好了。眉州小吃店的小笼包、稻香村的素什锦、西红柿鸡蛋汤、凉拌圆白菜，清淡而有品味，他边吃边与我闲谈他的生活方式与饮食习惯：为了保证他有健康的身体，能支撑高强度的学术研究工作与写作生活，他在饮食方面，奉行"怎么科学就怎么来"的原则，不讲究口味，几乎每餐饭都少不了豆制品。为了保证他的工作不至于受高血压、失眠等疾病的拖累，他每天要散步半个小时，另外做两次共计一个半小时的体操，每天坚持，风雨无阻。而为了调剂精神生活，他虽然不休假、不旅行，但常欣赏西方古典音乐，也常听京剧与广东音乐，看大片影碟，当然也没有少看电视……"总而言之，我的生活质量很低，餐桌上没有海参之类的佳肴，甚至没有牛羊肉，没有红酒，书桌上没有名士必备的咖啡与香烟，只有白开水，生活中也没有旅游与高级会所，如你所看到的，居室也很简陋，不过，我仍不断有精神劳动产品出版问世，得了稿费就向国家交纳相当高额的所得税，作为一个纳税人，简单而充实的小日子，过得倒也自得其乐，当然，活得也很心安理得，理直气壮。"他这一番话，在记者看来，就足以构成这次访谈的结语了。

关于治学三要"学""识""才"及其他

对话者：《湘水》访谈组

对话时间：2013年8月

一

访谈组：唐代史学家刘知几提出治史要有三长：才、学、识。您研究过法国思想和文化史，怎么理解"才、学、识"在治史和治学中的作用？"才、学、识"是不是可以引申到做任何事情？

柳鸣九：在所有学术研究工作中恐怕都需要才、学、识这三个条件，文学史、文化史的研究当然也不例外，对这三者的次序我不妨做个小小的调整，学、识、才。首先"学"是认知层次的事，其次"识"是判断定论层次里的事，其三"才"是表述、阐释、应用、举一反三层次的事。这个次序符合人的认识规律与实践规律。

按我的理解，在文学史、文化史的研究中，你首先要知晓与掌握关于客观对象的大量情况，比如文学史的实际发展过程，有哪些文学事件，有哪些文学思潮、流派，有哪些重要作家作品，当然还有当时的历史、经济、社会、思想文化的相关背景，这些都是客观事实的范畴，你要认知与掌握所有这些，就得阅读大量有关的典籍、资料与文本，通过学习而获得学问，这是我理解的"学"。

"识"是面对大量客观材料所采取的视角、见解与研判，面对着同样的事实、同样的材料,"识"有高低优劣之分,结论、评判自然就有精彩与平庸,甚至正确与谬误之别。

"才"主要是运用领域里的事,如何把你所掌握的课题情况与你所研识的见解与定论表述得更好、呈现得更好,以及如何把外国的东西加以本土化,如何结合社会的需要阐述得更好、运用得更好。我所理解的治史所需要的三长:学、识、才,大体就是这样。

二

访谈组: 您主编过一套很另类的"盗火者文丛",专门选编学者散文,《湘水》也倾向于选登学者散文。请问您对"学者散文"如何界定?"学人散文"与"文人散文"有什么不同?

柳鸣九: 我从20世纪80年代起就开始写些散文随笔,《巴黎散记》《巴黎名士印象记》与《米拉波桥下的流水》就是最初的三个集子。后来我从鲁迅那里得到启发,鲁迅把研究译介外国文化的学人称为"盗火者",因此,我在2004年、2005年主编了一套"盗火者文丛"共十卷,收集了梁宗岱、冯至、卞之琳、李健吾、萧乾、绿原,还包括我自己等十位外国文学著名学者的散文随笔,每人一卷,这是我与学者散文关系的开始。两年前,我应深圳一家出版社的邀请,为他们主编了散文随笔丛书"本色文丛",所选作者对象仍然是学者,不过,不限于外国文学领域的学者,已经出版了八卷,今年还有望再出八卷。我与学者散文的关系大体如此。

何谓学者散文?我的解释很简单,有作家文笔的学者所写的散文,就是学者散文。在我看来,学者在散文写作中是具有一定优势的,如果他也有胜任的文笔的话,因为散文随笔的精髓、灵魂、核心是心智与心性。一篇散文,如果有隽永深刻的自我知性,有深在真挚的自我性情,那就有了精髓,有了核心,有了灵魂,而心智与心性正是学者的所长。我特别要说的是自我知性是学者散文的一个重要标志,与其抽象笼统地做一般说明,不如举出具体的例子。我有两篇散文都不止一次选入了不同地区的高中语文教材,一篇是《巴黎圣母院,历史的见证》，一篇是《在思想者的庭院里》。我写这两篇散文不是为了记述"到此一游"的过程，以及摄下视觉的印象观感。对巴黎圣母院，我是产生了深远的思古幽情，在罗丹博物馆，是对罗丹的造型艺术有了强烈的感悟，以至于非写不可，不写不行。于是，把对巴黎圣母院的现实观感与历史缅怀，与思古幽情结合起来，构成了自己独特的知性，把罗丹博物馆中琳琅满目的艺术品，与罗丹本人的艺术思想与见解结合起来，也构成了为我自己所持有的知性，算得上是两篇言之有物的游记散文。

至于学者散文与文人散文有何不同，我以为，学者散文有作者的深厚学养在，自然比较言之有物、厚实内敛，其深邃、隽永、优美、典雅、情趣、幽默往往是自内渗透而出，具有一种难以模仿的内在美。文人散文的特点往往在于功夫外露：感情宣扬、词汇铺陈、色彩渲染、舞文弄墨、妙笔生花，明显具有外在美与形式美。但应该看到，文人作家中有一些是具有深厚学养、具有丰富的学者底蕴的，这种作者的散文就兼有学者散文与文人散文的长处。

三

访谈组： 萨特说："人是自我选择的。"请您结合自己的经历，谈谈对这句话的理解。都说人生多歧路，您对湖湘青年在人生选择上有什么建议？

柳鸣九： 关于萨特"自我选择"的哲理，据我理解它其实就是对个体人主体意识的承认、尊重与强调，说白了就是提倡自主意识、提倡自我做主精神。自主意识与自我做主的精神，在人的行为中本来就是自然的、必然的，谁都要选择适合于自己的、有利于自己的事物对象、行为方式与发展道路，实际上世人莫不如此，我当然也不例外。我记得第一次大的"自我选择"，是年轻的时候关于要走什么路、做什么人的问题。在历史上众多先贤的范例面前，要做个"大丈夫"，可选择的道路不外有三：立功、立德、立言。为民族为国家为社稷立功我做不到，立德当"圣贤"、当道德的楷模我也做不到，还是立点言，成名成家当个学者算了吧，我人生的第一个选择就导致我现在这个样子。就"自我选择"而言，当然也有准则与标准问题，那就是要看是否适合并有益于自我,更重要的是要看是否有益于人群与社会,这就是萨特所说的"英雄的选择"和"懦夫的选择"之别。当然,"自我选择"还要看是否符合客观的形势,是否为客观规范所能容。1978年我对日丹诺夫论断的揭竿而起、连发三箭,说实话就是我深思熟虑、充分考虑了客观形势与客观规范后所做的一次重大的"自我选择"。是否能为客观规范所能容这一点很重要,如果不能容的话,"自我选择"就会碰得头破血流。在我们这个社会里,清醒地认识这一点是很重要的。

对湖湘青年在人生选择上有什么建议,我实在不敢当,我不熟悉、不了解当代青年人,我不是青年导师,不敢去做分外的事。

四

访谈组: 在求精中学,您最初接触外国文化、广泛阅读外国文学作品,您高考的第一志愿是北京大学西语系。很多人选择专业时其实对自己所学专业不甚了解,有的误打误撞入了行,有的最终转了行,而您却从事了一辈子。您当初为什么会选择西语系?为什么会选择法国语言文学?

您在北大求学期间,每天都跟上了发条一样,节假日也基本如此,而且寒暑假也极少回家探亲,更没有旅游度假一说。这描述的是您所在院系的情况还是整个北大的情况?

现在北大的情况跟以前大不一样了,没有规定的起床时间,没有规定的自习时间,也没有规定的体育锻炼时间,北大人以"自由""散漫"自居。另外,寒暑假学校则倡导社会实践,寒假有返乡实践,暑假有去全国各地的考察实践。您对这些现象怎么看?青年学生应该如何处理"钻研本业"和"读万卷书行万里路"的关系?

对于您在北大因劳累过度所遭遇的危机我也有过切身体会,那就是因熬夜过多而头疼,像您一样我也通过休息而调整过来了。那次危机之后,您是否还有工作强度过大的情况?现在您手头还在做一些事情,是准备"活到老,学到老,干到老"吗?

柳鸣九：关于我是如何走上法国文化研究之道的，正如我所讲过的那样，并没有什么早慧必由的缘由，只不过因为我中学时比较喜欢文科（包括外语），也就投考了北大西语系。考上了西语系后，分专业时我被分配到法国语言文学专业，于是就走上了后来的专业之路。至于北大四年的生活，的确如我所写过的那样，像是上了发条，在学习上真可谓是分秒必争，非常努力，这不仅是我个人的情况，西语系的同学与其他系的同学大多都是这个情况（也许我要算是更为用功的一个），也就是说当时的学习气氛很浓，因为当时学校里时尚的口号就是"向科学进军"，这种时代氛围使我们这些学生扎扎实实地读了几年书，打下了比较坚实的业务基础，不像后来，国内政治形势越来越"左"，学生不断被拖进政治运动，到了"文化大革命"更是发展到了"停课闹革命"，完全荒废掉学生的学业。

我在专业道路上走了这几十年，到了退休年龄，我的领导唯恐我太累了，非常非常及时地给我办了退休手续。但60岁退休之后我做了很多的事情，直到今天仍退而未休，这是因为我一辈子摆弄书，退休后仍有摆弄的惯性，好在面前有书任你摆弄，不像走仕途的人退了休后虽有摆弄权的愿望与惯性，但已经无权可摆弄了，我正是在退休后的惯性之中摆弄出了不少书。另外一个原因，是因为社会的需要，虽然退休了，但虚名在外，不断有出版社来请你帮忙，既然人家对你重视有加，把你当作他们所谓的一个"品牌"，其盛情我实在难却，虽然我有时也有求清高清闲的冲动，何况看着一本本、一套套散发油墨清香的书陆续问世，也是老年的乐趣，得了稿费也可以补贴家用，让生活过得滋润一点，纳了相当高额的所得税之后带着小孙女出去搓一顿，实为布衣人生的小乐趣。总之，退休后的所作所为，我想得很实在，做得也很实在，并没有无产阶级革命家那样"活到老学到老"的革命哲理。

五

访谈组：请您详解一下如何坐冷板凳，把冷板凳坐热的心理过程。

柳鸣九：我在我的文化自述中，不止一次谈到坐冷板凳的问题，"坐冷板凳"其实就是指不顺心、不如意、不被承认、碰到挫折、遭到打击等这些逆境。这种情况在人的奋斗过程中是经常碰到的,对此,智慧而坚强的态度就是镇定、继续努力、坚忍不拔、我行我素、坚定不移地继续走下去,直到"柳暗花明又一村",我讲要把"冷板凳坐热"就是这样一个过程。这其中最重要的是对自我作为的准确判定,有了准确的判定后,再需要的就是自我信心与坚持不渝。

六

访谈组:您谈过法国文学界学人的三种"脾性":一、聪敏易感,具有语言天分和人文才情、具有某些自我优越感与自命不凡;二、有明确的目的与志向,要在业务上有所作为,终极目标是成为强者、胜者、闪光者;三、由于法国文化崇尚自我独特性、个性自由,入行者或多或少有自行其是、特立独行的味道。您也坦言自己身上也有这些"细胞"。一个领域可孕育一种脾性,一方水土也养育一方人,作为湖南人,您对湖南人的性情有怎样的体会?

柳鸣九:我是湖南人,但我又长期不待在湖南,这有助于我对湖南人保持自省意识,也使我有"冷眼旁观"的方便。在我看来,湖南人的性格至少是有这么几个方面:一、自主意识强,很有主见;二、有魄力;三、有"霸蛮"精神。"霸蛮"是湖南人的说法,意思是有勇气去做多少超乎自己能力的事情。这几种特性在一些湖南人的身上都有体现。谭嗣同、毛泽东、刘少奇、彭德怀都是典型。有这几种特性的人,一般都是创业型的人才,开拓性的人才。但据我陋见,湖南人也容易头脑发热,头脑一发热,就容易冲动,容易异想天开,容易过"左",这是需要警惕和防止的。

七

访谈组:现在出国留学、定居乃至加入外国国籍都已成为一种风潮,您却很少出国访问,坚守着自己的园地,即使家人在国外。除了为了专心工作,这是不是与您的家国情怀有关?

柳鸣九：我出国的次数的确相当少，但每次的收获却是很扎实很沉甸甸的，见到了不少我想见的名士大家，收集了不少我想要的学术资料，后来，写成了《巴黎名士印象记》与《米拉波桥下的流水》以及《巴黎散记》三本书。但和很多人相比，我出国的次数的确很少，这似乎与我从事西学研究的专业不合拍。主要原因是这样的：我有这样一个认识，研究外国的历史与文化最重要的是要掌握它大量的典籍、文本与资料，国内的有关机构与图书馆在这方面储量已经很充足很丰富了，社科院文学所与外国文学所的外文图书，是在钱锺书、李健吾的主持下购置的，这就足以叫你皓首穷经了。但如果要经常出国，就得经常花很多时间去经营与使馆的关系、与国外的关系、与领导的关系，与其多花费这些时间还不如去多读些原著、多读些典籍，对学术研究更有实实在在的助益。我眼见有些人经常来来往往于国内外，花费了大量时间，而在学术上却收效甚微，甚至毫无成果时，我就深感这种热衷于出国的方式对我不合适。在国内倒是另有一个现成的杰出典范可供效仿，那就是钱锺书先生，如果我没记错的话，新中国成立后他只出过一次国，但他对西方的研究却远远地超越了那些在中外文化交流道上忙忙碌碌、风尘仆仆、风光十足的学术活动家。

八

访谈组：虽然您没有经常谈及"自由"，但是您在1978年对日丹诺夫论断的"揭竿而起"却是反抗权威，追求自由的典范。"思想自由""言论自由"在治学中处于怎样的地位？有人说现在言论不自由，您怎么看待言论自由的现状？

柳鸣九：在学术研究中，思想自由是一条绝对的准则，是学者应该达到的理想状态，只要愿意的话，也是可以达到的，如果自己要束缚自己，那别人也没办法。只有达到了思想自由，才能做到学术无禁区，才能接近与达到学术真理。"思想自由"也用不着老挂在口头上，重要的是要付诸行动。至于"言论自由"这不是学者管得了的事，我不想对此多嘴，我只希望"言论自由"也与时俱进。

九

访谈组： 您经历过爬学术之梯的艰辛，也受过文化高压之苦。时至今日，稿费标准仍然低，而且图书销量日衰。我国正在提倡构建"软实力"，"深化文化体制改革"，促进文化产业繁荣。您认为应该如何促进文化发展，提升我国的文化地位？

柳鸣九： 关于构建软实力的问题，软实力，按我的理解主要就是精神文化力量、文明化力量，就是国民素质、就是民族魂。如果要清点我们在这方面的家当的话，中国人的勤劳聪明要算是一项，这一点在世界上是公认的。孔子的儒家学说显然也要算一项，现在我国在世界上到处兴建孔子学院，其实就是把它当作一个软实力在使用。当然值得当代中国人骄傲的还有不少的事情。

与此同时，我们也应该清醒地看到我们的软实力中也有一些很负面的东西。现在中国人有钱这不假，中国有大量的人可以出国旅游，仅这一点就受到了各国的重视，可以说是一种富裕型的软实力、富裕型的文化消费方式，但中国旅游者在国外的喧哗，随地扔垃圾，随地吐痰，狂购高档商品，在名胜古迹上留下"某某到此一游"等等不文明的行为在国外也已经很有名了。还有一些人到境外抢购奶粉，想方设法把孩子生到美国、生到澳洲。等而次之，生到香港等，所有这些足可以再写一本《丑陋的中国人》，这些丑陋已经引起其他国人的侧目而视，这对我们的软实力是一种负面的抵消。这需要反思与自省，如果没有必要的自省力与反思力，一个阶级，一个群体，一个民族的前景是令人担忧的。

这个问题从根本上来说是国民性的提升与重塑，对此，思想文化建设应该起重要的作用。但是，在这方面，我们注意到现在社会的物质生活与精神生活中有不少使人忧虑的事：在文化领域里，低俗、媚俗以及恶搞文化大行其道，而图书销量日见萎缩，书店纷纷倒闭，所有这些情况，不能不引起我们的警觉，要改变这种情况，真需要痛下决心，使大力气而为。

学者在其中当然是责无旁贷，不过说实话，人文学者现在是弱势人群，甚至连话语权也不多，只能做好本职工作，为民族文化积累与社会人文建设添一点砖加一点瓦而已。引领潮流、移风易俗还得靠为政者、靠操持话语权的影视台与媒体。

我不知道政府所谈论的"深化文化体制改革"包括一些什么宏图巨举以及哪些丰富的内容，但至少可以先把一些明摆着的，不难解决的问题、不难做到的事情先做起来，比如说，给民营书店适当的补贴，至少像给国营新华书店那样的优待。书店是灵魂的窗口，一个城市没有几家像样的书店是件很丢脸的事情，其实扶植书店也用不了国家几个钱。再如，提高稿费标准，我国稿费标准之低是众所周知的，而稿费纳税比例之高，却使人感到惊奇，且不说这对于提高人文精神的创造力是否有利，至少表现了一种对人文精神创造的轻视的态度。

十

访谈组：您说自己并非出身于书香门第，没有半点家学渊源。那您与文学结缘，小时候与文学有过哪些亲密接触？

柳鸣九：现在在儿童教育问题上，有一个著名的认定或口号：不能输在起跑线上。前几年，起跑线是指小学时期，这两年起跑线提前到了胎教时期。根据这个口号，自然就派生出一种潜认定，凡是有所作为的人，必然曾经有不平凡的童年，因此，我多次碰到有人问我童年时期接触过一些什么外国作品，对此，我很想用哈姆雷特的一句话回答："亲爱的霍拉旭，很多事情是在你的哲学之外。"事实上，我小学时从来没有接触过外国文学作品，直到初三我才开始读了一点外国文学作品，因此，我多次说，我学这个行当，没有任何早慧的缘由。如果说，我在这个专业上有了一些作为，那完全是后来从中学到大学，又在长期的工作中慢慢学习、勤奋努力的结果。如果要把我当作一个案例的话，那似乎可以说明：一个在起跑线上几乎一无所有的人，只要后来努力，也不见得就会输。

十一

访谈组：您对"文学式微"这种说法有什么看法？文学对一个国家、社会的意义是什么？您可以从法国文学说起。

柳鸣九："文学对一个国家、社会的意义是什么"，这是一个大问题，我想这个问题其实不用我多说，既然允许我"可以从法国文学说起"，我且举出一个明显的事实，那就是法国18世纪文学中的启蒙主义思潮，对法国国家与社会的发展的重大作用。众所周知，没有18世纪启蒙文学思潮，就不会有法国18世纪的大革命，至少那场革命不会具有那么完备的理论形态，不会进行到那么彻底的程度，这是现代史的ABC问题。在美国，谁都知道《汤姆叔叔的小屋》这本书对美国的南北战争起了重大的影响，但是我注意到中国作家莫言得了诺贝尔奖之后，说了一句很引人注意的话："文学没用"（大意），一个21世纪的中国作家为什么这么讲，值得深思。

十二

访谈组：前些年网上曾曝出"最牛翻译"，一个人翻译几十部不同语种的名著，粗制滥造之余，译者查无此人，其实只是一个代号。您在翻译外国文学时是怎样的工作程序？您觉得现在的翻译界有哪些问题？怎么办？

柳鸣九：虽然我也翻译了几部文学名著，共有一百多万字，但我只是凭兴趣做了这点翻译，我远远没有把翻译当作我的主业，我更不研究翻译理论与翻译界的现状。翻译界有哪些问题？怎么办？恕我难以回答。你所讲的粗制滥造的事例的确触目惊心，这正是人心浮躁、急功近利风气的表现。

关于我与北大的"科班教育"

对话者：《党建》杂志记者

对话时间：2015年10月

（一）

党建杂志： 您本科毕业于北京大学西语系，为什么后来选择走上研究法国文学之路？请问法国文学的吸引力在哪里，让您60年来孜孜不倦？

柳鸣九： 我是随着共和国的诞生而成长的学者，也就是说，我是共和国所培养出来的学人、文化人，我完全是后天塑造成型的，基本上没有什么先验的命定性，因为我不是书香门第出身，从小没什么条件与我后来从事的学科有任何渊源。第一次知道法国文学，说来还带有一点喜剧色彩，那是我在前中央大学附属中学念初一的时候，有一天在校园的告示牌上，见到了一则失物启事：校内一位有名的教师，说他丢失了一本左拉的《小酒店》的中译本，如有拾得者归还给他，可得半斤花生米的酬谢。这类失物启事，在校园里经常有，是当时中大附中的一道风景。我惦记着半斤花生米，也就记住了这两个名字：左拉与《小酒店》，这是法国文学第一次走进我的心里。

稍后，我在重庆的求精中学念书。班上有位女同学，是一个国民党高级将领的女儿，她大概是因为要远走台湾，所以把一大批书捐献给班上的图书馆，我们这些同学也就开了眼界。正是在那个时候，我生平第一次接触到外国文学，我所借阅的图书中，有屠格涅夫的《春潮》与洛蒂的《冰岛渔夫》。从此以后，一直到新中国成立初期，我通过学校的图书馆、街上的书店以及小书铺，读到了一些外国文学作品，如：李青崖译的莫泊桑，毕修勺译的左拉，傅雷译的巴尔扎克与《约翰·克利斯朵夫》，朱生豪译的莎士比亚，等等。所有这些都只是我的课余爱好，我从来没想到过，我将来要搞外国文学，更没有具体地想到要搞法国文学。如果就我的课外阅读来说，好像倒是俄国文学对我更有吸引力，我也就读了不少俄国文学的中译本。

我投考北大西语系，也并没有什么特别的思想渊源，只不过因为它是文科，适合于我，而且学外文就业的前景也比较好，至于为什么投考西语系而没有投考北大的俄文系，也仅仅因为中学时学了英文，而且对英文也颇有兴趣。考上了北大，报到后的第一件要事就是申报专业与分配专业，当时西语系有英、德、法三个专业，我选了法文，原因也很简单，英文已有一定的基础，既然来到北大，当然是再多学一门外文为好。

这里我应该着重说明的是，当时的北大西语系全名为西方语言文学系，明确以培养该国语言文学的研究人才与教学人才为宗旨，它的毕业生的工作分配最对口的岗位，就是高等学校的西方语言文学师资、研究机构与文化机构的同类研究人员与编辑人员，分配到外事单位的倒是少数。一个系的任务与职责如此，其课程设置与专业训练，皆与此成龙配套，老师也都是各自专业、各自技能的第一流专家学者、学科大师，应该说教育条件是优质的，这就足以把学生培养成有外语阅读、翻译、写作能力、有全面的文史知识、有比较扎实的理论根基的专门人才，我就是这么培养出来的，就是这么打造出来的。我后来的道路、发展、作为、成绩都来自也得益于这种社会现实条件与教育体制设置，我就是北大西语系这样特定性质、特定模式的教育机构所塑造成型的这么一个学人，如此而已。总而言之，我一进北大西语系，只要毕业工作分配对口，我后来的专业道路、职业行当、工作内容、所作所为，基本上就定下来了，这就是我讲的后天现实条件的决定性、命定性。当然，一个人进入到一个什么环境、什么教育体系之后，做得怎么样，做到什么水平，做成什么规模，还得看这个人自己努力的程度，个人的悟性与其他种种主观的条件，以及现实情势、社会

际遇所允许的程度。

应该说,我之所以在法国文学研究方面有所作为,做出了一些事情,最初也得益于我的大学毕业分配比较理想。我分配到当时的北京大学文学研究所,担任"西方古典文艺理论译丛"的编辑与翻译,这样的工作岗位,应该说是与我所学的专业是相当对口了,虽然不完全吻合。不久我又兼任了理论研究的工作。以上几项工作都不是纯粹的法国文学研究专业,但都是法国文学研究工作所必备的工作经验与工作技能,是我的法国文学研究工作的前期磨炼,这个时期,我的文艺理论研究工作,我的西方文艺批评史的进修,我对法国古典文艺理论的翻译,以及译丛的编辑工作,实际上都成了我后来法国文学研究工作的基础,而且是比较扎实的基础。我这个时期的导师与业务领导是著名的美学家蔡仪先生,我所得到的培养与他是分不开的,他是我的第一个伯乐。但是,我这些工作与我所学的法国语言文学专业,毕竟不是吻合得严丝合缝,我有点不知好歹,不知满足,割舍不掉对原本专业根深蒂固的情结,因此,告别我的伯乐蔡仪先生,而选择了致力于法国文学研究的道路。

我为什么做了这个选择?除了那种有点偏执的专业情结、狭隘的专业对口思想外,主要的还是觉得我更适合于研究法国文学,而不是理论研究,因为,我觉得艰深的理论思维与以严格的逻辑推理并非我的所长。再一个更主要的原因是,我认为从事理论研究,最好应该有扎实深厚的史的基础,作为理论概括的后盾,我当时的如意算盘是:先去搞一二十年的法国文学史研究,然后,回过头去再进行理论体系的构建。但是法国文学就像一个辽阔深沉的大海,我一旦跳入了这片水域,游了十几二十年甚至三四十年才发觉我已经没有力气游回原来的理论陆地了。不过我感到庆幸的是,我在改向之后,结合法国文学研究的心得,在文艺理论方面,又做了一些工作,如:系统地批判"四人帮"的"彻底批判论",对日丹诺夫论断进行全面的批驳,重新评价20世纪西方文学,以及对自然主义进行科学的、实事求是的评价,等等。如果没有在蔡仪麾下所打下的那点文艺理论基础,那我就做不出这几件事儿来。

当然,我选择了法国文学研究这条道路,并且几十年孜孜不倦、奋发有为，与法国文学对我强大的吸引力有关，其缘由也很简单，就是因为法国文化、法国文学是世界上最优秀、最灿烂、最有魅力、在全球产生了巨大影响的文化之一。

（二）

党建杂志：改革开放后，您作为第一批促进新时期中外文化交流的使者，将西方现代思想介绍到中国，被誉为"开放的翻译家"，与大师李健吾和罗大冈并称为"三贤"。您为什么要坚持把西方文学与思想，尤其是法国文学介绍到中国？当时有哪些支持力量？又存在哪些困难与压力？您怎样理解"洋为中用"？在您的研究和作品中是怎样体现的？

柳鸣九：法国文学蕴含着、承载着丰富、优秀、有启迪力的思想，比如16世纪反对封建禁欲主义，渴望人的解放，渴求智慧、渴求知识如沐甘露的人文主义文学，如18世纪主张人自然而健康的发展，追求合理社会制度、合理社会构建的启蒙主义文学，以及19世纪对资本主义社会有深刻认识与剖析、对劳动人民有深切人道主义同情的现实主义文学，所有这些都是人类思想成果宝库中的瑰宝，是全世界人共同拥有的一笔宝贵精神财富，它们都曾得到过马克思、恩格斯的高度赞誉。不要因为这些思想产生于外国，就认为不是我们中国人的，我们有权继承，我们也应该继承。不能像义和团那样，不能像"四人帮"那样，凡是对着洋思想洋玩意儿就侧目而视，怒目而视。马克思、恩格斯对这些优秀遗产，已经有经典的表态在先，我们学着就是了。这是法国文学对我有思想吸引力的所在。另外法国文学也体现了令人叹服的艺术创造力，众所周知，法国文学是几乎所有重要的文学思潮的发源地，是几乎所有风格流派产生的摇篮，从古典主义，启蒙主义，浪漫主义，批判现实主义，自然主义，一直到象征主义，荒诞派戏剧，以至新小说派，这种强大的活跃的艺术创造力、艺术创新力几乎成了世界文学不断日新月异的发动机，这都是值得中国人研究、总结、借鉴的东西。作为一个学者，其工作内容就是研究这种优秀的文化、就是取其精华、译介推广，为中国的文化积累服务，这种职业简直就是一种享受，这正是我生平最大的幸事，这也就是我孜孜不倦、全力以赴的原因。

至于我为什么要坚持把西方文学，尤其是法国文学介绍到中国，且不说我自己的爱好，首先是因为职责所在，既然我出自北大西语系法文专业这样一个特定的科班，我的职责与我的使命就是更好地把法国文学介绍到中国来，做好这个文化搬运工作，这与其说是我个人的志向与兴趣，不如说我身体力行了共和国教育制度的意图与要求，北大西方语言文学系这一科班的设置，显然是以马克思、恩格斯对待欧洲优秀文化遗产的经典态度为理论根据的。

当然应该看到，任何意识形态都有自己产生的现实条件，既有自己所能适用的现实范围，也有自己不能适用的现实范围，也就是说，不是所有外来的文化都无一例外地适用于本土范围，我理解社会主义中国对外来文化坚持"洋为中用"的原则，就是由此而来的，也是言之有理、行之有理的。因此，对外来文化，在深度认知、深度理解、透彻研究的基础上进行选择、进行译介、加以传播，既是一项严肃的任务，也是一种难度很大的劳务，既不应该像日丹诺夫与"四人帮"那样对外来文化优秀遗产一概加以横扫，也不能有违"洋为中用"的原则，不能逾越本土意识形态的合理接收度、容纳度。坦率地说，在中国，外国文学不好搞，既要对外国文化、外国文学有全面的、如实的、深入的研究，也必须对本土的情况有深刻的认知与理解、对本土现实情势有准确认知。总之，要把这个工作做得好，充足的学识、清醒的头脑、理性的思维、准确的把握、慎重的态度，缺一不可。

毋庸讳言，新中国成立以后一直到"文化大革命"，外国文学工作遇到困难的时候居多，这是因为政治运动不断，思想批判不断，阶级斗争的弦越绷越紧，每遇到这种情况，外国文化外国文学，不是被批就是被禁、被横扫。每当政治运动泰山压顶之日，无一不是外国文化、外国文学的倒霉之时，谁也救不了它。这是一个时代的悲剧问题。所有这一切，到了改革开放时期，逐渐就成了过去。改革开放以来，外国文学工作，得以在正常的环境、正常的氛围中进行，因而也出现了空前繁荣的局面。我正是在这样一个时代环境中有所作为的。外国文学在中国的历史命运，反映了中国走向改革开放的曲折进程。中国进入改革开放时代，的确为外国文学工作带来了春天，工作环境工作氛围正常了，轮到我们这些外国文学工作者考虑如何更好地"洋为中用"，使外国文学工作更好地为我们本国的文化积累服务。

（三）

党建杂志：改革开放初期，您公开对"日丹诺夫论断"做出声讨，并大声疾呼萨特及其存在主义和左拉及其自然主义的历史地位，在当时面临着怎样的舆论压力与风险？您为什么坚持这样做？

柳鸣九：改革开放初期，我对日丹诺夫揭竿而起，挺身而出大声疾呼给萨特以历史地位，的确碰到了风险，受到了舆论压力，个人也付出了若干代价。对这些往事，我今天就不多谈了，我只想讲三点：

其一，我当时提出这些问题，是自信认识到了日丹诺夫论断不符合马克思主义的历史唯物主义与20世纪世界文化的实际，认识到了社会主义中国对萨特的否定与批判，是大水冲倒了龙王庙，既然我认识到了，就应该讲实事求是的话，这是我的职责所在。

其二，我当时在遇到舆论压力与思想批判时，之所以坚持自己的理论观点，不做违心的改口，仅仅是因为我信任改革开放这个时代，我不认为在这样一个时代，我这点事会招致"倒大霉"，果然这一切不久就过去了，"纵然一夜风吹去，只在芦花浅水边"，我庆幸我进入了改革开放时代。

其三，我之所以今天不再细谈过去所受到的压力与付出的代价，是因为它们已经成了过去。凡过去了的，就是值得欣慰、值得庆幸的。

（四）

党建杂志：您作为"中国研究萨特第一人"，萨特在您的研究生涯中扮演着怎样的角色？您如何评价他？他的理论对当下中国社会有何现实意义？

柳鸣九：我之所以被舆论称为"中国萨特研究第一人"，坦率地说，仅仅是因为我在全面研究认识了他的基础上，看准了他的性质以及其人其作与社会主义中国有什么样的契合点，并且在中国改革开放思想进程的关键时刻，挺身而出为他说话，而不是因为萨特在我的研究生涯中扮演过特别重要的角色。我对萨特有全面的认识，有比较准确的把握，但谈不上有特别精深的研究，甚至在个人感情上，他也并不是我最钟爱的作家。

我对萨特的评价概括地说，他的文学成就高于他的哲学成就，他的文学成就在于，以传统的艺术形式，对人生人性做了很有表现力的描绘，而又融入了他的存在主义哲理，他的文学水平与哲学水平结合起来，造就了法国20世纪文学中一位哲理文学大师。巴尔扎克所说的文学家要精通形而上学，是法国很多作家的一个理想，作家对现实的描绘，如果有了哲理深度，那就如虎添翼矣。至于他作为一个存在主义哲学家，当然在20世纪西方哲学史中，也占有一席重要地位，不过，他的哲学并非对客观世界、现实社会的概括与认识，而主要是对人生状态与人生态度的概括与主张。其主要哲理自我选择论，在我看来，颇具积极意义，因为他主张、也提倡把自我选择权交给自我，有什么样的选择，就有什么样的本质，自我选择自我负责，而且他所赞赏的是英雄的选择，而非懦夫与负面性质的选择，所有这些哲理，显而易见，有其正能量的成分，在社会主义条件下，不难洋为中用，且看，在我们的现实生活中，"自我选择"一词，不是已经成了很多人的经常用语吗？意识形态无论是不谋而合也好，还是殊途同归也好，只要有契合，就可洋为中用，就可以有积极意义。至于在政治社会活动方面，萨特更是前社会主义阵营中一个大左派、一个大积极分子，这就是我当年说萨特理应在社会主义中国得到精神支撑点的原因，说对萨特的否定与批判是大水冲了龙王庙的原因。

（五）

党建杂志：研究方法上，您曾经有"旁征博引"情结、"东施效颦"之举，但后来您解脱了这种情结，去探索自己的研究方法。最后您总结出哪些自己独有的研究方法呢？这对于年轻研究学者以及整个社会有什么样的借鉴意义呢？

柳鸣九：我在研究工作中旁征博引的情结，来自对钱锺书的崇拜，但后来发现很吃力，因为我没有钱先生那种强记博闻的天赋与浏览万卷书过目不忘的本领，而且发现旁征博引有时会影响顺畅地表述自己的思想观点。没有那种天分，就不用操练那种把式。研究工作的主要任务，是要把一个问题讲透，以必要的材料，必要的例证把一个问题讲透了，这就够了。我中等偏下的智力水平，适合这种方法。研究工作不是堆积材料，而是"提出问题解决问题"，这是何其芳先生的名言，我是他这句名言的信徒与学生，我力图这样做。要这样做，必须要对所研究的课题有全面、准确、深入的认知与把握，必须有提出问题的勇气与胆识，更主要的是要在解决问题上下扎实功夫，要把提出的问题讲透，令人信服，这不仅要做好充分的理论准备，而且要收集与占有必要的、充分的、有说服力的例证与事实根据。如果能够提出一两个问题，也能解决一两个问题，那就是不小的成绩了。说实话，提出问题相对比较容易，而解决问题则难度很大，但即使是不能完全解决问题，只是对问题有所解决，那也是值得研究工作者高兴的。

（六）

党建杂志：您自己评价自己是"一根会思想的芦苇"，从事的是"摆渡"和"搬运"工作，您也非常推崇西西弗的故事。而我们看到的是您丰硕的研究成果，可谓著作等身。那么您为何如此评价自己？您认为做学问需要怎样的品质？您又如何看待外界的名和利？

柳鸣九：芦苇是易损的、速朽的，西西弗推石上山的努力往往是徒劳的，我以这两个形象来比喻自己，多少表现了我的彻悟意识。人从出生到死亡的人生过程，既像芦苇，也像西西弗，这就是对人生、对人存在状态的彻悟。但是，这两个来自法兰西先哲的形象比喻都有非常积极的意义，前一个比喻强调了"会思想"，这就是人类伟大的所在，后一个比喻强调了推石上山的坚毅和与生俱有的本分感，以这两个形象来比喻自己，更多的是要激励自己多思，激励自己要有坚毅的精神与推石上山的使命感以及推石上山过程中的自得感与成就感。关于评价问题，我的确按我自身的条件，尽我的努力，做出了一些事情，但与其我来评价自己，还不如任人评说为好。

至于做学问需要什么样的品质，这是一个老生常谈的问题，我没什么独特的见解，我想不外是面对做学问这件事，在态度上要勤奋勤劳，在精神上要实事求是，在方式上要切实可行，在面对挫折与失败时要坚强坚持、走得出坎坷路、坐得热冷板凳。关于如何看待外界的名和利，对于学者来说，不存在多少利的问题，做学问本来就是一个清贫的职业，如果要去争锱铢小利，那是太不明智，太不值得了。做学问倒是有一个名的问题，搞得好可以独领风骚数百年，甚至流芳百世，但这绝不是刻意而为所能达到的，还是只问耕耘，莫问收获吧，耕耘到一定程度，自然会出名、自然会有名，水到渠成，这是君子出名的自然之道。即使是情不自禁有些好名，只要合乎这样的自然之道，那就是无可厚非的，这可谓君子好名，取之有道。要不得的是，刻意求名，不择手段，那就是真小人也！

（七）

党建杂志：六十多年来您一直笔耕不辍，未来有什么新的研究课题和研究方向吗？能介绍一下您最普通的一天的安排吗？

柳鸣九：八十多岁的一天与五十岁的一天，三十岁的一天是很不一样的，过去那些度日方式已成美好的回忆。那时我能骑车逛街，我能跑步、我能上公园长距离散步，也还能哼哼唱唱，现在俱往矣。现在我只能安安静静地待在家里，做点力所能及的工作，看看书，处理来往书信，写点东西，听听音乐，看点新闻，按时吃药，按时做操，如此而已。

至于在有生的余年，是不是还能做成一点事情，那就只能走着瞧了，我平生做事力戒"雷声大雨点小"，如今到了耄耋之年，更得如此。

关于求学道路、学术诚实及其他

对话者：《光明日报》"人物专栏"主编

对话时间：2014 年 7 月

（一）

"人物专栏"：您的名字有什么特殊的来历吗？请您谈谈自己的童年往事，以及青少年时期的求学经历，是什么原因，让您走上了研究外国文学及文学理论的道路？您在北京大学时，与老一辈学者的交往中，有什么让您终生难忘的事情吗？在这个过程中，您觉得谁对您影响最大？

柳鸣九：古人曰："鹤鸣于九皋，声闻于天"，这就是我名字的出处，很抱歉，个性张扬的味道太浓。我的父母都没多少文化，对儿子也没有光宗耀祖的期望，起不出这么一个名字来，据父母告诉我，从前邻居中有一位很有文化的老夫子，听说我生出来有九斤之重，父母给我取的小名是"九斤子"，就给我取了这样一个"大名"，这就是来历。

我的儿童时代，基本上是在逃难生涯中度过的，随着日本侵略军的不断进攻，我们家从湖南长沙逃到耒阳，在耒阳相对安定了几年，又从耒阳逃到广西桂林，再逃到四川重庆，难民生活中的危险与艰苦我都经历过，毕生难忘，这种生活，造成了我强烈的民族主义情绪。后来，在中学学近代史，每当听到老师讲述中国受欺负、被侵略的历史时，我在课堂上总是心潮澎湃，很坦率地说，我成了一个小民族主义者，哪些国家割占过我们的什么领土，什么国家没有割占过，这本账我可记得很清楚，这构成了我的近代史观的基础，我对美国之所以不无若干好印象，仅仅是因为它没有割占过中国的一寸领土，它拿到庚子赔款后，毕竟用在中国办了一所清华学堂。这是我少年时代思想脉络的一个主要部分。

我青少年时期另一个重要内容，就是我所受到的良好的中学教育，我的父母虽然都没有多少文化，但是他们敬畏文化，仰慕文化，深知文化对一个人生存的重要性。因此，他们尽了最大的努力，保证我受到系统的、完整的、良好的中学教育。尽管我的家庭因为父亲就业地点的变换而辗转各地，但我都进了当地最好的中学，受到了优质的教育，如南京的原中大附中（即今南师大附中）、重庆著名的教会学校求精中学、长沙的重点名校湖南省立一中，经过这些名校的教育与培养，我在1953年才考进了北京大学。

关于我是如何走上外国文学研究道路的，其实并没有任何早慧的根由、任何早熟的理想、任何早有的特定兴趣，只不过是顺理成章的事，是一步步走过来的。从中学起，我的文科成绩比理科成绩好，这注定我要投考北京大学的文科，之所以选定西语系，是因为想多学一门外语、多一种工作技能、多一种职业手段、多一个"饭碗"。恰好北大西语系是以培养西方语言文学研究人才与教学人才为己任的，为了这个目的，该系设置了最完备、最优质、几乎是最理想的课程，我就是从这样一个炉窑里烧制出来的。当然，这个系的毕业生里有各种去处，有留校做助教的，有分配到各种文化机构与外事机构的，我运气甚好，分配到当时属于北京大学的文学研究所，具体是到"古典文艺理论译丛"编辑部担任翻译与编辑工作，之所以能够如此对口，也许跟我四年学业中表现出来的文字能力与思维能力还算比较可取有关，根据工作岗位的需要，我必须做一些文艺理论翻译与西方文艺批评史的研究，这就成了我专业工作的起点，然后就是一步步走下去，一步一个脚印，一步步把事情做好做大。

北大求学生活对我一生影响很大，那时，正当全国院系调整之后不久，北大集中了全国人文学科几乎所有最有声望的宗师与精英，仅以与外国历史文化有关的学科而言，就有朱光潜、钱锺书、季羡林、冯至、李健吾、卞之琳、金克木、杨绛、潘家洵、闻家驷、李赋宁、杨周翰、盛澄华、陈占元、郭麟阁、吴大元、吴兴华、田德望等。这些大师名家不仅他们的学术文化业绩、传道授业、讲课演说能给青年学子直接教益，即使是他们的气场、风度、轶事、传闻、细节也可给人以示范与启迪，在北大未名湖畔这样一个强大的文化学术气场中，如果善于学习的话，每时每刻、每处每地都可以受到启迪、得到营养，学到东西，兼容并蓄，取各家所长，所幸我从父母那里继承了对文化的敬畏、对文化的崇拜，我自己又像一张白纸并无自以为是、固不自封的定性，因此，还不失为一个善于吸收，善于接受启迪，也肯勤奋致学，兼容并蓄的青年，只要是有营养的，我逮着就吃，不仅朱光潜的丰厚的学术业绩成为我毕生的榜样，他每天坚持打太极拳与慢跑也成了我效仿并坚持了数十年的习惯，即使是北大校长马寅初一开口就是"兄弟我"这样一种不在乎语言时尚、不在乎礼仪规范与不流俗附和的风度，也成了我后来在学术观点上坚持自我、我行我素的最早启迪。著名经济学家陈贷荪在未名湖畔那种泰然自若、仙风道骨的神态，成了我后来心目中名士风度的样板。著名的物理学家周培源在校园里风风火火骑着自行车来往于行政大楼与教学大楼的景象以及上车下车的麻利动作，成为我后来办起事来颇为雷厉风行、讲究效率的最早启发。总之，北大的四年，我没白白度过，我像一块海绵，做到了全面吸收，兼容并蓄。

（二）

"人物专栏"：您翻译的第一本书叫什么名字？它对于您今后的研究道路有重要的意义吗？

柳鸣九：我最早翻译的有两本书，一本是都德的《磨坊文札》，一本是雨果的《雨果文学论文选》。

都德的《磨坊文札》我从大学三年级就开始翻译了，但我并没有集中力量来做这件事情，而是断断续续，经常一搁置就是一年半载，甚至搁置三五年十来年。因为我不是把它作为一件业务成果集中力量去做的，而是把它当作一种精神调剂品，情绪调剂品，甚至当作一个解除高压的镇静剂，偶尔为之，慢吞吞地进行，所以成书出版反而比较迟。

都德是我最喜爱的作家，我很喜爱他纯净柔和的风格与幽默的语调，他的《磨坊文札》本身就有一种隐逸恬静的情趣，颇有陶渊明"采菊东篱下，幽然见南山"的韵味，读起来颇能使人的心情归于平和宁静，这正是我所需要的，说实话，在我长期的学术道路上，经常碰到崎岖与坎坷，经常感到精神压力、烦恼与焦躁，我需要解压剂，我需要镇静剂，碰到这种时候，我就把《磨坊文札》拿来读一读，有时也就译那么一两段、一两篇。因此，我曾经把《磨坊文札》称为我的精神绿洲、绿色家园。

我出版的第一部翻译作品是《雨果文学论文选》，翻译成书也比较早，因为早在大学四年级我做的毕业论文题目就是《论雨果的浪漫剧》。雨果二十多岁的时候便充当了法国浪漫派反古典主义文学运动的领袖，他发表了讨伐古典主义的《〈克伦威尔〉序》，这一篇洋洋洒洒长达五万字的文辞华美的大文，成了西方文艺批评史上经典文论，同时他又按他的美丑对照原则写出了一批风格全新的浪漫剧。因此，他的浪漫剧与文艺理论是相辅相成的，我写毕业论文必须研读两方面的文本典籍，这成为我后来翻译文艺理论的前期准备。到了"古典文艺理论译丛"编辑部后，我的本职工作就是文艺理论翻译，这样我较早就完成了《雨果文学论文选》一书的翻译。此书本来可以在"文化大革命"前出版的，由于人事原因，一个小字辈的翻译作品竟被无理地压了两年，然后正碰上"文化大革命"的十年浩劫，于是，直到 1980 年才获出版。这件工作作为我后来研究雨果，主编二十卷的《雨果文集》打下学术基础。也许更重要的是，在翻译雨果气贯长虹、文词辞华美的大序时，我颇受潜移默化的影响，我喜欢写长序写大序，实与此有关，我的理论文字被谬赞为具有"理论气势与斐然文采"，"字里行间洋溢着一股浩然之气"，多少也与此有关。

（三）

"人物专栏"：您在写就《法国文学史》等专著的过程中，有什么人和事值得纪念和铭记？

柳鸣九：数十年来，我的学术文化工作内容虽然不是单一的，但基本上是以法国文学史的研究为主，而写作多卷本的《法国文学史》又是其中的核心，我的其他一些编选工作、主编工作、翻译工作以及随笔散文写作等，基本上都是从这个核心延伸出去的派生物。《法国文学史》作为中国第一部大规模多卷本的国别文学史，断断续续用了我将近二十年的时间，其中当然有很多甘苦，但是学者的书斋生活一般都是没有什么生动的故事、有趣的细节可言，请看歌德的《浮士德》，其中只有很少篇幅写浮士德博士在书斋生活中的灵魂探索。如果一定要讲点值得纪念的人和事的话，可讲的基本上只有两点：一是《法国文学史》是在"四人帮"仍猖狂一时的"文化大革命"后期开始写的，如果要按当时"四人帮"的条条框框炮制的话，那必然会成为一个废品，但当时我和两个伙伴都非常明确、非常自觉地以反"四人帮"的条条框框为指导思想，坚持以实事求是、科学公正的原则写史，这样才没有走上极左的邪道，没有把《法国文学史》写成一个废品。而"四人帮"垮台之后，很顺利就得以公开出版，并且于1993年获得了国家图书奖的提名奖，那是新中国成立后第一届全国图书评奖，积累了多年，参评的图书共有五十余万种之多，故此奖得之不易。

第二点我难以忘怀的是，在《法国文学史》的写作过程中，我得到了可尊敬前辈的鼓励与支持，钱锺书先生帮助我审阅了其中部分篇章，给予了肯定与鼓励。李健吾先生在《法国文学史》上册出版的时候，发表了评论文章，表示了热情的赞赏，这也是我一生中得伯乐赏识、得贵人相助的两个最突出的事例。说实话，这在学术等级森严、学术阶梯漫长的时代，是非常珍贵的。

（四）

"人物专栏"：您最推崇哪位作家（国内或者国外）？您在他们身上学到了什么，有何人生和治学感悟？

柳鸣九：有成就的作家是各式各样的，有的作家以精致的艺术使人叹服，得到世人的欣赏；有的作家为社会历史留下了宽阔、真实、有深度的画面，给世人开阔了视野；有的作家以深刻隽永、机智的思想而使人在智慧上受益，这些作家都有这种或那种被推崇的理由，但我最为推崇的是：外国作家中的加缪和中国作家中的沈从文。

这两个作家在艺术上都有很高的成就，这是不在话下，他们特别值得推崇的是，他们自有一种精神力量，他们在做事为人上都表现出了不凡的人格。加缪是一个平民草根出身的作家，但他作品至少发出了两道对人的存在、对人类社会有重大启迪意义与聚合力量的智慧灵光，一是人生如西西弗推石上山的哲理，二是人类社会团结抗恶的思想与道路，这两种哲理与思想都基于对人生、对社会看透了的彻悟意识，并都表现出了一种坚苦卓绝、刚毅非凡的精神力量，用我们今天的话来说，就是所谓的"正能量"，这是我特别推崇他的原因。而且还有一点，加缪不是一个书斋学者、书房作家，他是一个投入了社会实践的行为家，在第二次世界大战时期，他就是一个名副其实的抵抗战士。

至于沈从文，我特别尊敬他、推崇他的原因是，他不仅是一位在中国近代文学史上成就最高的一位作家，而且他身上表现出了中国知识分子难得的坚毅精神，他作为一个著名作家，曾经长期被"打入冷宫"，让他去搞什么管理服饰的事务性工作，这等于把一颗种子扔在一个石头缝里，然而他却偏偏不声不响在这个石头缝里长出了一棵大树——《中国古代服饰史》，这种"石头缝里精神"正是中国20世纪人文知识分子的可贵品格，至少对我个人很有精神感召作用。

（五）

"人物专栏"：学者、翻译家、理论批评家、作家等，在您的这诸多身份中，您觉得自己更钟爱哪一个，自己最不愿接受哪个？

柳鸣九：数十年来，我的文化学术活动，内容既非单一的，在不同的方面也都多少积累了若干实绩，也就是说在不同的劳动部类中，从事过不同的劳动方式，有点不同的劳动产品。因此，有时被称为这个、有时被称为那个，得到了不同的名誉与身份，如此而已。

对于名誉与身份称号这类问题，我的态度是，"君子好名，取之有道"，只要名誉、名分、身份之下有实质内容、有劳动成果、有"干货"、有"硬币"，那就行了。我且不说什么身份是我钟爱的，什么是我不喜欢的，我只想说：第一，我最希望自己成为一个真正学有专长、有所建树、有所创见的学者；第二，我最想避免的、最忌讳的是，沦为一个空头的理论家、批评家，沦为一个不学无术，只靠引证圣贤经典作家、玩弄教条、只靠扣帽子、打棍子的理论家、批评家，我竭尽自己的力量不要成为这种人。另外，我也曾经对翻译家这样一个头衔进行过自我调侃，不是因为别的，而是因为我在翻译方面花费的时间和精力比花在研究工作与写作上的要少得多，在翻译界我只不过是偶尔客串一下的"票友"，和那些以毕生精力从事翻译的朋友不可同日而语，如今客串的"票友"也登堂入室，使我觉得颇对不起翻译家朋友们，用方鸿渐的话来说："不好意思呀"，但你毕竟有过上百万字的译品，毕竟有几个译本广行于世，人家有时为了方便，简称你一声翻译家，那你就安之若素，自己不必矫情了。

（六）

"人物专栏"：《光明日报》举办评选的这次影响中法文化交流的20本书中，您最喜欢哪一本书？您对当下的中法文化交流有什么自己好的建议和看法？

柳鸣九：在这些当选书的范围内，我相对更喜欢《红与黑》，正如我曾经指出的那样，《红与黑》表现了时代巨变之际，两种价值观在一个特定青年身上的激烈矛盾冲突，而且表现得这样真实、生动、自然，具有极大的心理深度。作者在写这部作品、塑造这个人物的时候，在很大程度上把自己也摆进去了，使作品与人物具有社会典型性。两种价值标准在一个人灵魂深处的矛盾冲突，其实我自己也感受过。前两年有一部电视剧，写了《红与黑》在一批知识青年中大受欢迎的事实，可见此书的高票当选并非偶然。这部作品在中国受欢迎的程度，还有一个事实可以证明，那就是中国的翻译家都竞相翻译这部作品，有的甚至为了翻译这部作品，还竭力抢占译机。这里我不妨透露一个从未向人道及的"秘密"，我在很长时期内一直想翻译这部作品，并做了相应的准备工作，仅仅是因为听说我的同窗老友罗新璋已动手开始译《红与黑》，我才放弃了自己的打算，因为这位老同学在本译界是以精雕细琢、精益求精而著称的，我自知不可能像他那样下大功夫，于是，心服口服，退出竞译场，乐观其成。

对于中法文化交流事务，有大批的文化官员、外事官员操心费力，我不在其位，恕不多言。

（七）

"人物专栏"：您能简单谈谈自己对于萨特的理解吗？对于萨特的研究，给您自己带来了什么？对于萨特的理论研究成果，对于当下浮躁的中国社会还会有影响吗？

柳鸣九：如果掀开萨特哲学体系的术语与概念所组成的厚厚的帷幕，用简明、通俗的话来说，萨特存在主义哲理的核心不外是"存在决定本质"与"自我选择"两大要义，即人的存在在先，本质在后。在现实中，人进行自由选择，进行自由创造而后获得自己的本质，英雄的存在决定英雄的本质，懦夫的存在决定懦夫的本质，人在选择、创造自我本质的过程中享有充分的自由，也承当着自我不可推卸的责任。

不难看出，萨特的哲理是有助于个人主体积极性的启动与发挥的，用今天的话来说，有助于自我启动正能量，在意识形态上具有积极的意义。至于政治上，萨特更一直是一位"老左"，一直是当时的社会主义和平阵营中的大积极分子，但是在中国，一直到改革开放初期，他仍被视为意识形态上的"帝国主义的代言人"，而经常受到敲打、批判，我深感其不公正、不实事求是。于是，我发文章（《给萨特以历史地位》）、出书（《萨特研究》），对萨特进行重新评价，也算是挺身而出、仗义执言、讲些公道话吧，这就是我在萨特问题上的作为。正好萨特的哲理与我的作为投合了当时的社会需要，即释放个体自主能动性的社会需要，因而，一时思想影响很大，《萨特研究》成了一本畅销书。然而，早春的天气乍暖还寒，气候难免波动，一时，《萨特研究》又被视为了"精神污染"，《萨特研究》也被禁再版。不过，两年之后，气候转暖，有关方面对萨特问题也缓过来神，发现他的哲理并没有那么可怕。于是，雨过天晴，《萨特研究》又得以再版，这就是我研究萨特，在萨特问题上挺身而出的经过。如果要讲我个人因此有什么收获的话，从媒体舆论那里获得了"萨特研究第一人"的称号倒是微不足道，重要的是这段经历在我生命中留下值得纪念的一页，那就是，对自己在学术良知与学术观点上诚实性、坚守性有了一次检验，而这种诚实性、坚守性对于学者来说就是灵魂，就是生命线。与此同时，我自己也在意识形态的风雨中得到了一次难得的磨炼。检验与磨炼都成为了我人生中宝贵的精神财富。

当下中国社会的浮躁风气，来自物质功利主义的张扬，来自急功近利的利益驱动，应该从根本的社会机理上着手，加以综合治理。光靠某种哲理无济于事。任何哲理都不是灵丹妙药，萨特哲理也不例外，萨特哲理可以起若干良性作用，但实不足以担此济世匡正之大任。

（八）

"人物专栏"：对于当前中国的翻译界现状，您有什么自己的看法？对于年轻一代从事外国文学研究的学者，您有什么评价和期望？

柳鸣九："长江后浪推前浪"是自然界的普遍规律，也是学术文化界的既定法则，我所在的这个学界、翻译界自不能例外。不过，后浪的浪头究竟有多高，波浪有多壮阔，内在力量有多深厚，那还得稍待时日（对学术文化发展问题，每做一小结，总得要看够二三十年甚至半个世纪、一个世纪），待看后浪的努力与作为，我乐观其成，乐观其效。

关于《柳鸣九文集》（15卷）的出版

对话者江胜信：《文汇报》首席记者
对话时间：2015年8月

江胜信：您主编过那么多的书，且有事无巨细亲力亲为的习惯，今天由别人来编您的书，有何感慨？您在编书过程中有哪些具体作为？

您如何自定义该文集的学术分量？作为对自身学术成果的一个集成，您认为是圆满的吗？

由于记者这一职业，我有幸见过、写过不少和您一样轻物质而重精神的专注学人，比如季羡林、杨绛、周汝昌、罗哲文等，类似禅修的生活常态令他们个个长寿。既是文集，那么您自己对自己，我们对您都是有期待的。您如何规划未来10年、20年？

学者，学而专者大有人在，您却可以做到学而专以及学而通，当代社会几无他人能匹敌和取代，您也因此成为很多大部头丛书的主编，而一些极有声望的前辈学人只是您主编的丛书之中某一辑的责编，您本人将这种基于特殊学术背景的衍生能量谓之"裂变"。但您最初走上工作岗位的西方文艺理论研究其实并非您最心仪的工种，这也是您后来之所以调离去西方文学研究室的动因。现在回过头想，如果您一开始就从事法国文学研究，就不会有今天的您了。您如何看待人生的主观取舍和命运的安排？

您说过，西方文艺理论这一领域是积累而非取代的领域。如果把这一领域的建树比喻为大厦，我感觉前辈学人打的是基础，就算是学贯中西的钱锺书，他的《外文笔记》也只是以"一把碎金"的形态而存在。在此基础之上，以您为领头羊的这一代学人，建起了大厦的基本形态，很多成就都是开创性、高质量甚至难以超越的，那么，您留给后一代人的学术空间是什么？他们靠什么安身立命？

您和您的前辈学人，从小最美好的精神享受来自于书，沉浸其中进一步发现妙处，以至于后来即使物质极大丰富，书籍带来的愉悦也非其他诱惑能够取代。但更年轻的一代呢？他们一开始就面对诱惑，面对多重选择，以致学术的定力天然不足。您也感慨，以前中级职称者，出书者比比皆是，而现在却不一样了。有些人因此而断言，当今时代无法再出大师了。对此您怎么看？

现在还流行一种说法，即寒门再难出贵子，剑指当代教育体制。您怎么看？

名对有些人来说，或利，或浮云，或累，对您而言呢？

您是学者而并非活动家，但在学术领域，您是振臂一呼应者云集的人物。您如何处理个人专注做学问与将精力投入诸如文化工程之间的关系。您分配精力的依据是什么，为自己做事、为时代做事、为他人做事如何权衡？

在学术上，您既有求全隐忍的一面，又有不屈反骨的一面，您如何自评自己的学术性格和良心？

柳鸣九：用俗话来说，《柳鸣九文集》（15卷）的出版，对我来说，是天上掉馅饼的事，因为既不是我投搞自荐的，也不是我自己策划推动的，几年前，河南文艺出版社就向我提出出版大型《柳鸣九文集》（15卷）的建议，我就着手把过去出版过的论著与译著汇集成为十五卷文集，汇编工作已经做到了相当的程度，没想到，深圳海天出版社也提出了出版大型《柳鸣九文集》的建议与要求，两家都非常诚恳，都非常热情执着，如何选择，我当时真还纠结了一阵，后来选了海天出版社，主要是因为深圳这个名字在我的印象中是与改革开放、"效率"联系在一起的，这个印象来自邓小平的开创与近些年来现实生活的进程。我把书稿交给了海天后，经过他们几年的辛勤劳动，就成为了现在的《柳鸣九文集》（15卷）。广东、深圳与海天三级对出版这套文集的重视是大大出乎我的意料，仅发布会、首发式与座谈会就开三次，一次是在5月15日深圳文博会上，一次是7月17日香港书展上，再一次则是9月5日北京的首发式与座谈会。

至于《文集》的学术分量，与其由我自己来做评说，不如且做一点猜度：为什么不止一家出版社提出了这样一个出版选题，我想很可能是由于这样的几个原因：

其一，在此人做过的一些文化学术事中，有那么几件还颇有影响，如对日丹诺夫论断的揭竿而起，大声疾呼给萨特以历史地位，提出重新评价自然主义的问题，这些事情不仅在文化学术界颇有影响，而且是改革开放以后精神文化发展进程中某种程度上的"公共事件"，总之，此人有点影响，拥有相当一批受众与读者。

其二，我是一个文学史的学者，而且我所研究的国别文学是世界上最灿烂的文学，我作为一个文学史的学者，毕竟献出了不止一种文学史的专著与论著，也就是说，我背靠的是世界第一流的国别文学与一大批世界级的文学大师，我的论著致力于介绍这些优秀的文化，本身有知识含量，可以说是文学史知识的载体，而且作为介绍与研究的成果，毕竟得过国家奖。

其三，可能是因为这个《文集》具有一定的综合优势，有文学史、有文艺理论与文学批评，还有学者散文随笔写作，以及文学翻译四大部分。学者散文我写的基本上都是当代中国与外国学术文化的名家，而我翻译的基本上都是世界文学名著，这些名家名著本身就有自己的传播力。在以上四个方面，虽然不见得都是执牛耳者，但还算是言之有物、比较整齐、看得下去、引人注意。这四个方面加到一块儿，就像几根火柴棍绑在一起，多少有点硬度。

其四，现在出书颇有点讲究，书要"好看"，其实好看就是喜闻乐见，而我写书写文章，比较注意这一点，我在语言上、写作风格上，比较注意追求平易近人、喜闻乐见，尽可能不摆理论家、批评家的大架子，不操令人费解的理论术语，不操吓唬人的新潮派批评术语。总而言之，我觉得出版社花了这么大的力气出版《柳鸣九文集》（15卷），自有他们的道理，他们花了大力气把书出得这么精美，见到的人都赞不绝口，我对海天出版社所献出的这一份沉甸甸的文化产品是满意的，是高兴的。

不过，我对这份文化产品表示满意，并不等于说我对自己的学术生涯、文化成就也表示满意，我只能说，我的学术生涯是令我感到遗憾的学术生涯，我的学术文化劳绩是有限的，也是一份令人遗憾的学术劳绩，既然如谢晋所说，电影也是一种遗憾的艺术。因为，学海是无涯的，人生是有限的，个人能力是有限的，人献身于学术文化，绝不可能十全十美。事实上，我只是中华学林中的一个"矮个子"，比起人文领域中的一些里程碑式的人物，是望尘莫及的，如钱锺书的渊博，朱光潜的专深，梁宗岱、李健吾的才情。即使是同辈人或大致上同辈的，罗新璋翻译的精致，沈志明对法国文化的透彻，桂裕芳、丁世忠的语言才能，许钧、周克希、余中先的学术活力，郭宏安的论述深度，都是我所佩服的，至于《文集》的含金量到底有多少，还是由人评说吧。

关于学而专、学而通的问题，我的专业本行是法国语言文学，但我毕业后得到过不同工作的历练：翻译工作、编辑工作、教材编写工作、文艺理论研究工作、文学史研究工作，甚至还写过不少影评，当然还写过一些散文随笔，在每个方面多多少少都留下了一点劳绩，似乎给人以通才的印象。但归根结底，我的"领地"、我的立足点还是法国文学。法国文学是世界文学很多思潮的发源地，是很多文学艺术流派产生的摇篮，加之我又做过一点西方文艺批评史的工作，超出法国国界略为兼及其他国家并非太难的事，因此，出版社有关欧美文学和世界文学的大型丛书的主编工作都委托我来做，我很多主编工作其实就是我文学史研究工作的派生物，至于每项工作要做得有创意，要把项目做成高质量的、开创性的，那只能靠多动脑子，靠认真下功夫去做。

关于名利的问题，坦率地说，在这个问题上，我不如有的人那么清高，我说过：君子好名，取之有道，只要是靠自己劳动的成果，靠自己可取的作为而出名而有名，那是应该的、是好事。水到渠成，实至名归嘛。为人所不齿的是，为了名而不择手段、而表演、而装扮、而弄虚作假。名，或利，或浮云，或累，究竟意味着什么？因人而异，对我而言，我最怕的是"树大招风"，令人侧目而视，这是一种危机四伏的境况。

作为学者，我习惯于个体劳动，凡是自己写、自己译的工作都是我自己乐意干的事，积极主动干的事，至于一些文化工程、主编项目，则需要做一些组织协调的事，繁杂琐细的事，只有少数几个是我自己主动要搞的，如"盗火者文丛"以及法国现当代文学三大工程，其他几乎都是出版社找到我头上来的，用他们的话来说，是把我当作"一个品牌"。说实话，主编项目和文化工程，经常是费力不讨好的，事倍功半的，得不偿失的，我深知其艰难，总要碰见一些麻烦，有时候，为了成事的大局，往往还要委曲求全，赔小心，赔个笑脸。但我对出版社的这类约请，基本上是来者不拒。因为：其一，我重视出版社的信任与重托，特别是一戴高帽子，更是不讲多少条件，总觉得，人家不辞千里找上门来，诚意可感，自己如果推三推四，显得矫情，不知好歹；其二，我知道这些项目都对发展学科有利，对同行的译作成品出版有利，助人为乐，何乐不为？其三，虽然这些项目与工程对我个人的实际利益来说只是"小菜一碟"，但我知道如果做成了，做好了，就是社会文化积累的一笔"公共财产"，只要一想到社会文化积累，我就容易血脉贲张，跃跃欲试。最后，我也不怕碰见一些麻烦，我愿意自己接受这种挑战，看看自己究竟有多少能力应对这些麻烦。就这样，我就一个一个项目做下来了。

我是一个人文学者，我就人文领域中的问题再说几句话，我讲过人文领域是一个积累的领域，而不是取代的领域，这一点和科技领域完全不同，科技领域中喷气式飞机取代了螺旋式飞机，是不折不扣的取代，但在人文领域中，莎士比亚并不取代但丁。

在人文领域中工作的真谛，就是以自己的独创性、开创性的劳作为社会人文建设添砖加瓦，只要你所添加的东西是独创性的、开创性的，你的奉献就是难以磨灭的。添砖加瓦就是积累。添砖加瓦吧！这应该成为我们这个行当理想的精神取向，应该成为我们这个行当的口号，就像伏尔泰在启蒙时代提出的口号："要紧的是耕种我们的园地"，拉伯雷在文艺复兴时代提出的口号："畅饮吧！畅饮吧！"

多用心于积累，多致力于积累，而不要多用心于取代，多致力于取代，这样的话，这个领域中意气用事，争强斗胜，攀比较量之类的事可以少一点。

我不过是按我的能力为人文文化建设添了几块砖、加了几片瓦而已，独创性、开创性的含量不高，看起来，十五卷的体积似乎不小，但浓缩的结晶体有多少就很难说了。在人文学科的浩瀚沧海中，不过是一颗小粟米。我后一代的学人面前，有广阔无垠的学术空间，他们有无穷无尽的安身立命、大展其才的天地。

关于我的学术品格与良心，我是从一个特定的时代走过来的，在那个年代，我们这一代人几乎都养成了谨言慎行的习惯，因为眼见因言而倒霉、而招祸的事例实在不少，前车可鉴，"榜样的力量"。因此，我们这一代人几乎都有求全隐忍的习性，我也不例外。但是有时候为了在学术上，把问题讲得实事求是、讲得明明白白，乃职责所系，有些话就不能不讲，而要讲有时就得有点勇气，这就是阁下问题中所提的"反骨的一面"。我的确有，而且很明显，这种敢于讲该讲的话的勇气，简单来说就是一个"胆"字。但在我们这个社会，光有胆，光追求语不惊人死不休，那是有点危险的，很可能成为一个冒失鬼。你还得有讲话的理论准备，时间、地点、条件的选择，对最坏可能性的估计，采取什么立场，从什么角度，采用什么语言，包括遣词造句，所有这些你都得事先想明白，有冷静的思考，有周密的准备，剩下来的事情才是"妹妹你大胆的往前走"。我以为这种周详的考虑与准备就是一个"识"字，胆、识，两者缺一不可，我在对日丹诺夫揭竿而起、为萨特挺身而出的这两个问题上，大致就是这么做的，但后来果然挨批，不过结果还不错："纵然一夜风吹去，只在芦花浅水边"。因此，我也赢得了有学术胆识的名声。我记得正是1978年广州会议之后，方平先生给我一封私人信件中，对我就有此赞语，那是我第一次见到学界人士对我的这种评价。

关于我的理论属性与"选学"及其他

对话者尚晓岚:《北京青年报》记者

对话时间:2015年9月

北京青年报:您中学时代辗转数省,上的都是名校,对您的影响最大的,是湖南省立一中吗?如果今天来回顾,您最怀念哪所学校的生活?

柳鸣九:我所经历过的几个中学都是名校,其中印象最好的是前中大附中与求精中学,值得怀念的是广益中学,对我影响较深的则是湖南省立一中。

中大附中与求精中学都有那么一点贵族味道,洋气较浓。中大附中的学生会竞选活动,高年级学生的《雷雨》正式演出以及我们经常玩的垒球运动,都留给我美好的记忆。求精中学是一所教会学校,外语氛围比较浓。广益中学值得我怀念,因为我在那里多少有一点小故事,我自己办了一个油印刊物《劲草》,是我编辑生涯的开端。湖南省立一中,对我影响很大,因为,第一,那里的师资条件太好了,不论是理科还是文科,不少教师后来都调到湖南师范学院去当教授了,在那里,我打下了比较扎实的学习基础,才得以考上了北大西语系。第二,湖南省立一中是赫赫有名的重点中学,思想工作抓得特紧,我在那里受到了毫不含糊的磨练,包括三次入团被否。

北京青年报:您1957年大学毕业进入文学研究所,参加了蔡仪先生主持的"古典文艺理论译丛"的编辑和翻译,请谈谈这套书的背景和基本情况。当时为什么要做这样一套书?它的影响如何?您也参与过《文学概论》的编写，这是后来通行数十年的文科教材，除了撰写工作简报的"秘书"工作，您参与到什么程度，还做过哪些工作？这一阶段的理论工作，对您后来的学术事业影响大吗？您怎样看待50年代到文革前学术研究工作的整体状况？基本氛围如何？成就如何？

柳鸣九：大学一毕业，就被分配到"古典文艺理论译丛"工作，是一件很幸运的事，对我来说，这个高级的学术机构，不仅是我进一步进修与深造的学校，而且也是初步学术实践的场所，至少是翻译实践的场所。这个丛刊在当时的时代历史背景下，的确有明显的积极意义。毋庸讳言，解放初期，我国的文艺理论领域，还处于一穷二白的时期，当然，中国人已经有了一部宝典：《在延安文艺座谈会上的讲话》。此外，就只有苏式意识形态的日丹诺夫论断，以及这个斯基那个诺夫的文学理论教材与小册子，其一边倒性是显而易见的，从世界文艺理论发展史来说，其片面性也是显而易见的。这时，50年代中期出现了"古典文艺理论译丛"，以翻译介绍西方的古典文艺理论为己任，它所介绍的是从亚里士多德以后欧美的文艺理论，包括文艺批评史上所有的名著名篇。到20世纪为止，因为那个时候，日丹诺夫论断尚巍然不动，20世纪文学还是一个雷区，几乎还是一个禁区。虽然古典文艺理论译介的都是"古董"，但它在"一边倒""片面性"的背景下，却显示了它的先锋性，它打开了一扇窗，朝向了世界文艺理论经典的宝库，开拓了人们的眼界，丰富了人们的思维，扩充了人们的学识，对于美学研究而言，对于文学理论而言，都是一种开拓，一种新意，为中国的美学与文艺理论的研究提供了崭新的思想资料，这是中国文艺理论学科朝前跨了一大步的标志，我想其意义就在于此。

至于这个丛刊是怎么策划出来的，我不清楚，当时文学研究所的所长是何其芳，理论研究室的主任是蔡仪，这个丛刊是由蔡仪主管的，他是实际上的主编，蔡仪是著名的美学家，早年曾留学日本，何其芳是一位卓越的诗人，也是一位延安老干部。这个刊物能办起来，显示出了他们开阔的眼光、广博的学识和务实的文艺思想。这个刊物的编委会，则集中了国内最优秀、最权威的西学研究家，有朱光潜、钱锺书、冯至、李健吾、田德望、卞之琳、杨周翰、季羡林等，选题选目由他们定，译者人选由他们推荐或由他们认可，相当多的译稿由他们审定、校阅，如此强的编委力量，如此严谨的工作方式，自然就保证了丛刊的高水平、高质量，它大概要算建国之后具有经典质量的一个丛刊。问世后，影响很大，每期出版，学界与文化界皆翘首以待。可惜，只出了二十多期，后来就停刊了，那时，我已经离开了"古典文艺理论译丛"，它停刊的原委，我说不清，记得我当时非常惋惜。

我也参加了高等院校文科教材的编写工作，这是一项大的基础工程，上面总的领导是周扬，无论对周扬作为意识形态的一个总管有何评价，但应该承认他还是很有学问的，在理论方面很有修养。文科教材编写的这项大工程，其深远的意义不能低估，虽然它有历史的局限性。我参加的是由蔡仪主编的《文学概论》，编写组一共有十几个人，相当一部分是从各地高等学校调来的骨干教师，如楼栖、胡经之等。一部分则是蔡仪麾下的理论室的研究人员，张炯即是其中主要的一个。我在编选工作中，从一开始就独立负责《内容与形式》这一章，记得一直就没有动过窝，前后约两年，但每一章都反复提交讨论、反复修改，完成初稿后，我的任务就完了，离开了编写组。大家写的初稿，都交蔡仪统一修改，他单独一人修改了很长时间最后才定稿出版。你所问的写简报工作，只是我的一个小插曲，这项工作倒是很重要，实际上是蔡仪的行政秘书，可惜当时我觉得它不是我分内的业务工作，做起来很不上心，有点敷衍了事，做的不合蔡仪的要求，蔡仪就及时走马换将了，我记得好像只干了不到两个月，接替我的是张炯，他干得很尽责、很努力，后来他当上了文学研究所的所长与作家协会的副主席。

我的以上两段工作经历，对我以后的业务发展至为重要。在"古典文艺理论译丛"工作期间，我打下了西方文艺批评史的基础，虽然是初步的，但毕竟是入门了。在《文学概论》工作期间，我则打下了文学理论的基础，至少对文学理论的诸问题都摸了一遍。总之这两段工作经历，使我在"史"与"论"两方面都有了比较扎实的进修，扎实的磨练，开始形成我学术生涯的两个基础，有了"史"就不至于成为没出息的"空头理论家"，有了"论"就能更好地理解"史"的规律。对于一个像样的学者来说,"史"与"论"两方面的学养缺一不可,两方面兼备才有可能有所作为,二缺一就是跛子。

北京青年报:20 世纪 70 年代末 80 年代初,在真理标准大讨论、三中全会的背景下,您站出来否定日丹诺夫论断(也就是斯大林的文艺路线),倡导重新评价萨特,在发难前,您对当时社会氛围的变化,对意识形态的"底线"是否有充分的认识?对自己所冒的风险是否做过考量?您的《给萨特以历史地位》一文和《萨特研究》招致批判,是在清除精神污染的背景下吗?您拒绝了写检讨,当时在院里、在学界承受了怎样的压力?80 年代,西方现代主义文学被大规模译介,并对中国文学创作产生了决定性的影响,在您的印象中,对西方现代主义的翻译和研究,从何时起就不再有阻力了?

柳鸣九:我对日丹诺夫论断的"揭竿而起""三箭齐发"的确是经过周密考虑和充分准备的,我们这一代人都有谨言慎行的习性,因为我们经历过新中国成立初期到 60 年代国内的历次政治运动,以及后来的十年浩劫、"文化大革命",见到了不少因言论而招祸的先例,有前车之鉴。我在北大经历了"反右"的过程,亲眼看到了如何号召帮助党整风,而后又风云突变,变成"反击右派分子的猖狂进攻",因此难免不对某些倡导与号召保持冷静的态度,不轻率发言,更不轻率行动。但 1978 年"实践是检验真理的唯一标准"大讨论以来,我就感觉到了一股春意,我知道"文化大革命"已经造成了百业萧条、民生疲惫的局面,不容许再来一次政治权谋,我从这次大讨论中感觉到了当局想解决问题的认真负责态度与诚心诚意,把一切事务、一切理论、一切主张都召唤到实践这一个审判台前来加以检验,这是一个难得的解决问题的机会,必须趁这股东风有所作为。那么外国文学领域中间有什么问题是当务之急呢?19 世纪之前的文化与文学的历史,早有马克思恩格斯的经典评论摆在那儿,有准绳可依,但是 20 世纪的文化与文学只有日丹诺夫的论断一家独霸,他是斯大林时期的意识形态总管,整个 20 世纪文学艺术都被他一棍子打死了,他的论断在中国一直享有经典地位,如果不把这尊神请走,20 世纪文学是没法搞的。

关于我的理论属性与"选学"及其他

接下来的问题就是，对日丹诺夫"揭竿而起"，会不会招致"反苏"的指责，要知道在新中国成立初期，如果对苏联稍有微词，就会被视为"反苏"，而"反苏"在当时是一个非常可怕的罪名。显而易见，到了20世纪70年代，中国与苏联的关系已非新中国成立初期可比，中国在60年代吃过苏联亏，中苏两党之间以前有过公开的论争，在此历史背景下，我想不至于批驳日丹诺夫论断而招致"反苏"之罪，而且我所涉及的问题，仅仅是一个意识形态的评价问题，既不涉及社会主义道路也不涉及社会主义体制，那么何罪之有？再下面要考虑的就是日丹诺夫论断好不好反，反他对不对？在这一点上，我想得很清楚，日丹诺夫论断有三个不符合，一是不符合马克思主义、历史唯物主义的原理，二是不符合20世纪西方文学的思想内容实际与艺术创新实际，讲的基本上都是外行话。三是不符合国际文化交流的客观需要，也不符合社会主义的国际统一战线政策的利益，用这三个名义去反他名正言顺，占理有理，有什么可怕的？剩下来就是要做充分的准备了，首先是理论准备，要讲清楚哪些原理？要如何以大道理的名义，以马克思主义、社会主义神圣原则的名义，义正严词地去讲？说实话，就是比一比高低，看谁是马克思主义，谁的马克思主义的含量更高。其次要做充足的资料准备。就是要把20世纪西方文学的整体与重要的内容、重要的方面摸得比较透，能做到如数家珍的地步。三是要做纯文学的准备，要对那些杰出作品的价值，有比较闪光、比较出彩的见解。为了在以上这几个方面有充足的准备，我集中精力花了好几个月的时间。剩下来的事，就是如何出台了，我初步打算先在我主持日常工作的《外国文学研究集刊》上，先组织西方20世纪文学重新评价的笔谈，然后我亲自出场发表一篇总结性的长文，却没有想到，这时从天而降一个大的机遇。社科院与外文所正筹备召开第一次全国外国文学规划会议，所长冯至早就知道我在做反日丹诺夫的准备，而规划会上正需要一个有分量的发言，冯至先生把这个任务交给了我，于是我带着一大摞卡片，到了会议地点广州。这次会议是一次高规格、高层次、规模宏大的学术工作会议，全国外国文学的精英学者汇聚一堂，冯至所长竟给我提供了充裕的时间，让我在会上，进行了两段时间、共约五个多小时的发言，发言得到了热烈反响，而后，我又整理为文，公开在刊物上发表，与在规划会上的长篇发言，以及在刊物上组织笔谈，合称为"三箭齐发"。

这件事我做得不仅有充分的考量，简直就是深思熟虑、精心策划，总算把这件事做得颇有力度、颇有规模、颇有声势。但实事求是地说，如果没有时代发展的条件，我也做不成这件事情，实际情况是，时代带来了机遇，给了我这个有准备的人。这大概也算是"时势造英雄"吧。当然，春天来了，也还有乍暖还寒的时候，我因为对日丹诺夫的"揭竿而起"以及后来的《萨特研究》，的确倒过霉，付出了一定的代价，不过倒霉并不大，没有影响我的基本生活，"纵然一夜风吹去，只在芦花浅水边"，毕竟已经到了改革开放时代。对于那些倒霉事，请恕我不再多说，现在老了，一切过去了的，未尝不能成为亲切的回忆。

北京青年报：因为时代的关系，您从青年时代必然修习马克思、恩格斯的文艺理论。从三卷本《法国文学史》到清算日丹诺夫，为20世纪西方现代主义正名，您往往运用马恩文艺观、历史唯物主义等作为理论武器。时至今日，文艺理论众声喧哗，各种"主义"竞相登场，马恩文艺理论在研究批评领域实际上早已不是主流，那么今天，您怎样看待马恩的文艺观？

柳鸣九：我在理论方面，可以说是学马克思恩格斯理论出身的，这既是我的经历所决定的，也是工作需要所决定的，比如，要把日丹诺夫这尊神请走，在中国的条件与环境下，不以马克思主义、历史唯物主义的神圣名义，你就师出无名，在这个问题上，不能不靠马克思、恩格斯。至于写《法国文学史》，我真诚地认为历史唯物主义还是很管用的，其实，它本身就汇集了过去社会历史学派学说的精华，要阐明一种意识形态，一种文学艺术，与其时代社会、与其民族历史、与其国别人群的关系，不靠历史唯物主义靠什么？靠结构主义，靠心理学派，靠叙述学行吗？每一种理论都是从一定的社会现实、社会实践中总结出来的，它往往有最适合于它运用的领域，也往往有只适用于某一个领域的局限性，一句话，不同的领域，不同的方法，不同的对象，各有所长，各有所用。我根本就不认为历史唯物主义学说与马恩的文艺观已经完全过时,我也并不认为一些现代派的文艺理论,就可以排除排斥马恩文艺观,而居于宗主的地位。任何一种文艺理论任何一种文艺观,都有自己的局限性,当然马恩文艺理论也有其局限性,我以为将心理分析学与结构主义以及叙述学的成分补充马恩的文艺观就比较全面了,就可以应对各种各样的文艺问题了。

北京青年报:您在文艺理论和批评领域的几次"战斗"主要集中在80年代。1989年之后中国社会和学界的氛围也有了比较大的变化,是否可以认为您有意识地把重点转向了组织、编纂和出版大型丛书(当然有些丛书始于80年代),并以此来开展自己的研究工作?对此您是怎样考虑的?

柳鸣九:我的编选、编撰与主编的业务,基本上都是我研究工作的派生物、副产品,举例来说,我认为日丹诺夫论断决不是一篇文章、一次发言所能完全解决的,要真正放倒它,必须花大力气夯实我自己的观点与主张,要创建文化工程、要做大项目、大举动才能铲除根深蒂固的偏见。为了回答"批日丹诺夫就是搞臭马克思主义"的指责,我创建了三个工程:一是"法国二十世纪文学研究丛刊",《萨特研究》就是其中的第一种,后来出版的还有《新小说派研究》《尤瑟纳尔研究》《马尔罗研究》等十来种。二是"法国二十世纪文学丛书",一共出了70卷。三是"西方文艺思潮论丛",将近十卷。这三者都是为了一个目的,让西方20世纪文学的事实本身说话,让作家作品说话,以证实日丹诺夫论断及其信徒的谬误。此外,《世界心理小说选》10多卷,是为了展示我心目中世界心理小说的图景,是为了展示我对世界心理小说的认识。"盗火者文丛"则是为了展示我对中国西学研究家的认识,这些都是由我提出创意而做出来的项目。有不少大型丛书,则基本上都是出版社委托我主编或编选的,如《雨果文集》20卷、《世界短篇小说精品文库》18卷、《世界散文八大家》、《世界名著名译文库》上百卷、《外国文学经典》等,出版社之所以委托我,大概是因为我是一个文学史学者,对这些内容很熟悉、对这些课题有研究,大概是因为认定了这是一个有准备的人、能胜任的人。而完成了一项就名声在外，雪球越滚越大，不断有新的大型项目找到你的头上。虽然这些项目都不是我的创意，但怎么主编、怎么编选，采用什么视角，贯彻什么学术观点，提供什么样的序言，都与我的研究心得有关。所以归根结底讲起来，这些编选都是我研究工作的派生物、副产品。在我看来，要成为一个选家，你的编选工作要够得上是选学，最关键最核心的一点就是，你必须是这个领域真正的行家，是对这个领域了如指掌，拥有足够的学识，必要的学养，特别对该课题有自己独创性见解的行家，只有这样，你的编选，才站得住脚，才翔实可靠，才富有启迪性。

关于为小孙女译《小王子》

对话者康春华：《新京报》记者
对话时间：2016年9月

《小王子》与您

康春华：您平生第一次读到《小王子》是什么时候，当时有什么感受？

柳鸣九：我这一辈子的书斋生活，主要内容不外是两个字：一个是读，一个是写，读的书数量不少，究竟哪一本书，读于什么时候，我还真说不准，不过可以确定的是，《小王子》对我来说是一本"迟到的杰作"，我是在我的研究工作进入了20世纪之后才读到它的，也就是改革开放之后，我才读到它的。这是因为在此之前，我只来得及在从中世纪到19世纪的文学大林莽中摸索前进，当然也在为进入20世纪做了一些准备。但首先要读的是纪德、莫里雅克、马尔罗、萨特、加缪等这些体积庞然、名气更响的大块头，还来不及把目光投射到圣埃克·苏佩里身上，即使是对他做了一些了解，进行了一些认知与研究，我也只把我的眼光主要关注在他的代表作如《夜行》《人类的大地》上，而没有多关注《小王子》这个作品，对其发行量仅次于《圣经》的这部篇幅短小的杰作，我是失礼了，最明显的一个疏漏与不当是，我竟然没有把《小王子》收入我主编的规模宏大的"F·20丛书"，而只收入以上两部代表作。

之所以对《小王子》此书怠慢失礼，固然与我工作安排的先后次序有关，更主要的是我和大家一样，迟迟才从苏式意识形态日丹诺夫论断的阴影中走了出来、才逐渐清除自己身上的左倾幼稚病。因此，对整个20世纪西方文学的关注、认知、研究与译介就慢了整个一个节拍。当然，也多多少少与文学研究中忽视儿童文学的偏向与惯性有关。

康春华：这种感受是否随着时间之流逝而发生改变，晚年重读又有怎样新的体悟？

柳鸣九：我大概是在20世纪七八十年代，也就是在我对日丹诺夫论断揭竿而起的前后，读到《小王子》这本书的，谢谢上帝，当时，我没有误读它、误会它，我当时至少有这样几点认识：

1. 这不仅是一个童话，而且也是一本给大人看的书。

2. 它是气魄最大的一个童话，也是一个哲理隽永的一个童话。

3. 它几乎可以说充满了成人的哲理思辨，其中很多哲理都与传统的人文主义思想体系相通，我都是熟悉的，还有的则是20世纪新锐的哲理思维，也与我是心息相通的。

这几个观点，后来，我在不止一次论述中都有所表述。总之，我跟《小王子》的关系是"相识恨晚，但一见如故"。如果我很早就读了《小王子》这本书，比如说，在日丹诺夫论断还控制着、禁锢着我们头脑的时候，如果是那个时候，我读了《小王子》，也许会出于自己的左倾幼稚病，指出它有这种局限性那种局限性。但我读《小王子》的时候已经是四十多岁了，我已经从日丹诺夫的阴影中走出来了，或者说，我已经在酝酿对日丹诺夫论断的揭竿而起。因此，我最初对《小王子》形成的基本观点，并没有因为时间的流逝而发生变化，我初读时的感受和现在并没有什么不同。在这一点上，我感到很庆幸，我对《小王子》从来没有因为意识形态的原因，而有所误解，还算有资格讲"一见如故"这句话。

康春华：《小王子》可以算得上拥有世界上最多翻译版本的童话书。这一次重新翻译这本童话书，相比于您数百万字的文学研究和翻译作品，对您有何重大意义?

柳鸣九：虽然，我对《小王子》这本书的价值一开始就有准确的认识，但我译《小王子》这件事，对我的研究工作和翻译工作的意义与比重，说实话，是微乎其微的；在我整个的文化学术工作中，它所占有的地位只是一个点，而且是一个较小的点。要知道，当中国少儿出版社在2005年约我翻译这本书的时候，我一开始是拒绝的。这又是我对不起《小王子》的地方，当时，我根本没有把它放在我的业务工作计划中，那么为什么我翻译了这本书呢？这完全是个人感情领域中的事，其最初的意图就是翻译一部童话送给自己小孙女，其原始意图的性质与一个老祖母用纸折一只小飞鸟，用布缝制一个小娃娃，送给小孙子与小孙女无异，只不过，我是一个人文学者，我译的这个作品是世界名著，因而，此举也就必然会上升到文化层面，这才引起足下提出了这次翻译对我的学术文化工作"有何重大意义"的问题。

《小王子》与小孙女

康春华：孙女是什么年龄阅读的《小王子》? 她为何特别喜欢这一本书呢，可否描述一些细节?

柳鸣九：小孙女是什么年龄阅读《小王子》的，我不知道，她为何特别喜欢这本书，我也不知道，有哪些细节，我更不知道。因为，没有人告诉我，也因为我从来没有跟她生活在一起过，她每次回北京，我能见她的时间，最多的也就是六七个小时，而且不是吃饭，就是忙于其他的活动。很坦率地说，这种现代人的亲情关系，带有美式色彩的亲情关系，倒是可以写进《小王子》中去，叫她瞪大眼睛。

康春华：在这一次"特殊"的合作中，您和孙女各处大洋两岸，您翻译，小孙女绘制插图。爷孙俩是否有过就这书展开讨论和对话呢，是否拉近了您和日夜思念的孙女的距离？

柳鸣九：我为小孙女翻译《小王子》是2006年的事，那时，她还不会画画，她开始画画，是后来的事，画得越来越好，是近几年的事。见她画得不错，颇有童趣，我大概是在去年才萌生出让她为《小王子》译本配画的念头。正好深圳海天出版社要选用我的《小王子》译本出版，我毛起胆子提出了这个大胆的建议。经过海天出版社胡小跃工作室的考核、首肯，并进行了一系列的策划与细致的工作，才形成了现在这样一个"二柳双组合"的版本，因此，如果说这个版本实现了我老年的一个心愿，我首先应该感谢深圳海天出版社，应该感谢胡小跃工作室的室主和他手下的工作人员。

因为我提出小孙女为《小王子》配画的建议后，爷孙俩根本没见过面，谈不上就这本书展开讨论和对话，最多只是我在电话与书信中，讲了我的若干意见，她的妈妈也在她身边对这位"小画家"做了一些鼓励、帮了一些忙、打了一些下手，而在北京，打字、复印、扫描、编排、邮件来往等杂事，则由伺奉了老祖父三十多年的农民工小慧夫妇帮助完成。害帕金森病的老祖父已经无法料理这些事情了，因此，这个版本的完成，也应该感谢柳一村的妈妈与老祖父身边的这对农民工夫妇。

至于如足下所问，是否拉近了我与小孙女的距离，对此，我一点也不在意，这个问题不在我考虑的范围之内。我实现了与小孙女的这次特殊的合作，就完成了我老年的一个心愿，我就感到心满意足了。

康春华： 您说，这是送给远在大洋彼岸的孙女的礼物。作为祖父的您，这份礼物包含着对孙女怎样的寄托与爱？

柳鸣九： 如果说这件事是一个礼物的话，那么，这个礼物谈不上有什么"崇高的目的与伟大的爱"，它的目的很世俗、很具体，不外是两个：第一，给小孙女留下一个有意义的纪念品，让她记得她的祖父，这是一种最凡俗的、以自我为中心的"小算盘"，我是凡人，不能免俗；第二，是让小孙女有一次实践的机会，有一次做事的经历。在我看来，实践的过程、做事的经验有助于培养各种品质与能力，比任何说教都有益于一个孩子的成长，甚至对大人也是如此。当然，后一个目的是主要的，因为，老祖父期望自己的小孙女成为一个能充分理解《小王子》的人，成为一个有文化有思想的人，成为一个能思索世界上形形色色事物并保持清醒意识的人，成为一个关怀这个世界并能做出自己一份贡献的人，一个始终保持着一颗童心，但又能面对各种复杂事物的人。

《小王子》与这个世界

康春华：正如我们所知，《小王子》不仅仅是童书，更是一部成人世界的童话书。因为简洁而童趣的故事背后蕴含着成人思辨性和生存哲理。选择翻译这样一本童书，对孙女和其他孩子们的成长，有哪些指引与期待呢？

柳鸣九：16世纪西班牙产生了一种流浪汉体小说，其代表作就是杨绛先生所翻译的《小癞子》，其意义在于开创了一种小说的叙事结构，以主人公在世间流浪的故事为线索，展示形形色色的社会现象与人物，当然也凸现主人公某种精神与素质，塞万提斯的《唐吉诃德》就沿袭了这种叙事模式，这种叙事模式在法国也得到了继承，18世纪的《吉尔·布拉斯》就是一部重要的代表作，而《小癞子》《唐吉诃德》到《吉尔·布拉斯》都是杨绛翻译的，她发掘、翻译介绍了流浪汉体小说这个系列，这是杨绛作为学者与翻译家最主要的贡献。《小王子》的叙述结构使我们很容易想起这样一个传统，小王子在各个星球之间来往，看到各个星球上的人和事，其实他们就是地球上的人和事。作者让小王子怀着纯净的、朴实的、真挚的、善良的童心面对着这些形形色色的人和事，让他经常瞪大他那天真的眼睛，表示惊奇，作者设置了小王子这样一颗纯真纯朴的童心与这些形形色色的、怪怪的"大人"们的对照，通过小王子瞪得大大的眼睛，对这些形形色色"大人"的行为，显示了作者的不以为然。如：国王的刚愎自用、迷恋权力、作威作福，醉鬼的酗酒，商人的唯利是图，无视友谊与朋友，从而表现了自己富于理性的哲理。这实际上是作者对于20世纪现代人的生存状态、生存方式、行为方式加以审视与评价，把这一切都召唤到天真纯洁的童心的审判台前，检验其是否合理。这就是作者在《小王子》中所做的事，这就是他对现代人生存状态与行为方式的批判态度。恕我老派，"批判"这个词，多年来已成为一个过时的老词了，但我就是一个过时的老人，不得不用。

至于《小王子》作为一个童话，其中有哪些哲理对少年儿童有用，那是显而易见的，作者已经表现得很清楚了，根本无需我来说。总之，凡是叫小王子瞪着大眼、表示惊奇的那些"大人"，是一定不能效仿的，是要敬而远之的；那些叫小王子瞪着大眼的事儿，是一定不能沾染的、一定戒之，个中的道理作者也都有所点示，读者开卷便知。而小王子身上的一些素质，则是应该效仿和具有的，如对自己所爱的玫瑰花负责任的精神；如珍视自己的小星球，精心料理自己的小星球，爱惜善待自己的小星球；与大自然和谐共处，善待大自然的异类，即使是狡猾的狐狸与致命的毒蛇；而在作者看来，最重要的也许是要保持一颗童心，一颗纯真的、善良的童心。我当然希望我的小孙女与这个作品的小读者，都能够接受作者的这些启迪，健康成长，千万不要成为书里那些怪怪的"大人"。至于对成年人来说，《小王子》中的哲理与启示，是否也有教益？当然有！作者虽然在相当大的程度上，就是为"成年人"而写的这部书，成年人读此书，一定开卷有益，只怕成年人自认为比小孩子成熟聪明，而油盐不进。

康春华：从法国文学翻译与研究者的角度来讲，您认为曾经当过飞行员的圣埃克·苏佩里，在43岁写下的《小王子》，它无法速朽的魅力何在？

柳鸣九：你"无法速朽"这个提法很有意思，时间的磨损力也是很可怕的，世界上几乎所有的事情，都经不起时光岁月的磨损，都有一个"朽"的问题，而且大多数朽得还很快，即速朽，真正不朽的，几乎可以说是没有的，凡事皆会朽，就看朽得快还是朽得慢，就文化、文章而言，能领风骚数百年，就很了不起了，就已经被视为不朽了。没有一个作家、没有一部作品不力求长存不朽，独领风骚数百年就已经是最高境界了，你所提的"无法速朽"，《小王子》想速朽也"无法速朽"，这种评价对它的抗时间磨损力做了最高的评估，我同意。《小王子》的确是一部"无法速朽"的作品，它之所以能"无法速朽"，其魅力我想有这样几点：

关于为小孙女译《小王子》

其一，文学作品都追求丰富的想象，而《小王子》的想象，大概要算是最宏大、最空旷、最瑰丽的一个想象了，不仅比童话中常见的一个小公主左右着一个王国，一个小女孩主宰一个古堡或管理着一座花园的意境要宏伟得多、博大得多，而且，甚至比巴尔扎克的《人间喜剧》的想象边际更宽广。因为《小王子》是在星球之间来往的，它的活动空间是宇宙，这种宏大的想象力，是20世纪之前的人类很难具有的，也是20世纪一般人很难以具有的，而只可能出自像圣埃克·苏佩里这样一个惯于从一万公尺的高空俯视地球的职业飞行员所特有的高远胸臆。

其二，任何文学作品都应该有自己的关切，愈是能以艺术形象的力量对最严肃、最紧迫、最艰巨、最难以解决的问题，传达出了作者真诚的、深挚的关切，作品的生命力就越长远。雨果在他的《悲惨世界》的献词中就曾经自信地表示，只要他在这部作品中所揭示的严重社会问题还存在的话，那么，他对这些社会问题表示关切的这部作品就绝不会过时，他所讲的绝不会过时，其实就是长存不朽，《悲惨世界》不正是这样一部作品吗？而对于小王子来说，小王子在自己的星球上所遇到的课题，他在不同的星球上所看到的种种景象，其实都是人类自己的问题，而且都是艰难的巨大的带跟本性的问题，不说别的，只说小王子来往于不同的星球之间这个问题，已经摆在人类的面前了，你能说这个问题能在什么时候解决？小王子那种往返于自己星球与其他星球之间的奇妙方式，对人类的宇宙梦想肯定就具有长期的吸引力与启迪性。

其三，任何有价值的文学作品都有自己的追求与向往，这种向往越是人类与生俱来的，越是出自人类自然的基本需求的，越是恒久的，以形象的力量将这种追求与向往表现出来的作品，也就越有生命力。《小王子》就是人类生存状态的缩影，小王子的寂寥感、落寞感、孤独感、与由此而来的嘤嘤求友的需求，都是圣埃克·苏佩里所要传达出来的人类感受，小王子所处的基本状态与他遇见的种种问题，也是作者所要启示人类思考的课题。作品长存不朽的魅力，决定于它所提出的课题的巨大性、恒久性，决定于它关切的真挚程度，决定于它追求的迫切性，《小王子》便是如此，何况它是通过一个简单的、天真的、可爱的主人公，通过他与各种对象简略而明了的关系，通过明快的故事情节而实现的。用最简单明了、简略朴实的形象，承载着这么多丰富的内容，这作品既容易看得懂，看完之后，又能获得如此多的启迪与智慧，这样的作品不受欢迎才怪呢，这就是我所理解的《小王子》将长存难朽的魅力所在。

还应该特别注意到，《小王子》还具有一种重要的思想魅力，那就是"全球意识""全球关切"，这是我特别看重《小王子》的地方，也是我乐于翻译这本书的另一个重要原因。

小王子就是人类，他所在的那个星球其实很小，他所思考与面临的问题，都与他那颗小星球的命运攸息相关，他关怀自己那颗小星球，他为了自己那颗小星球而做的一切，因为他深知在浩瀚无际的太空中，他只有这个落脚处，只有这个家园。这就构成了这篇童话的"全球意识""全球关切""全球胸怀"。众所周知，在人类历史发展过程中，居于意识形态殿堂的神圣高位者，往往是宗教宗派意识、民族意识、国家意识、阵营意识、同盟意识……在这些意识的名义下、旗帜下，人类历史上不知发生过多少次矛盾、纷争以至战争。虽然所有这些都是由历史发展的过程所决定的，但不可否认给人类赖以生存的这颗星球带来了不少痛苦、破坏、灾难以至浩劫……随着人类历史的进程，特别是社会经济的长足发展与全球化倾向的逐渐出现与扩大，"全球视角""全球关切""全球胸怀"愈加有可能逐渐成为人类走出纷争困境的一条途径。正因为我们的地球已经为连绵不断的宗教对立、文化矛盾、民族冲突、国家纷争而不堪其负了，人类更有必要为了"同一个世界"，同一个梦想"而多用心思、而多着力奋斗，更有必要大力宣扬有利于"同一个世界""同一个地球村""同一个梦想"的理念，并"从娃娃抓起"。毫无疑问，《小王子》的作者在这方面是一个先行者。他所表现出来的"全球意识""全球关怀"，将在人类未来整整一个发展时期里，保持其生命力与影响力。

康春华： 晚年时候，亲情、怀念和追思是您散文抒写的恒常主题。您写下的许多散文，在温馨和谐趣的文字下，总有一层的寂寥和悲伤之感，惹人垂泪。而《小王子》则也事关着如何在辽寂的宇宙之中孤独存活。在天地之间的"大孤独"中，您是否与《小王子》有着深层的共鸣？为何有这样的感受？

柳鸣九：谢谢您看了我的不少散文，对我个人、对我的生活状况和精神状态都有所了解，但这篇访谈已经是超篇幅了，我只想讲两点：一是，人在本质上都是孤独的，即使他的人事关系、亲情关系都很和谐，因为毕竟有些问题必须由自己一个人来承担、一个人来对待；二是，我自己的状况，的确要比一般的人多一点孤独感、沉郁感。因此，我翻译《小王子》最后一章的时候，我是带着"前不见古人，后不见来者，念天地之悠悠"的感受的，我译完全书的最后一句话"别让我总是沉浸在悲苦的思念之中……"时，突然感到眼前模糊一片。

关于学术业绩与"自我矮化"以及编书生涯

对话者宁瑛:中国社会科学院外国文学所研究员、外国文学研究所前科研处处长

对话时间:2017年1月

宁 瑛

1. 关于劳动成果的归类,社会的评价、学术地位以及对这几方面的自我评估

宁瑛:在关于你的介绍文字中常常会看到这样的赞语:成果丰硕,译著等身,业绩彰显,是文化学术界的领军人物等等。的确,把你的译著、编著和评论、散文随笔摆放在一起,不仅摆满了书架,而且堆满了你房间的各个角落,甚至坐人的沙发上也被整整一排书籍占了将近一半。如果从下向高处摞起来,恐怕用你的"矮个子"丈量,真不止"著作等身"了。作为一位在学界成果

丰硕、颇受外界尊敬的文人学者，你对自己的劳作成果如何估价？主要可以归类为哪几方面？

柳鸣九： 你所列举的这些对我的评语，除个别的以外，说得实事求是，符合实际情况，并非过誉，也没有什么溢美，只不过"文化学术界的领军人物"一语说过头了，我绝对不敢当，我在整个的文化学术界的确有点影响，但作用与影响远没有那么大，名望远没有那么高，"领军人物"一词谈不上。但我在本学界，也就是在法国文学界，倒的确是一只"领头羊"，不论是从劳绩量、学术影响以及所起的作用，都还可圈可点，对此，我就不谦虚了。

至于，你所问的劳绩在哪几个方面，我想，基本上是四个方面：

其一，文学史学术专著。在这方面，主要是提供了新中国成立后第一部多卷本的《法国文学史》，仅以此而言，即是本学科中一项开拓性的工程，而且，它不是以国外文学史著作为蓝本的"编译性"的成果、不是"借鉴性"的成果，而是完完全全中国学人自己的研究成果，是中国学人自己总结出来、描绘出来法国文学发展的图景，其资料的翔实与论述的充分并不亚于国外同类的文学史著作。

其二，理论批评。在这方面，我还算得上是何其芳理念"研究工作就是提出问题与解决问题"的继承者与实践者，在改革开放之初做了四件大事，一是，一反当时批"四人帮""极右"的一律舆论，而致力批判四人帮"极左"，并发表了一系列"拨乱反正"的批判大文；二是，首先挺身而出，打破长期以来国内对萨特的摒拒与批判的局面，大声疾呼《给萨特以历史地位》，并推出《萨特研究》一书，向国人首次全面介绍作为思想家、戏剧家、小说家、政论家、社会活动家的萨特，恢复了对萨特的公正评价，在国内青年中引发了"萨特热"；三是，对长达数十年之久一直统治着国内涉外文学活动以及文化学术工作的"日丹诺夫"论断，揭竿而起，三箭连发，起到了破坚冰的作用，对西方20世纪文学艺术首先做出了全面的、公正的评价；四是，长期鉴于国内理论界对自然主义非难与不公正评价以及现实主义至上论对文学发展的束缚，提出了重新评价自然主义问题，在科学地、公正地评价自然主义的同时，对恩格斯在致哈克纳斯的信中有关论断进行了评析、商榷与质疑，对文艺学中的一个重要理论问题起了解禁的作用。此外，我对一些文学名著所写的鉴赏性的"美文评论"也引起了广泛的注意。

其三，散文随笔写作。这个方面，完全是我的"副业"，虽然数量不小，大大小小的集子有一二十个，但在散文随笔写作领域里，我离典范的散文大师差距甚大，我既未受过章法学的严格教育，也没有经历过词章学的锤炼，不成大器，势在必然。不过，作为一个学者写的散文随笔，我这方面的文字大抵上还做到了言之有物，言之有识，言之有感，言之有悟，言之有精气神，言之有真挚性格。语言则如善评者所指出的那样，大致上达到了"文笔如行云流水"，既没有用典雅的语言与美丽洁白的羽毛装饰得见不到自我，也没有将自我性灵深藏在丰富的文史宝物堆的后面令人难见庐山真面目。

前三个方面有五百万字，这五百万字，用平常的话来说，是"原创性的"，也就是完全是自己研究与写作出来的结果，是"自己的东西"，而不是带有编译性的、借鉴性的，就其数量与分量以及社会影响而言，在人文学界是比较少见的。第四个方面文学名著翻译，我弄得相对比较少，但也有一百万字，我的主业工作是研究与写作，相对来说，在翻译方面投入的精力与时间要少得多，比起毕生主要精力致力于翻译的名家高手，我的翻译劳绩与建树，大大相形见绌，不过，由于各种原因，我也零零星星做了一些翻译，最后居然也达到了一百万字的规模，所谓各种各样的原因，其中大部分都是被迫而为、不得不动手翻译的。或者是被迫而为，或者是盛情难却，基本上集中在几个作家身上：雨果、都德、莫泊桑、梅里美、加缪。由于我的翻译实践不丰富，对翻译理论也很少研究，因此，我的翻译理念和对自己的要求也相对要简单一些。总而言之，不外是两个标杆：一是，翻译出来的文学名著，本身首先就应该是文学作品，即要传达出原著的文学美、艺术美，至少译笔要达到流畅优美的程度；二是，力求译意的透辟，而不能满足于词意与词序的照搬，我按自己的这两个标杆去译，居然颇有几个译本甚受读者的欢迎，成为国内广泛流行的译本。

在这四个方面以外还有"编书",用我们本行业的美称来说,即所谓"编著",但在我看来,编书就是编书,谈不上是"著"。我常自称是个"编书匠",而且,还是个大"编书匠",因为我编的书相当多:大部头文化积累性质的编书不止一两套,动辄几十卷,甚至还有上百卷的;而我自认为真正有创意、有特色、有点学术含金量的编书,也有多套。由于编书的数量成规模,质量上档次,这方面的成果大大地提高了我的知名度,给我"虚张了声势",它往往遮盖了我五百万字的写作与一百万字的翻译,造成喧宾夺主的效应。但实际上,从必须具备的主观条件而言,自己写书与译书的难度远远比编书要高得多,而从劳动的强度而言,编书则要比写作与翻译容易一点。特别是主编项目,虽然也有自己的难度,但毕竟其中还有其他合作者的分劳。

我的文学史专著、理论批评、散文随笔写作、名著翻译以及编书(包括单项编选与综合性主编项目),各项劳动有各自的不同,但法国文学研究一直是我的本土、是我的根据地、是我知识结构的核心部分。既然我把法国文学一些项目搞得成规模、上档次,也把法国文学搞得相对比较深、比较透,又在法国文学领域中,有幸成为一头名副其实的"领头羊",这就使我自然而然在整个文化学术界更提高了声誉,扩大了影响,可以说,我沾了法国文学不少光,多"捡了一些便宜"。因为,法国文化、法国文学在世界文化中所占的地位特别明显、特别突出,它的影响也特别巨大、特别深远。所以,人们很容易就把我视为文化学术界的一个很有影响的人物。当然作为法国文学界的"领头羊",也是有时间性的,现在,我在法国文学的研究领域,已经是一个过时的人物,事实上,也不再是一只"领头羊"了。

总之,在学林中的名声地位,我既是靠"有所作为"为基础、为倚仗,多少也"捡了些便宜"。当然,"有所作为"是最基本的、是主要的,没有"有所作为","便宜"也无从捡起,甚至有"便宜"也捡不起来。

至于劳绩的规模与体量,我大致上还算够得上"成果丰硕""著译等身"等这些评价,当然,对此评价表示质疑的人有,鸡蛋里挑骨头的人有,甚至于脆采取不承认主义的人也有。但坦率地说，我自己听到这些赞语，这些溢美之词，我还是心安理得的，毕竟是五百万字嘛，而且这五百万字并非是人云亦云的；并非套话、俗话、空话之类的东西，而是多少有些创意创见、多少有些独特性，还算得上是有若干深度、有一定力度的话语。我从自己的劳动实践中深知，这么相对大体量的、相对重分量的劳绩，是来之不易的，是不容易做出来的。我不敢说，是一般人做不出来、做不到的，但我至少可以说，是一般人至今尚未做到、尚未做出来的，特别是那种一贯习于对人采取不承认主义，一贯对人吹冷风、打棍子的人还没有做出来的。个中的原因，不是我比别人聪明，而是因为我把时间与精力都集中在"有所作为"上，而别人则分出了一些时间去干别的事，特别是有些人是花了相当一部分时间去吹冷风、打棍子或干一些无聊的事情。我曾经听说我们单位有一位同事是这么评价我，大意是："即使是抄写的话，要抄出几百万字也很不容易，何况几百万字人家都是写出来的。"我还听说，这位同事的此话，是直接针对某些对我一贯以修理、敲打为职责，以不承认主义为既定政策的人士而为我讲的公道话。当然，我听到这种公道话，是"心有戚戚焉"。如果要我讲心里话的话，那我不妨这么说，在20世纪后半个世纪的现实环境中，运动连绵不绝，文化一次又一次地被横扫，我个人几乎不断被冷风吹刮，甚至经常被修理，在那样一种条件下，我搞西方文学搞到这么一个规模、搞出这么一个动静、搞出这么一些本本，实在有点难以想象，有那么一点像个"奇遇"。现在我感到欣慰、感到幸运、感到荣幸的是，我的确广受读者的推崇，外界社会的器重与赞誉，不时得到甚至让我受之有愧的礼遇。至于，我在自己所处的本单位具体环境中，不止一件事情提醒我，我仍然是墙里开花墙外香。

我并不是狂妄自大的人，我有自知之明，从不敢把话讲满，我经常有自卑感，在评估自己的时候，几乎从没有忘记加上两句话：一是，我的劳绩含金量不高（对此，我以后还可以说得具体一点）；二是，有历史烙印。有历史烙印的东西，经不起历史的检验；含金量不高的东西，经不起时间的磨损。因此，我经常说我的写作、我的文字、我的劳绩基本上是速朽之物，其生命力一二十年、二三十年，甚至四五十年，也许问题不大，要有半个世纪以上的影响和作用，那就不易了。在学术文化领域中，如果是经不起历史的检验，经不起时间磨损的易朽之物，其价值也就有限了。在学术文化领域，"各领风骚数百年"，是极少数天才人物才能做到的事，即使如此，在时序的长空中，这也不过是像划过天空的流星，我等就更为渺小不足道了，对这种必由性，我是有充分的、清醒的认识的。

这就是我对自己学术业绩的归类与大致评估，不知是否准确，是否实事求是，请大家指正！

2. 关于"自我矮化"的言论及其原由

宁瑛：不容否认，你的成果与劳绩达到了相当规模。平日的接触给我的感觉，你也是一个颇为自信，甚至有些自傲的人。但是你在各种文章和场合曾经多次给自己定位为："在智力水平上，只不过是一个'矮个子'；在业绩上，只不过算是尚有业绩的文化工作者……从庙堂标准看来，只是个'小文人'"。这其中的矛盾如何解释？是对自己真切的评价，还是策略性的"自我矮化"另有其他原因，乃至受西方文学中自我调侃、幽默、自黑的影响？中等智力偏下是和谁比较？你心目中的高个子又是什么形象？自古以来就有"文人相轻"的说法，在现实中知识分子成堆的地方，人际关系也往往颇为微妙复杂。过去前30年我们又经历了无数次思想改造运动，自我否定、自我批判几乎成了每个人必须遵循的准则。这种情况对你的自我定位是否有影响？你认为，在我们国家当前的形势下，知识分子应该如何找准自己的位置，处理好个人和国家、社会、他人的关系，同时又能够坚守自己的文化存在和精神追求？

柳鸣九：处座这个问题提得很好，大有可说的，因为这既是一个人与社会关系的问题，也是一个个人心理问题，还是一个处事哲学、处事态度、处事策略的问题，它与一个人的精神境界、文化教养、性格脾气、知识结构都不无关系。这里，重要的不在于对我个人作怎样的评估，清点我优缺点有多少，不是对我做思想鉴定，我已临墓外，根本不在乎得到一份怎样的鉴定，最好是我们来阐明道理，互相发表见解，展开问题，以便对精神修养这个问题有所帮助。既然我是被访谈者，我当然只能以我自己为例加以叙说，加以解剖，来说明这些有关的问题，在解剖的过程中，我且本着求同存异的态度，把我自己作为一个标本，如实分析，如实陈述。

我矮化自己的言谈与白纸黑字都不少，这是事实。至于是否跟我的自傲有矛盾，对这个问题，且容我说一下我自己的真实看法，这里不可回避的问题是，我究竟是傲还是不傲，究竟傲到什么程度。

你提的问题中，只说我"是一个'颇为自信'甚至'自傲'的人"，你实际上提得很客气、很含蓄，我所听到的传闻，比你所提的要厉害一些，如骄傲自满、狂妄自大、傲气十足等，我且先趁这个机会，客观地陈述一下自己，因为不把这个问题讲确切，后面的问题就讲不清楚。

在现实生活中，凡是有所作为的人，特别是有成功作为的人，显得很有自信，踌躇满志，洋洋自得，这几乎是世人的常态；恃才自傲，目空一切，居高临下，傲气逼人的人也很常见；对别人的作为坚持不承认主义的态度，对自己的作为抬高放大的人也不少；以己之长攻人之短，甚至以己之短攻人之长也不是没有的。所有这些都源自人性的弱点，是芸芸众生、凡夫俗子的自然之态，当然不是优点，但也算不上什么罪过。司空见惯，不足为怪。即使我把所有这些全盘认领下来，也不是什么了不起的事，我的口袋还装得下。不过，说良心话，在这一方面，和世人的这一类常态比起来，我还倒真有点"自愧不如"，我不是这样的状态，我有问题、我有毛病缺点，但不在这个方面。

我在生活中，在具体的言行举止上，从来不喜欢张扬狂傲，我每做出了一件成功的事情，切忌手舞足蹈、沾沾自喜，甚至我力求自己都不要喜形于色，我由衷地认为那是很浅薄的。我一般更不会口出狂言、大放厥词、自我膨胀、自我吹嘘，我认为那是可笑的夜郎自大。我的性格也不允许我这么做，即使我想这么做，也做不出来，因为我放不开，也许，我喝了一大杯酒后可以放得开，能口出狂言，可惜我又从不喝酒。总之，我并不认为自己在生活中是一个傲慢无礼、傲气逼人的人。我在现实生活中，如果算不上是一个"低调的人"的话，至少还算得上是一个"平调的人"。当然一个人做出一件成功出色的事之时，很自然就容易给他人以"高调"之感，但那只是双方的境况、地位发生了变化，而造成了另一方即他人的错觉与不适应感而已，并不一定就是当事者本人高调张扬。

在实际生活中，我基本上算得上是面世谦恭，对人还算谦逊，至少不强势、不咄咄逼人、尚能平等待人的人；彬彬有礼、处事不使人尴尬的人。我从内心深处就认为应该如此。这不仅是因为我的性格本来就不是强势的性格，而是温弱性、敦和性、害怕矛盾、谨小慎微的性格。而且还因为我的家境、我的经济地位、我的社会地位、我的境遇都容易使我形成自卑的心理、谦让心理、退缩心理，比较容易形成谦恭的待人处事之态。很坦率地说，从内心深处，我很讨厌盛气凌人、居高临下的富家子弟与藐视他人的天才青年。因为，我从少年时期一直到大学，以至入世后安身立命，不止一次受过这类人的轻蔑，我只说是"轻蔑"，没有说"伤害"，就已经很克制了。这是从我的处境和由此而形成的根本心理而言。另外，从理性认识而言，我也很不喜欢张扬、不可一世、高傲的精神特点和作风，我认为这种态度在处世中至少是一种不明智的态度、坏事的态度、对自己不利的态度。我有这种认识不是我自己说有就有的，而是逐渐形成，由来已久的。我在自述中不止一次讲过，我从少年时期起，就深受一部书的影响，那就是《三国演义》，当时，我就欣赏刘备种菜园子的低姿态、软身段，因为这使他逃脱了灾难，免于杀身之祸；相反，我很不欣赏关公的傲慢、自大、趾高气扬，正是这些毛病、缺点，使他丢荆州，走麦城，我每读到他傲慢疏忽时，总为他着急，我觉得他最后的悲剧有点活该、咎由自取；我倒是觉得吕蒙以低调的姿态取荆州是颇为精明的，只是太阴了，像个阴险的小人，不过，话说回来，在军事上，"阴"的手段并不是不允许的。至于我自己，我倒不是不敢承认我有"自高自大""骄傲自满"等毛病缺点，我照单全收，于我也不是什么要命的事，但我身上的确没有那种精神贵族气，我不能冒领。

　　再就教养而言，到了青年时期，我接受西方文学的专业教育，深受西方文化教育的影响是不言而喻的。而西方文化的核心和精华，照我看来，就是人文主义，我自称为"欧化"的"土人"，"欧化"就是指这个方面的意思，我不仅要努力学习西方的语言与文学，而且我也很注意学习西方的文化教养、精神修养。什么 lady first，咖啡、雪茄、烟斗，这些都是皮毛，要说比较深层次的文明修养，在如何面对自己上，"自我调侃""自我嘲讽"，倒还算得上是一项。在我看来，这不仅是一种语态、外在的表现，而且是一种内在的精神素质，它的智慧内涵是丰富而深刻的，它至少具有对某种道德操守与社会职责的自觉。它把自我摆在一个谦逊的位置，尽可能减少自我在语态与话语上的社会空间占有量，这首先就给社会的人际关系留下较大的空隙与宽松，势必减少人际关系的矛盾与摩擦，有助于人际关系的和谐。当然，这种处世态度，显示出对自己的不在乎、不小气的豁达，它矮化自己、给自己抹点黑、甚至丑化自己，那也不失为一种勇气。就此而言，应该视为个人在社会关系中某种程度的"自我牺牲"精神，与负责任的品德。这种面世哲理，它并不与人文主义对人的推崇、对自我的自重相矛盾，它看起来是在矮化自己，放软自己身姿，不把自己当回事，实际上倒是显示了对自我的自信，对自我价值的确认。没有自我价值积累的人，没有自我底气的人，是不敢进行自我调侃、是不敢自我矮化的。自我矮化、自我调侃，是要有一定的精神储备、价值积累为后盾的。坦率地说，我十分欣赏这种面世与面己的态度和哲理，我觉得这是一种风度，如果没有这种风度，那么就是跟西方文明修养还没沾边，还没入门，因此，我有意识地要学它，不要成为它的一个门外汉。我在《名士风流》一书中，就有一大段叙述与赞赏钱锺书杨绛二人放低身段、有时甚至是自我矮化的处世态度。钱锺书把自己比喻为一个生蛋的母鸡，就是矮化自己、调侃自己的处世哲学的一妙例。我把这种面世面己的态度与方式，视为名士风度的必备内容。且看《围城》，其中那些丑陋浅薄的知识分子，哪一个身上有这种雅气？如果说，我还没有露头出名的时候，还没本钱去学，只能心仪这种风度而已的话，那么随着我逐渐出名,我就学起来了,随名气越来越见涨,学得也越来越明显。如果说,每个人都有自身问题的话,这倒是我的一个"问题",我的一个"毛病",说得直截了当一点,就是可笑的"东施效颦",这与没文化的人附庸风雅也就相差无几了。

其次,我的自我矮化面世面己的态度中,实际上也存在着另一种心理杂质,即义气用事的成分。

我深知,知识分子成堆的地方,特别是从北大到社科院这样的优秀知识分子、高端知识分子成堆的地方,古已有之的文人相轻这样一种心理与风气是根深蒂固的,对此,我不可能不无感受。在这样一个环境里面,说三道四、飞短流长、制造话语、形成舆论、攀比较劲、PK 竞争,无时不有,无处不有,对有些人来说,这既是天性,也是一种需要。我嘛,在这个环境里,一是喜欢干事,不时也能干出一点令人瞩目的事,在我所处的环境中,令人瞩目通常是与"有质疑""有争议"相随的,我经常就引起质疑、引起争议,也经常被边缘化。除了喜欢干事外,我也喜欢观察别人,喜欢分析自己,我知道我各方面的能力和水平都有一些,但是在单项问题上,我经常不是这方面不如此人,就是那方面不如那人,在单项竞技上,往往技不如人。由于以上两方面的原因,我不可能不成为他人说三道四、飞短流长的对象。说实话,这种处境,给我带来不少烦恼,由此也多少产生若干逆反情绪与意气用事:那么,好,与其你说,还不如我自己说,与其你说我低,还不如我自己说得更低,好了吧,你满意了吧!这种心理当然是意气用事,这是其一。其二,越是把自己之低说得满、说得过头,这似乎可以叫对方免开尊口,也标榜自己不在乎,甚至以过谦的高姿态反扳回一分,有点像阿 Q 那样:打不过你,大爷懒得跟你计较。我且服输认栽,且看你凭什么作为再洋洋得意……但是,如果碰到更严重的情况,如:被射上了一支冷箭、被敲打修理得过头、被轻侮冒犯得叫人难以容忍、被一笔抹杀得几乎没有生存空间、一而再再而三被不公正对待的时候,"兔子急了也咬人",我是会产生强烈的逆反情绪的。这时,我的"自信自傲"就不是那么一丁点了,那就强大得相当可观,甚至,要发几分脾气,如果明枪暗箭跟客观

友人对话录

事实明显有悖,而且造成了公开的消极影响,那么请放心,这时,我可有点不管什么天地君亲师,我是要有所反应的,甚至诉诸笔墨,以正视听,这样的文字,我的确不止一篇,这当然就更增加了"柳某某怎样怎样"的传闻。据说,卞之琳先生,曾对我有一句不客气的评语:大意为柳某"勇于私斗",卞公此言,言之有据,我心服口服,而且它表述得很精辟,我很赞赏,为什么不忍气吞声,而要"斗"一下?只不过,他只指出了作为后果的表象,而不论压人者与被压者矛盾的起因,并且实际上我也不是那么"勇于",这令我不无遗憾。没办法,我必须这么做,必须"斗"一下,至少是"鸣"一下。不平则鸣。因为我总得维护自己做人的尊严,我要保护自己,只能靠自己,不靠自己,能靠谁?首先,就需要以"自信自傲"来坚挺自己。而要坚挺自己,是要在精神上对自我的价值有一种明确的认定与维护,否则我就会一蹶不振,灰心丧气,爬不起来,站不住脚,更不可能抬起头来,勇往直前走我的路。在这种情况下,在这种时刻,我显然不是圣人圣徒,不是雷锋,不是谦谦君子,没有那种左脸被打了,又送上右脸的那种基督精神。

我的自我矮化的态度,还有第三个心理背景,即策略性的考虑,这和我的处境与境遇有关,我在社科院处于逆境的时候不少,经常成为一个有争议的人物,其原因不外有:其一,学术观点被视为异端、被侧目而视,特别是因为这种视线与压力来自上方,必然也就更引发出周围的压力;其二,我脱离群众,落落寡合,而易为人所误解;其三,我所作所为的意图与目的,常被一些有权位意识的人士所误判,将我视为某一张坐椅的竞争者,因而成为了被防范、被造舆论的对象;其四,则是因为文人相轻。因此,在这种环境和境况中,我不可能没有危机意识,更糟的是,我孤立无援,时有被内外夹攻之感。对我来说,似乎只有一条路可走,那就是学刘备种菜园子,以求少引起若干的注意,以求别人少误判我、少惦记我、少防范我、少给我设障、少把我当作"极端个人主义者"的舆论制造对象。总之,我越来越把自我矮化的态势视为一种处世策略,以为它能帮我防身,但实际上能否防身是大成问题的。

我自我矮化的面世面己的态度与思考中，以上三个方面的心理背景，完全是世俗性的东西、世故性的东西，是凡夫俗子的考虑与见识，当然也就基本上反应了我这个人的精神领域，仍属于凡夫俗子这个层次的事实，说得直截了当一点，显示出我自己就是一个凡夫俗子，既不比凡夫俗子坏，也不比凡夫俗子好，咱们都是兄弟姐妹。

但是我自我矮化的言论与态势，也有言之由衷、真实虔诚、谦虚礼让的另一方面，带有理想主义性质、天真幼稚成分的一面，其根本的原因就在于我毕竟是一个人文学者。我不敢说我是精神境界、事业成就有什么高度的人文学者，但我至少是一个有见识的、有视野的、有眼光的人文学者，我通晓历史、研读过历史文化伟人，几乎是以研读文化伟人为业。我感受过他们的高度、感受过他们的广瀚与深厚，我见识过伟大的精神劳绩是个什么样子，具有多大的分量，见识过、仰望着文化伟人历史伟人，有了这种见识、这种感受、这种经验，我当然深知自己个子的矮小，劳绩的轻微，我当然应该自称为"矮个子"，"智力中间偏下"，这么说对自己已经是宽大为怀了。当我这样说的时候，我是面对着文化史、怀着对文化的敬畏而说的；我是面对精神文化创作领域中的大师与巨匠、怀着对他们精神伟绩的崇敬而说的。对不起，我不是对我那些凡夫俗子的兄弟姐妹、叔伯姑姨而说的。这时，我讲的是真话、老实话。

而且，作为一个学者，至少也应该懂得，在学术文化上，取法乎上，则得乎中的至理，拿高标准，高尺度，来衡量自己，发现和承认自己的不足，是任何一个有见识的学者所应该采取的态度，即使不跟历史上的文化伟人相比，在现实生活中，在我们的环境中，身躯高大，水平高超，比自己高明的人也比比皆是。"三人行必有我师焉"，这是个常理、常识，但这三人并非指历史上的三伟人，只是现实生活中的周围的同行者。这些道理我都懂，如果连这个道理都不懂的话，根本就不配成为一个学者，更成不了一个真正有所作为的学者。

所有这些学理，至少在我的身上形成了一个强大的理性态度，那就是自我矮化的面己态度，即使有的时候觉得委屈了自我，但又觉得完全是应该的，而且我也从实际生活中深深地感到这种面己的态度，使自己经常处于一种健康积极的精神状态：不仅使我在面对文化历史的时候，保持着对精神高度与文化高度的敬畏与仰慕，而且，在现实生活中，从周围不同人的身上，也看到了他人的优势与长处，因而即使不吸收为营养，至少也可以作为借鉴，得到启发。其实，我身上有好些作为与优势，最初都是从别人那儿得到启发而培育出来的，我编书生涯的开端，其实是从我的一个师弟张英伦那儿学来的，他很早就别出心裁，创造性地采取了社会合作方式，以出色的组织才能，成功地编出了曾轰动一时的《外国文学作家大辞典》，我是后来才学他的样，按照这个路子走出来的，我这大半辈子大规模的编书生涯，几乎完全是采取社会合作方式完成的。同样，我2002年所筹办的雨果诞辰200周年首都文化界纪念大会，规模大，规格高，有扎实丰富的文化内容与高水平的学术格调，能做到这个份上，其实我是从另外一个学弟吕同六那里学来的，他同样是采取社会合作方式，多次与意大利使馆合作，借作家诞生、作家逝世的时机举办过不止一次高规格的纪念活动，我仅仅去参加过一次，就打定了主意要把他这一手学来。至少是在这两件事情上，两位师弟都是我的老师，只不过由于一位赴国外发展，另一位不幸英年早逝，我这个学生倒是"后来居上"，规模做得更大，项目更多。

从这两个例子不难看出我的实际情况是这样的：谁有我所不具备的强项，谁就是这个方面的高个子、是我要学的对象，处座间我心目中的高个子有哪些，我的回答是，我心目中的高个子真还不少，有的是全能型的高个子，有的是单项目的高个子。如此说来，我心目中的高个子就多矣哉，我容易对人唱赞歌，就是这个原因。对上述两位师弟，我固然多次表示过对他们才能的赞赏。除他们之外，仅在本学科大致同一辈人中，我也不止一次赞赏过：罗新璋翻译的精雕细琢、丁世忠能写能译的多方面才能、李玉民译笔的潇洒与巨量、施康强中法互译的硬功夫与文史杂学的随笔、郭宏安有深度有文采的评论文章、沈志明对20世纪法国文学掌握的深透程度以及他娴熟的法兰西谈吐艺术等……

张英伦和吕同六那两项我算是学到手了，而上述这些，我有好些还没学到手、或者还没来得及学。处座问我心目中的高个子，以上都可以算得上是"三人行必有我师焉"意义上的高个子。

如果说我对平辈兄弟姐妹，善于发现其"高"，敢于承认其"高"，也放得下架子去学、去效仿之其"高"。那么我面对着师长，自然是绝对地把他们视为"高个子"，把他们当作我的学习效仿的对象，那就更不在话下了，我这辈子最大的一个幸运就是，始终在一个文化学术高人比肩而立的环境中生活和工作，有朱光潜、钱锺书、冯至、李健吾、卞之琳、何其芳、蔡仪、郭麟阁、陈占元、盛澄华、杨周翰等，我是在这些名师的熏陶、感染、教育、教导、指点中开窍、起步、露脸、出头的。我从这些名家那里，不是吸收了这种营养就是获得了那种智慧，不是学得了这种方法就是练就了那种本领，我虽然没有留过洋没有镀过金，但吸收的营养却是广泛而丰富的，是益智的、强身的，而且还是符合中国国情的，我终于在多个方面都能有那么一两手、都能来那么一两下，因而得到了"多面型"人文学者称誉，其原因大概就在于此。

最后，再回到自我矮化问题上来，总而言之，从我的经验来说，自我矮化的精神状态与自我矮化的面世态度，对一个人可谓是好处多多：它能使人取人之长，弥补一己之短；它能使人也沾上一点自谦的美德，显示出精神文明化的水平；它能使人显示出对自己的豁达，标示出自己的精神境界；它特殊的自我调侃表现形式，则显示出某种洋派的文明教养；即使是在人生的PK场上与意气用事的场合，也有助于使你精神冷静，心理平衡，出奇制胜……好处如此多，我等芸芸众生，凡夫俗子，不妨一试，何苦端足架子，自威自重，自满自足，固步自封呢。

至于处座所问，我为什么把自己称为一个"小文人"，在这个称谓后面有些什么考虑，这个问题也问得很好，这既关系到对作家衡量的标准与尺度，也涉及我对作家在社会生活中的作用、影响与地位的理解。

作家的大小，作家价值的高低，在我看来，关键就是其生命力。能有自己的"过硬度"，足以抗拒时光的磨损力、抗拒历史的磨损力、具有恒久生命力的作家作品、具有持久社会影响的作家作品，那就是我心目中的大作家、大作品。大作品之大，并不在于其体量之大，而是要看它对时序磨损、历史磨损的抗拒力有多少、有多大，陈子昂流传百世的诗作："前不见古人，后不见来者，念天地之悠悠，独怆然而涕下。"虽然只有短短的四句，但在我心目中，是大作品。我个人的写作量，虽然有数百万字之多，但我只能认为是小作品，幸亏我多少还言之有物，亦非人云亦云，因而还有些受众，还有些社会影响，但我估量最多也只能有将近半个世纪的寿命。一位友人曾把我十五卷文集的出版谬赞为：Couronnement（法语：加冕），我当然感谢他宽厚溢美赞语的好意，但实在是不敢当，像我这种情况，虽蹦跳一时，令人瞩目，但终究是易朽、速朽的。如果我被摆在一个相当长的历史时段内，能称得上是一个小文人，那就很不容易了，如果是在更长的历史阶段，还当得起这个称呼，那简直就是上帝慈悲为怀的奇迹了。我个人如此，恐怕世间绝大多数文化人物也都很难超脱这一个无情的历史规律，很难超越这种必然的天命，这是我的一个基本的理解。

我另外一个理解是，你可以不把文化人、作家、学者，放在历史的长河中去加以审视，即使只把它们放在具体的社会生活结构中，我辈我等自称为"小文人"，也并非没有道理，并非妄自菲薄。在不同的时代、不同的国度，从各自不同的社会结构来看，从各自不同的阶级关系来看，文人学者的地位是大不相同的：应该看到，伏尔泰、狄德罗、梅里美能出入朝廷，能被奉为上宾，被当作客卿，那样的时代社会条件早已过去。每个国度有各自的国情，欧美各国著名学者的际遇、处境与在社会关系中既定的地位，跟在我们这里是颇有差异的。在我们这里，如果自己要自视过高，自增分量，自拔高度，不过是一厢情愿，不识时务，显得很可笑；自己硬要有超越意识，结果是徒增苦恼；若硬要越位，说不定麻烦更大。作家、文化人在社会物质财富的创造中，不占有任何地位；在社会财富的分配过程中，也起不到多少作用；在诸多社会公共事务上发言权也有限，甚至是很少，用文人自己的话来说也就是"人微言轻"；即使是在文化产品、精神产品生产这个为文人学者几乎绝对专有的领域里，其自主权也打有很大的折扣，要受到上下左右、各个方面、各个层次的制约。他虽是创造者，但更是被管理者，甚至是重点被管理者。他在意识形态精神生产的关系链条中，是处于末端的地位。如果他要有活可干，如果他干的活计要转化为书本、影视、讲座、发言等这些社会形式，至少要跟这个关系链条中的各个环节搞好关系，陶潜所说的"不为五斗米折腰"，在这里恐怕是行不通的，对不起！你的身姿有的时候就要放矮一点，你的腰杆就不要挺得那么直硬了，你的语言、你的语态就要软化一些。所有以上这些也不无好处，颇有利于养成事不关己、高高挂起的清高超脱的处事态度与以谦虚、退让为美德的谦谦君子风度。因此，在这种社会结构条件下，我自称为"小文人"，是很恰当的，这对我来说，是一个非常符合实际、非常精准的概括与自我定位。

至于处座所提出的知识分子在当前如何处理好与国家、社会的关系，我作为一个布衣学者，作为一个"小文人"，实在不想对这么大的课题发表议论。知识分子问题在中国是一个大的课题，钱理群先生对这个问题，有比较广泛深入的研究，因为，他是当代中国文化的研究者，出于责任感和他的睿智，发表过一些富于勇气与精辟见解的论述，如"精致的利己主义者"一说，就相当出彩。

我自己早已不是一个热血青年了，也不再有当年那种"天下兴亡，匹夫有责"的豪情，我现在想得很简单，知识分子的本质特征就是有知识，他的职责与使命就是在知识这块地上开垦、播种、培植、收获，在知识这块园子里添砖加瓦，而不是往权位层里钻营，不是往财富堆里钻营。一旦他成功"转型"，他实际上就进入了另一个领域，就成为政治家、社会活动家；就成为董事长、老总；就成为了"儒商"，以及其他等等。如果，再把他们当作知识分子来论说，那简直就是对他们的巨大不敬。至于其他纯粹意义上的知识分子，该如何处理处座以上所讲的一些关系，我也不想说三道四。自我选择，各有各的活法。我只能说说我自己所奉行的原则：一是作为一个 21 世纪的中国知识分子，且容我崇尚 18 世纪伏尔泰的那句话："Il faut cultiver notre jardin."（法语：该种我们的园地要紧），也就是我得专心拾掇我那一亩三分自留地；二是老实巴交地履行这个社会对我的规范：拿最一般标准的退休金、按高税率交税，以及遵守交通规则，不酒后驾车……；三是思想不规范，言行不出格。我满足于这样处理我跟社会的关系，满足于当这样一个布衣知识分子，"平头老百姓"知识分子。

3. 关于工作量与支撑力

宁瑛： 在你的全部成果中，除了作为外国文学研究所的工作人员的业内文学史、作家、作品研究以及翻译任务之外，还有大量的散文、随笔，特别是篇幅浩瀚的主编、编著成果。和业内的其他专家、学者相比，这种情况恐怕也是屈指可数的。对此您自己是如何评价的？对自己的劳作是否满意？充分肯定还是仍有不足或遗憾？在夹杂着运动、劳动的人生短短几十年工作时间中，你是如何完成如此巨大的工程的？是什么精神支撑着你几十年如一日的辛苦劳作？

柳鸣九： 处座是我多年的老同事、老友人，而且还是主管本单位科研工作的一位"官方人士"，我很感谢处座对我工作所作的总体评估，您在这里所提的几个问题，有的我在上面已经做了回答。就我劳绩的篇幅与体量而言，如处座所言我在本学界还算"屈指可数的"，对此，我个人没有什么理由不满足，因为，我的确尽了我的力量。在竭尽全力上我问心无愧。对如何评价这些成果和劳绩的问题，我在上面也讲了一些看法，总的来说，达到了一定的质量与水平，也起了一些社会作用，发挥了一些文化影响。至于自己是否完全满意，当然不是。谁都知道，文化学术工作，从来都是，而且永远将是一项令人遗憾的"技术活"，一篇论文，很难达到十全十美；一本著作，很难达到没有瑕疵；一篇翻译，很难达到没有商榷的余地，即使是名家高师也难以做到十全十美、完美无缺，何况我等乎？我现在留下了十几卷文字与大量的编选，只能任人评说了。

我在"短短的几十年中"，是如何"完成如此巨大的工作量的"？"是什么精神支撑我"这么做？对这个问题，我自己倒可以说一说。

这是一件溯本求源的工作：最早是少年时期的立志，我几乎从一开始就立下了立言之志，而不是立功之志、立德之志。因为，我既不是铮铮铁汉，不敢言立功，我也不具有优异的品质，不是当圣人的料，所谓立言，就是弄弄文化，正好我考进了北京大学，西语系的科班教育把我培养成为有点文化专长的人才，整个大学教育期间，向科学进军的号召，坚定了我的志愿，强化了我这种努力，而北大的高师名家则成为了自己非常具体的学习典范与奋斗目标，具体说来，朱光潜、冯至、钱锺书、卞之琳、李健吾、杨周翰、李赋宁等这些名师就是我心目中的典范，而向科学进军的浓厚学习气氛，则使我度过了好几年扎扎实实的读书学艺时代。起点就很好，起点也算高，毕业之后，运气甚好，一开始就分配到专致文学翻译、编辑、研究、理论以及文化与思潮史研究的工作单位，周围共事的都是名师鸿儒、才俊之士。一直是在这样一个学术文化环境中，在这样一个充满研究创造性的磁场中，一泡就是好几十年。几十年，不是一个短时间，专门是摆弄书本、摆弄文化，一个人再低能，也不可能不摆弄出一点名堂，不可能毫无作为，何况我多少还有点儿可取的素质，何况我还有明确的奋斗目标和具体的目的，那就是为社会文化积累做些工作，那就是为了我自己的一个口号："为了一个人文书架"，至于可取的素质，一是我勤劳成性，二是我毕竟有中等的资质，三是我很讲究工作效率。

就勤劳而言，我在本单位还算是有这么一个"好名声"。对我的"勤奋"二字评价，如果我没弄错的话，是来自胡乔木，那是在我的《萨特研究》挨批的时候，院部一位领导同志代表乔木同志给我做思想和教育工作，其中，传达了乔木同志对我的这一个评语，领导同志有此评语，下面所属各级，也就不难舆论一律了。我在本院一直是一个有争议的人物，总算有了一个"勤奋"的名声，是人们都还可以承认的。因此，我曾经把这个评语当作本单位对我认可程度的最大公约数，我且不从阶级出身、阶级地位去追溯我勤奋的根由，我只需举出两点就可以充分说明，我之所以勤奋的原因，一是因我智力水平基本上是平平状态，二是因我所身处的环境是才俊智士、聪明人、精明人成堆的地方，我如果不勤奋一些，不努力一些，我就站不住脚，我很可能就被淘汰出局，于是，我养成了笨鸟先飞，笨鸟多飞的习性。

投入时间，是一项硬工作，是一件硬活，投入时间多，出的成果也自然会多一点，这是硬道理。我的成果，在一定意义上来说，就是时间堆出来。大学几年，每一个寒暑假，我根本就没回过一趟老家，也没有趁假期玩过一阵、轻松过一阵，而完全像上课期间一样，每天跑图书馆，进行苦读、恶补。走上工作岗位后的几十年，在我的生活中，根本就不存在什么星期天与节假日，每一天如果有所虚度，或者工作没有任何进展，那么我便认为是白白浪费了一天。虽然，我并非没有钱外出旅游，但我正儿八经地休假旅游，几乎没有一次；虽然，我外出参加各种学术典礼，礼仪活动、带休闲性、旅游性的学术会议的机会多得不可胜数，但我一生中赴会参加的次数寥寥无几，屈指可数。因此，我成为了一个出了名的"不出京的人"，我每天的时间主要都是工作，休闲和调剂的内容所占的比例相当少，主要只有那么两项，一是散步，二是做点体育活动。体育活动的两大项目都是从朱光潜那里学来的：打太极拳与慢跑，每日坚持，风雨无阻。休闲项目则几乎等于零，我既不摆弄花草，也不会享受琴棋书画之乐，年轻的时候，我倒的确喜欢听音乐，甚至一边工作的时候一边听，但毕竟精神劳役与精神享受是两回事，于是，久而久之，音乐也被淘汰出局了。到了老年，我的书柜里面还藏有不少西方古典音乐的音碟，但我往往一两年也难得去动用一次。我的邻居和朋友叶廷芳先生是一位既喜欢看演出也喜欢听演奏的雅士，他是这一类艺术活动的常客，他在评说我的一篇文章中，就曾透露在这类艺术活动中从来没有碰见过我。至于本单位春游、秋游、旅行、参观活动、春节联欢会以及集体到一个风景优美的所在地去学习、休闲等的活动，更是看不到我的身影。的确，我的生活有点像一片干涩的面包块，在风雅人士眼里简直是无趣极了。我也有自知之明，知道为了工作，我牺牲了很多东西，包括很多生活乐趣，不过，令我感到安慰的是，我的工作内容毕竟是世界的优秀文化，沉浸于其中也另有一番乐趣。有得有失，难以两全，世界上很多事情都是如此。

第三，关于能力，要有所作为，当然必须要有一定的能力，我自评自己智力水平是中间偏下，虽然带有几分自谦的意味，但大致上是符合我的实际。我绝不是一个天资特异的才俊，有些能力我只是中等水平，能基本上对付工作的需要，如我的记忆力只属于一般水平，不算坏，但也绝不算好，与钱锺书式的博闻强记，过目不忘的特异功能相距实在太远。我的阅读能力只能说还算够用，绝达不到十全十美、"一目十行"的水平，不过，我的理解力、综合力、通感力、融会贯通力、感受力、思辨力还算够得上档次，表述能力与分析能力也算够用，略有盈余。这样一种能力状况，资质水平，运作了几十年，自然也可熟能生巧。

最后，关于我的工作作风和工作方法，对此，我就不妄自菲薄、故作谦虚了，我基本上是一个很讲究工作效率，也很有工作效率的人。我大概是从我父亲那里学到了把各种原材料经过复杂的工序，做成一席席美味丰盛的佳肴那种必须掌握的排列组合的艺术与有序进行的工作方法，我将业务工作中纷繁复杂的事务，安排得分门别类、条理分明、有序进行。至于工作速度，我比较讲究速战速决，雷厉风行，争取难题不过夜。但办事与处理问题，我并不粗糙，总力求尽可能地细致周到。我在编书工作中，与一些合作者就是以这种工作作风与工作节奏完成的，我的编书工作量大、成果多，除了别的一些有利因素外，与我工作的效率是颇有关系的。

总的来说，我对待工作中的问题是举轻若重，而缺乏举重若轻的气派与艺术。因此，我办事作风虽然是效率高、深入细致、速度快，但所消耗的精力与脑筋却常常超出旁人一两倍甚至两三倍。总之，用生命力的燃烧度换来了高效率，我之所以在中年就黑发生白丝，而老年当我的同辈同学还满头青丝的时候，我却白发苍苍了，其原因大概就在这里。

所幸我基本上是一个素食主义者，既不抽烟也不喝酒，还学会了朱氏的太极拳与慢跑两门健身法门，并坚持数十年，居然使我生命力高燃烧一直到了83岁，寿命反倒比我若干同辈朋友多延续了几年，时至现今。今后何日听从召唤，那就很难说了。

4．关于编选工作与主编项目

宁瑛：作为许多套丛书的主编，比起许多其他同行来，你编书的数量蔚为可观。就我个人的理解,一套丛书的主编应该是在这个领域的学问大家,首先自己是有真知灼见,能提出问题,解答问题的;能搭起框架,最后又能精工细雕使之完美的人。前些年,在文化市场上编书也曾经风行一时,但在主编署名问题上,经常有些浮夸的毛病,对这个问题你怎么看?特别是退休后你在编书的劳作中投入了大量精力,原因何在?你的编书劳作有什么独特之处?一个人的精力毕竟有限,就算你谢绝了一切与业务工作无关的活动,疏远了比如娱乐、休闲、旅游、花鸟鱼虫、琴棋书画等生活乐趣,甚至吃饭等日常生活也变得极为简单。但是这样大量的编著工作也不易完成。比如"F·20丛书"70卷,这么多法文作品你都看得过来吗?这是有人在看到这套丛书后提出的疑问。你选择收入丛书作品的标准是什么?你选入的这些法文作品是否都通读过?你是如何解决在一定时间内大量阅读这一难题的?

柳鸣九:除了我学术文化本科的主业工作外,我还是一个编书匠,而且是一个特大的编书匠,编的书品种很多,规模也很大,近百卷、上百卷的套书就有好几种,编书成果的总篇幅量,完全够得上"蔚为壮观"这个形容词,其体量之大,往往都使自己感到有点不好意思。

处座提出对主编的理想要求与理念,很富有理想主义色彩,主要有二,一应为该学术领域里的"大学问家",二应为"完美的人",这是国家项目的标准,是国家资助基金往往达到几十万、上百万项目的主编标准。而且是书面文件上的标准,在实际生活里,能达到这个标准的,我看到的并不多,往往寥寥无几,屈指可数,处座向我提出这个问题,甚为尖锐,但恕我直言,显然提错了对象,对不起,我根本不属于这个范畴,我从来没有当过国家项目的主编,我也绝不是你所说的这个领域里的"学问大家""完美的人",我只是一个布衣学者,草根学者,从来没有国家项目的馅饼落到我的头上,我只不过是应各个出版社主动的诚邀力约,帮他们做点编书的事情,没有想到编出了这么大规模、这么大动静、这么大影响。不过,令人欣慰的是,在这些编书成果中,真正达到了阁下所要求的"有真知灼见"的,倒远不止一两种,如阁下所要求能提出问题解答问题者,也不止一套,即使完全是按照出版社的策划编出来的应景之作，也总能达到文化市场上一般同类书的平均水平线，往往还要高那么一点。

总体来说，我编了那么多书，在编书中投入了大量的精力，不是我个人的主动行为，几乎绝大多数都是应社会学术文化的需要，而被动应命的结果，是我退休之后各个出版社纷纷"登门来访""门庭若市"的产物，如"外国文学名家精选书系""名家点评外国小说中学生读本""世界短篇小说精品文库""世界散文经典""F·20丛书""外国文学经典""世界名著名译文库""世界散文八大家""本色文丛""思想者自述文丛"。情况往往是这样的：出版社的诚意可感，尊重与礼仪甚高，我脸皮薄，耳朵软，实在是不好意思拒绝，这便是我编书大局面的真相，在这一点上，我应该感谢社科院外文所的领导如此及时地安排了我的退休，要我回家养老，使我从很多琐事中解脱出来，居然有了这么一段丰收的编书生涯。

其实，在编书的问题上，我并不是外国文学所里编书的先进分子，在我进入这个领域之前，外文所早已有了大规模的"编书行业"。我所编的第一本书《萨特研究》是1981年问世的，而且它标志了我早期编书生涯的基本特点，那就是完全由我的研究工作所带动，而在业务内容上，也与我的研究课题紧密相连。改革开放之初，我集中力量研究的课题是西方20世纪文学的重新评价问题，其实在某种程度上，干脆就是法国20世纪文学的重新评价问题，因为西方20世纪文学艺术的主要流派几乎都发源于法国，象征主义、超现实主义、存在文学（或称存在主义文学）、荒诞派戏剧、意识流小说、"新小说"派以及后来的新寓言派，几乎都是法国产品，或者都打上了法国的烙印。但是要给予这些文学流派和品种一个公正的评价，就必须搬掉日丹诺夫这只拦路虎。对日丹诺夫的"反骨"我早已有之，考虑与准备去"摸摸老虎屁股"的祸心也早已有之，而明确的筹划正是在1978年前，我趁"实践是检验真理唯一标准"的大讨论之际，打响了批驳日丹诺夫论断的第一枪，"二箭连发"，颇有规模，颇有声势，影响巨大。然而对日丹诺夫的"揭竿而起"，很快就在意识形态领域里引起了习惯势力的强烈反弹，我被指责为"批日丹诺夫就是要搞臭马克思主义",而在不久以后的"清污"中,存在文学、象征主义、意识流、超现实主义等西方文艺流派又都成为了清污的对象。我没有出来做任何申辩,我只打算让事实说话,我深感国人对西方20世纪文艺的偏见,除了受苏式意识形态的影响外,最主要的原因是对客观情况不了解,为此,我下决心,让事实说话,让资料见证。于是,我在不长的一个时期内,创建了三个编书的工程,第一是《法国现当代文学研究资料丛刊》,《萨特研究》是其中打冲锋的第一本,然后就是《新小说派研究》,《马尔罗研究》,《尤瑟纳尔研究》,《西蒙娜·德·波伏瓦研究》相继问世,这是从作家研究的角度提供全面的资料,以开拓国人的眼界,从1981年到1989年,这套书共出版了十卷。第二大工程是"法国二十世纪文学丛书",旨在向国人介绍法国20世纪各种思潮、各种流派的代表作,从1986年到1999年,共出版了七十卷。第三大工程则是"西方文艺思潮论丛",其任务在于从理论研究上,对在"清污"中蒙冤受屈的西方文艺思潮正名、进行科学的公正的评价,从1987年到1997年共出版了七卷。从始至终,三大工程完成花了我16年。

我的编书生涯就是这么开始的,我编书生活的核心部分也在这里。不难看出,三大工程都是从我的研究工作中派生出来的,也是在业务内容上,与我的研究工作紧密结合的,可以不夸张地说,他们为本学科的发展提供了一个框架,打下了一个资料的基础,带有一定的开创性与开拓性,其巨大的影响与所获得的一致好评是无法否认的。如果说我的编书工作与其他人的编书工作有所不同、有自己的特点、有自己的效应、有自己的影响,那是完全不足为怪的,只要采取公正的态度,其意义与价值是不言而喻的。"成功的编书匠"这虚名一出,找我编书的出版社就接踵而至了,纷纷把一些大规模的、经典性的、有文化积累意义的丛书项目交给我主编,诚邀力约,礼遇甚高,那我何乐不为?如20卷《雨果文集》、4卷《加缪全集》、80卷"外国文学名家精选书系",这构成了我又一大项的编书工作。

当然,除了上述我主动创办的三大编书工程外,还有若干套书和丛书,是由我产生了创意之后而主动编撰起来的,如《世界心理小说名著选》13卷,是我长期以来对心理小说特别感兴趣，并不断地关注、阅读、思考的结果。我的"盗火者文丛"十卷，是我个人对中国 20 世纪的外国文学做过一些回顾，并对周围一些有关名家学者长期有所了解的结果。我主编的"撒旦文丛"则是我对世界文学中风月系列作品有所涉猎、有所思考的结果。我的《世界最佳情态小说》选本与《世界最佳性态小说》选本，则是我对数十篇情爱小说与性格小说系统的鉴赏、作评、写读书札记与随感随笔的"副产品"，当年在上海《文汇月刊》专栏中发表的时候，在青年人中颇为轰动了一阵子。至于《诺贝尔奖获得者传记丛书》23 种，最初则是对诺贝尔奖得主一有不合中国人的口味者就遭到非议甚至责难的这种"义和团情结"式的文化倾向颇不以为然，而与出版社一拍即合的结果。说实话，这些主编项目与编书工程都有我自己的"思想内核"，都有我创建的意图，都有我思想主张与学术文化见解，有一定的内涵深度与一定的针对性，因而这些书问世的时候，都多多少少使人产生了耳目一新的感受，也都获得了一定的好评。比起那些冠冕堂皇，投资上百万的国家编撰项目，我以上这些作为似乎只是小打小闹，但它们没有花国家的"赞助"却多少都带来一些清新的学术文化空气，提供了一些新的学术文化启示，对有的学科真正起了开拓性、创建性、基础性的作用，对此，我问心无愧，甚至不无自诩心理。作为一个草根学者、布衣学者，我基本上凭一己之力，没有动用国家科研机构财力人力的资源与条件，做到这个份上，也算尽了自己的力，对自己、对社会、对人群皆无愧于心。

现在还剩下一个问题，那就是处座提出的一个非常尖锐的问题：你编了这么多的书，你都看过吗？你是怎么编出来的？这个问题，既尖锐也不客气，也许是某些人士对我一直持怀疑态度、坚持不承认主义的"理论根据"之一，是我在本单位长期成为一个有争议人物的根由之一，我非常感谢处座把它提了出来，因为，它提供给我们一个机会，来澄清一些问题，来说清一些问题。

首先，有一个基本的认识问题需要说明，这个问题并不是什么复杂高深的问题，而只是一个常识问题，常理常情的问题，那就是首先要搞清楚编书不是写书，编书有编书的规律，写书有写书的规律，两者是不能混淆的。

我们不妨举一个最简单的例子，如果是写一部文学史，写到都德这一章，哪怕只是一小段文字论及都德的爱国主义代表作《最后一课》，那你必须事先就仔细读过这篇作品，仔细思考过、琢磨过、分析过这个作品，你要成文成书的话，那还需要下更多的功夫，费更多的时间，在你的分析、论说、表述上费脑筋细推敲。但如果你只是要编一本都德短篇小说集的话，只要你还有起码的法国文学知识，你用不了一分钟就可以把这篇小说作为一个选题列入。两者劳动量的差距就是有这么大。但是，在这个例子中有一个基本前提，你必须具备起码的法国文学的知识，而这样的普通知识，一个普通的中学生，也是应该具有的，而且也都会具有，如我自己早在少年时代跑书铺、看站书那个阶段，我就已经知道了《最后一课》是怎么回事，如果到了要写书的时候，还要临时抱佛脚去现补这《最后一课》，那的确是要费劲多一些。我想，如果对两种劳动的不同内容、不同要求、不同规律、不同规范有所了解的话，有关人士大概就不会提出这样一个幼稚问题，这是其一。其二，对有广泛阅读经验的人来说，阅读、浏览、钻研、鉴赏都是阅读的不同方式，各有各的窍门，只要你是认真读过一些年的书，且不说几十年吧，只需要你的确认真地读过几年书，的确有过扎扎实实的几年读书经验，自然也会掌握一些读书的窍门，要知道，早在大学二年级，外国语言文学的教学中，就有精读课和泛读课之分，就教会了你最基本的两种不同的读书方法，何况是有过几十年读书经验的人呢。他的读书方式与吸收知识的方式，了解书情的方式，肯定不是一两种，我深信钱锺书的学富五车，而不仅仅只来自他的博闻强识、"一目十行"的特异功能，他肯定有很多的读书窍门与方法，可惜未传之于世，我好歹也是读了几十年书的人，还多少有一些读书的窍门，用来对付编书工作的需要，还是绰绰有余的。至于读书有些什么科学的方法，有些什么窍门，对于这个问题，就恕我不作答了。因为，这就降低了提出这个疑问的人的水平，就如同向初年级学生谈ABC，何况，读书的窍门，即使是像魔术一样，有虚而不实、有幻而不真的成分，但它既然成为了一种魔术，在春节晚会的舞台上，能吸引了十几亿人的眼球，那也就值得你去费心去钻研其奥妙了。如果刘谦的奥妙还值得破解的话，那么，各种不同读书法的窍门也更值得破解，我还是把破解的愉快留给有破解兴趣的人吧。

而且，我还要补充一点，我们这个访谈基本上是论学，论为学之道、为学之德、为学之职、为学之艺。面对着一个学术文化产品，面对着一件精神劳动的成果，首先应该关注的是什么呢？是它的意义，是它的质地，是它的品位，是它的内涵，是它的价值，是它的准则与标准，是它的取舍是否准确、是否精当、是否有理有据、是否有思想的闪光、是否有论述的亮点、是否有精当的表述，等等。对于学界人士，关注这些问题，才是至关重要的，才是有益于为学之道的，而对问学者而言，这也是检验学识水平之高低、学术层次之上下、学术取向之雅俗的标志，且让我们多关注正题，而把正题外的事留在茶余饭后去谈吧。

5. 关于"西方文艺思潮论丛"

宁瑛：你主编的另一套理论性丛书"西方文艺思潮论丛"给我留下深刻印象。这套书基本上囊括了西方文学当时流行的主要思潮。20世纪80年代初改革开放以来，"现代主义""魔幻现实主义""意识流""存在主义""后现代主义"等名词在文章中频频出现，而紧接着一场清除污染运动，似乎又把它们统统归入应该否定、清除之列。这套书的编纂起到了正本清源的作用。那些由各业内专家撰写的有资料、有根据、有分析论证的文章对于让国人了解这些思潮起了很好的作用。本来这种规模的课题应该是一个单位，一个研究所的项目。你以一己之力是如何做到设计选题、选择撰写者、写序言和最后统编等事项的？

柳鸣九：关于"西方文艺思潮论丛"这一套书。谢谢阁下对这一套书做了严肃、科学的评价，公正地指出了它在学术文化上所起的"正本清源"的作用。这七种书分别是：《二十世纪文学中的荒诞》《意识流》《〈存在〉文学与文学中的〈存在〉》《二十世纪现实主义》《从现代主义到后现代主义》《自然主义》《未来主义超现实主义与魔幻现实主义》。这几个问题，它们其实都是 20 世纪西方文艺思潮中的主要内容与突出的课题，从我自己业务工作的来龙去脉来说，20 世纪五六十年代我在文学研究所理论研究室工作期间的研究方向与中心课题就是西方文学批评史、西方文学思潮史，这几个问题都是我专业方向中必须面对的问题，因此，我多多少少还有一点基础，有一点内存，后来，在反日丹诺夫论断的长篇报告中，我对这些问题都有所涉及，但"清污"中，这些问题又被翻了出来，被划入了"精神污染"的范畴，我固执成性，"清污"之后，认为有必要对这些问题加以重新评价，于是陆续组织了这样七本论文集。论文集中论述这些流派的主要文章都是学有专长的专家学者撰写的，都比较深入细致，这是他们的功劳，也是这套书具有相当学术价值的主要原因。而我作为主编，只不过起了一个"领头羊"的作用，一个组织者、统一策划者的作用，我基本上只为每一种书写了一篇序言，是粗线条的、大轮廓的，大致上表述了科学公正评价这些思潮流派的基本立场。因此，这七本书不是我个人的学术论述，只是我就这几个题目进行组织工作的结果。

如果说我为这套书贡献了什么东西的话，那不外是坚持对这些问题做科学公正评价的清醒意识与坚持实事求是的学术态度，当然多少也有一些敢冒"翻案"之嫌的学术胆识，但改革开放的天，毕竟是明朗的天，这套颇有"秋后算账"之嫌的书，得到了宽容，事后并没有遭到清算，如果我没有记错的话，好像还在社科院得了一个科研成果二等奖，"翰林院"也在"与时俱进"呀。

关于这个问题，处座认为本来这种规模的课题，应该是整个一个单位，是一个研究所的项目。说实话，我今天才第一次认识到这一点，如果我当时就认识到了这一点，也许我就不敢去抓这个项目了，因为，我一直就有"不在其位不谋其政"的自觉意识，我绝不敢去抓一个全所性的研究项目，这是学术殿堂的大事，怎么轮得上我去碰呢？但我今天面对这个问题，倒还开始有了点新的认识，既然没有研究单位领导人亲自出马，既然还没有人想到要做这件事情，那么有我这么一个庙堂外的小角色来做这么一件事情，填补这个空白，也未尝不是一件好事。好在这并不涉及学术领导权与学术领导地位的问题，而作为学术课题，也并不是学术特权范围里面为领导者专备的"一块奶酪"，他人不能动。如果过去的有志之士所说"天下兴亡，匹夫有责"不失为一句豪言壮语的话，那么在今天学术兴衰，学林人士不是也可以人人有责吗？

6．关于"盗火者文丛"

宁瑛：你的"盗火者文丛"可能是你编著的丛书中极为优秀的一套书籍，在读者中反响很好。我觉得，这套丛书的名字起得非常好，借用鲁迅的话，把从事西方文化研究、翻译、介绍工作的人，称为普罗米修斯式的"盗火者"，是对从事西方文化译介、传播的工作者很高的赞誉，当然丛书中介绍的那些在这条路上开拓者、业绩突出的前辈的确是名副其实的"盗火者"。他们为20世纪中国的文化繁荣做出了不可磨灭的贡献。你做这套书的初衷是什么，怎么会想到做这么一个课题？为什么选择这几位学者？中国对西方文化的介绍大约开始于20世纪初。"五四运动"以后，"德先生""赛先生"成为中国知识分子耳熟能详的词语。这些"盗火者"用自己的笔引进了西方民主、科学的新思想，在冲破几千年封建主义旧观念、荡涤沉疴的崎岖道路上艰难前行。1949年以后，在思想文化、意识形态上受苏联的影响很大，对西方文化的研究、译介有教条主义的、片面的、"左"的倾向。文革更是把中国变成了文化荒漠，不仅过去噤若寒蝉的所谓反动浪漫主义、西方现代派作家、作品被禁，就连世界普遍公认的经典作家也被打上封、资、修的黑印，被一把火焚烧。我们亲身经历过的人深知走这条道路的艰难，阻力重重。改革开放以后，形势发生了很大变化。时代在前进，中国人需要睁开眼睛看世界。你编辑这套书有什么现实意义？你作为一个外国文学研究工作者，称自己为一个"西方文化的搬运工"，身体力行地做了大量工作。你在这个行列里位于什么位置？你的研究、译介工作是否也以此为奋斗目标？

柳鸣九：关于"盗火者文丛"，我首先要感谢处座对这套书的高度评价，我不是讲奉承话，但我必须要讲处座对这套书的评价，说明了你是一位有学术见识、有品位鉴别能力的科研工作组织者，用通俗的话来说，是一个明白人，是一个识货的人，也是一个公正的人，对于这套书的时代历史内涵、用意、文化作用与社会反应，处座已经有了中肯的阐述，我在这套书的序言中也表述了一些观点，这里都不再重复。我只想讲一点，为什么我只选了十位"盗火者"，为什么选的是这十位。

众所周知，国内出任何套书或丛书，其规模的大小从来都不取决于创意者、策划者与主编，而取决于投资者及出版社，而出版社则取决于该书是否会亏本、是否有经济效益，以及有多少经济效益，我创建的"盗火者文丛"面世于2005年，它不能不受大的社会环境或文化气候制约。若干时候以来，大的社会环境大致上有这样的消极面：功利主义张扬、物欲横流、人文精神滑坡、低俗文化泛滥、优质文化读者群有所缩减。所有这些对文化生活的直接影响就是学术文化市场的萎缩。而"盗火者文丛"正是定位在高端人文文化的层次，说得通俗一点，即它不是畅销书，它给出版社不可能带来什么理想的经济效益，甚至保本都有危险，在这种情况下，中央编译出版社接受了这个创意，并决定做成十卷的规模，其人文主义文化的热情，其不计物质利益而坚守严肃文化的责任感就已经很难能可贵了，因此，在当时能入选十个"盗火者"，做成十卷的规模，对我来说已经是一件幸事。至于为什么是十个，而不是十一个也不是九个，那只是按照中国的数字习俗而已。再就地域与时期而言，正如我在文丛的序言中曾经讲过的那样，我之所以心仪"盗火者"这个称谓，要编选这样一个有一定规模的文丛，主要是因为针对大陆的文化现实，也主要是我自己在这样一个现实中，坎坷行走了几十年，而颇有感触。因此，入选者全是大陆的西学学者，对不起，港台的一概没有入选，虽然港台有不少出色的西学学者，但他们所面临的文化环境有所不同，他们的特质与盗火者的称谓也不完全契合。由于同样的原因，文丛只入选了新中国成立之后仍有学术文化活动的西学学者，而主要活动在新中国成立之前的西学学者、翻译家，则一概未选。

选题、选人的几个范围准则一确定，那基本上就是以新中国成立后即20世纪下半期以来，活跃在国内文化舞台上从事西学研究与译介外国文化的大师名家、高手才俊为对象了。从文丛的性质而言,这不是一套学术理论的项目,所选的不是学术理论专著,也不是文学创作的套书,更不是翻译作品选丛书,而是一个散文随笔文丛,每位"盗火者"一辑,因为,据我所知,这些"盗火者"很多精彩的文章、启人深思的高见、灵光一闪的妙笔,有相当大一部分都是蕴藏在他们这一类作品的"丛山"中。落实到具体入选对象,当然首先是一些大师级的人物,如:朱光潜、梁宗岱、钱锺书、李健吾、冯至、卞之琳、傅雷、杨绛等这些身兼翻译家、学者、文学写作家(或诗歌,或小说,或戏剧,或散文随笔)的学术文化名人,这些人物几乎全是我的师辈,我都得到过他们的教益、指导、帮助与支持,我比较熟悉他们,知道他们的分量以及他们成就、业绩与各个方面,我深知这样一套文集,必然成为一份可贵的精神财富,我做这件事情,既是为了履行我作为一个人文学者为社会文化积累添砖加瓦的使命,也是为了纪念与缅怀师长,或者是做一点弟子后学应该做的事情,多少有报恩的成分,也有"还债"的愧疚。

但是,我这个选题计划要实行是非常困难的,首先我并非无自知之明,一个小庙是难以供奉这么多重量级的大神的,其中,最令人头疼的是版权问题,这些名师大家当时几乎已经全都去世,他们任何文字的版权,哪怕只是一张照片,都有权威的家属严加看守,要么就是垄断在某个出版社的手里,要动用一个字,一张图片,其难度似乎不下于动用当年诺贝尔文学奖获奖者一个字。尤其是对有的尊贵的家属,我根本就不敢去开口,唯恐碰壁,自讨没趣。经过一番努力,最后我毕竟得到了梁宗岱、冯至、李健吾、卞之琳几个大师家属与后人的支持与合作,然而,看来我要凑一个为数十人的大师级"盗火者"阵容是很难了,那就改变方案吧!改成一个老、中、青三代"盗火者"的阵容吧,这个方案也有这个方案的好处,因为文丛的序言毕竟说过,在20世纪的中国,引进外国优秀文化的通道上,盗火者是络绎不绝的,形成了"前者呼,后者应,行者不绝于途"的兴旺景观,这种景观也正是学术文化发展的自然之态、必然之态、合理之态。人类社会中的学术文化,总会不断继承,不断更新,不断充实,不断丰富的,要知道,地球缺了谁都会照样转。老、中、青三代相结合的方案，也许多少反映出了这种学术真理，不妨一试。于是，按此办理，又添加了几个盗火者继承者，添人凑数并不难，关键是要保持添加者的水平与质地。

首先补充进行列的必须是真正意义上的盗火者，按我的理解，盗火者并不是一般的翻译家，学外文出身、从事翻译工作的实在是太多了，他们已经有了一个光荣的归属称号：翻译家。这些翻译家大多数是心无旁骛，专心致力于翻译，对精神理论与学术文化的课题很少用心用力，而盗火者则不仅仅是翻译家，而且也是学者、研究家，往往涉及比较广泛的思想精神领域与学术文化领域，因而也有比较广泛甚至深远的思想精神影响与学术文化影响。不仅如此，他们还应是写作家，他们不同文学体裁的写作成果（或诗歌，或散文，或小说，或戏剧）也有广大的读者受众。这是就身份与素质而言。其次，就业绩标准而言，要进入盗火者行列的必须是在学术文化领域里创造了比较丰硕的业绩者，在文化学术领域里已经有了大体量、重分量、较高水平的劳绩与建树。

为了明确地体现这两个方面的入选标准，每一位"盗火者"必须提供出一篇学术研究论文代表作，以示其学术水平，还必须提供出一份著译成果出版的详细书目，以示其业绩的分量。人人如此，没有例外，在标准面前，老、中、青三代人人平等。

如果选入"盗火者文丛"的补充者，不具备这以上两大方面的基本条件，那就是滥竽充数，就是对于那几位盗火者先贤的损侮，我是决不能这么干的。所幸在这个问题上，我是特别慎重，因此，入选的几位中年学者专家，都是名副其实的盗火者，都具有翻译家、研究家、学者、写作者的多重身份，都在译介外国文化、研究论述外国文化以及写作与创作等方面有颇为可观的业绩与过硬的成果，其中，萧乾与绿原都是有声望的名家，再年轻一点的高莽与蓝英年，在引进外国文化的工作中，也都做出了卓越成就。

剩下来还有一个算是最年轻、资格最嫩的候补者，在入不入选这个人物的问题上，我可没有少费时间，没有少费脑筋，反复斟酌了很久，也做了多方面的衡量比较，思想上也有不少纠结与顾虑。从这人的可取方面来说，以其在学术文化的多方面作为而言：如在外国优秀文化的译介上，在外国文学史的系统研究与论述上，在理论批评上的重大突破方面以及在思想见解与独特文笔兼具的散文随笔上，都有令人瞩目的作为，且量与质都上了档次。总之，以其业绩的总体量与从质量而言，的确还算得上是一个盗火者，不愧为盗火者先贤的学生，也不愧为盗火者先贤们的一个令人瞩目的后继者。既然无产阶级老革命家都有"举贤不避亲"的名言，那么既然是严格按照统一标准而达到了标杆，也就不妨当仁不让了。如果仅仅是为了避嫌，而"妄自菲薄"，自我逐放，那倒反而是不自然的了，反而是扭捏作态，矫情不自然的了。入选的理由倒也不少。不宜选入的方面也不能小视，那就颇有一点"冒天下之大不违"，颇有一些违反了士林清高气节的传统，不过好在我从来就没有穿过清高气节的鞋，那就索性光着脚走我自己的路吧。虽然我自列于盗火者行列而问心无愧，但现在看来，这件事似乎仍不免成为清高人士茶余饭后的谈资。

7. 关于"全球诺贝尔获奖者传记大系"

宁瑛：你主编的丛书中有一些是跨学科、跨语种的，比如"全球诺贝尔获奖者传记大系"收入的获奖者既有你熟悉的作家，也有文学奖之外的政治家、社会活动家，那么在选择入围的人选和邀请传记的撰稿人时是否需要主编者具有更广泛、深厚的学识素养和与之相关的人脉关系？再比如"世界心理小说名著选""外国文学名家精选书系"等内容都涵盖了英、法、德、俄、西以及东方各大语种，需要选编者对世界文学有精准的了解和认识。这些年来市场上也有不少动辄数十卷的"名著""书系"选本陈列在书店里，但往往大同小异。你主编的这些有什么特色？为什么出版社往往希望与你合作？你在完成这样巨大工程时，为了保证书系的质量，身为主编做了哪些工作？当前出版的赏析类书籍不少，在帮助读者理解作品上起到了一定作用，但大多是就某一作家的某篇作品而言的。你撰写评论的《世界最佳情态小说欣赏》《世界最佳性态小说欣赏》《世界最佳世态小说欣赏》（最后这本我没见到，不知道是否出版）涉及世界各国文学的近百篇作品，你是如何概括出情态、性态和世态这几个特点的？为什么做此选题？

柳鸣九：处座问的问题很在行，跨学科跨语种的编选工作，的确会碰到处座所说的问题，可见您对这一类编选工作是相当熟悉的，是有经验的。

综上所述，我的编选工作，最初是从法国文学开始的，至少其中有两大工程，完全是法国文学的。而"西方文艺思潮论丛"等几个项目的内容，也大部分与法国文学有关。我做法国文学的主编与编选项目，不会使人有任何质疑。因为我自己就是法国文学的——且不妨说"专家"吧。而且这些大工程的成功与影响给我带来了编书的良好声誉，于是，后来国内很多重要的跨国别、跨语种的编选工作都找到我头上来，邀请我当主编。我当时就知道这很容易引起质疑、挑战、不服气以及侧目而视。很坦率地说我觉得所有这些质疑、不服气与不以为然，是颇有几分道理的，因为我的学识远远没有那么广，我掌握的语言，远远没有那么多。但我还是走马上任了，因为这不是我要不要的问题，而是出版社推出了一套书往往只列上一位主编名，甚至双主编也很罕见，而之所以他们往往总是选上了我，我想原因大概有这么三个，一是我在法国文学领域里，毕竟编选出了或者主编了几套很有名的书，口碑良好。在出版社眼里，也许我算得上是一个可靠的编书匠。第二个原因是，我沾了法国文学研究工作这个行当的光，众所周知，法国文学在世界文学中，一直居有举足轻重的地位，而且，早从17世纪开始一直到20世纪，法国文学既是世界文学的中心，也是世界文学的"根据地"，几乎所有的思潮、流派全都起源于法国，由此影响到全世界的。如：17世纪的古典主义，18世纪的启蒙主义，19世纪的浪漫主义与现实主义以及自然主义，还有后来19世纪末、以至20世纪的象征主义，超现实主义，存在主义，荒诞派戏剧，"新小说"派以及新寓言派等。法国文学既然是一个辐射中心，因此，出版社的跨国别、跨语种的外国文学编选项目往往都是找法国文学的专家来主持的，早在我的编书生涯之前，外国文学研究所的一个著名的跨国别、跨语种编书项目《外国文学作家大辞典》，就是由我的师弟张英伦主持的，他本人就是一位出色的法国文学研究者。因此，我还得着重说一遍，我受聘主编了这么多跨国别、跨语种的外国文学项目,绝非由于我的学识有那么广博,而主要是我沾了法国文学的光,在这一点上,我只好请整个外国文学领域中与本单位中其他国别语种的兄弟姐妹们谅解和包涵了。

第三个原因,容许我实事求是地、不客气地说,那就是由于我一旦主持其事,我的确是认真负责的,总要编出自己的特色,总要注入若干思想观点、学术文化见解、赋予一定的学术含金量,并在规格、内涵以及形式上体现一定的特色,对自己要求严格一些,而对于我的合作者,则是尊重一些。对自己要求严格,除了要负责地制定全套书的规模、篇幅、各种标准与有关的规格,还要为整套书提供一篇有分量的学术性总序以外,我往往要先行一步,就法国部分提供一个规范性的选本,以及选本的分序,提供给各国别的编选者,作为"范例"与"参考",法国部分,从来都由我自己亲自操刀,几乎从来不用助手,法国部分以外的其他部分,我则都请学有专长、卓有声誉的该国文学专家学者担任全权编选者,如:俄国文学的钱善行、王守仁,美国文学的刘象愚、钱满素,德国文学的韩耀成,拉美文学的陈众议,日本文学的高慧勤,意大利文学的吕同六,英国文学的朱虹,印度文学的倪培耕等。对这些合作的学者专家,我是主张正式署名为"分卷主编"的,但出版社的责编喜欢避繁从简,往往一套书,只署上一个主编了事。显而易见,在这一点上,我又沾了外国文学领域中其他兄弟姐妹的光,有他们负责该国别的编选工作,有他们的分劳,我这个主编当起来就轻松多了。我深知这个好歹。对于这些合作者,我除了充分尊重他们在各自部分的发言权、决定权外,那就是在经济上严格划分界线,在合同中,编选者有编选者明确的稿费标准,主编有主编的标准,译者有译者的标准,泾渭分明,各不相干,最后由出版社直接向他们本人支付,我个人从不经手任何一个人的稿费,更不统收分发,我觉得这种事涉及"清廉"问题,如果稍有不清,那就成为封建性的工头了,那是极不光彩的。

在我所做的跨国别、跨语种的项目中,也有的是完全由我一己之力完成的。如处座所指出的《世界最佳情态小说欣赏》和《世界最佳性态小说欣赏》,但这两本书与其说是编选,不如说是成系列的鉴赏随笔与读书札记,基本上还算是对人性各种形态的系列评论,只不过是配上了所评的原作,由于所选的都是世界文学中的佳品名篇,也由于我对每一篇作品的每一篇评论力求有若干思想亮点与行云流水般的文笔。而曾在广大读者中引起热烈的兴趣与关注,可惜第三册《世界最佳世态小说欣赏》我未能完成,这是我业务工作中的一个遗憾,看来这个遗憾此生是难以弥补了。

对话者论著与翻译成果书影

关于散文随笔写作的理念与实践

对话者江胜信:《文汇报》首席记者

对话时间:2017年2月10日

江胜信

一

江胜信: 2015年,海天出版社推出的15卷《柳鸣九文集》中,文化散文随笔为第10至第12卷,体量大约是20%。您曾将您在法国文学史和文学理论批评方面的作为称作"主课作业",将翻译称作"副业",而将散文随笔的创作称作"客串"。既然是"客串",那就是职业之外的兴之所致。这到底是怎样的一种兴致和不吐不快的冲动,使您在繁忙的"主业""副业"之外,另外诉诸一套笔墨?而您的专业背景,又会在散文随笔创作中留下哪些印记和特点?

友人对话录

柳鸣九： 足下这个问题，实际上直接关系到我散文写作的来龙去脉，以及我所谓的"散文生涯"何以出现。我的散文随笔情结由来已久，始于中学时代，但我第一篇正式散文随笔作品，却迟至1981年，我快五十岁的时候才产生，地点是在巴黎北站一套公寓的幽暗书房里，那是清朝名将左宗棠后代左景权先生的寓所。

中学时代，我的散文知识与散文"修养"，不外是来自课内与课外两个方面，似乎课外较为主要。其中，古代散文嘛，基本上就来自一部《古文观止》；现当代的散文知识，则来自于课外阅读，而课外阅读中的一个很重要的方式，就是跑书店，看"站书"，每次在书店里一泡一站就是一两个钟头，自由地从书架上取书进行阅读。经常这么跑书店，看"站书"，"五四"以后新文学作家作品我就这样零零碎碎、片片断断浏览阅读了不少，以小说与散文作品为主。在散文方面，虽然我读过的作家不少，但很多都像过眼烟云一样，没有在自己的脑海里留下很深的印象，而真正在脑海中留下了记忆、真正使我心仪的，基本上有三篇：一是徐志摩的《我所知道的康桥》，二是俞平伯的《桨声灯影里的秦淮河》，三是朱自清的《荷塘月色》。我对这三个名篇，简直是有点膜拜，心想，要是我能写出这种文章那该多好。这三篇散文名作有一个共同点，那就是写景抒情写得颇具诗情画意。但我这小小的散文爱好，连一颗小蓓蕾也没有结出来，而且，写景抒情，恰好是我后来散文写作中的弱项，显而易见，我于此无才。

这点可怜的散文情结，在中学时倒也露过一次头，那是我在初二的时候，自己办了一个油印刊物《劲草》，除了硬拽着同班的一个黄姓同学参与其事之外，其他几乎所有的事都是我自己包圆，发刊词、小散文、小故事、小报导，绝大部分稿子都是出自我一人手笔，内容基本上则是诌出来的、挤出来的、依样画葫芦式的，竟然也出了两期。当然，这两期"了不起"的油印刊物，即使只在周围的同学中，也没有引起什么反响，就像两个肥皂泡沫在空气中飘浮了几秒钟后，就完全破灭了，这就是我的散文情结最初的一次充分表演，幼稚而可笑。

在大学，我这点散文情结是一条隐而未露的伏线，没有什么发展，因为，我念的是西语系，我的时间和精力要用在学外文、背单词，应付北大西语系科班教育所设置的许多门繁重的功课，但在这个过程中，这一个情结却得到了不同方面丰富养汁的滋润，比如说：王瑶的中国现代文学史课，大大开拓了我对五四后散文随笔的见识，杨伯峻的汉语写作课，则多少给我们提供了写作的实践经验，更为重要的恐怕还是通过法文精读课和泛读课，读了不少法国的名篇，其中就有卢梭《忏悔录》中的写景抒情的篇章，左拉激昂慷慨的政论性的散文名篇《我控诉》等，扩大了散文视野，也提高了散文品味，而且我还在课外自己去"结识"了一两位可以说是散文大家吧，一位是都德。我大概大学二三年级就开始翻译都德的《磨坊文札》及其他短篇，《磨坊文札》被视为短篇小说故事集，其实在很大程度上，那是一本散文集，或者可说是有一点故事性的散文集，它风格素净淡雅，题材平淡自然，有那么一点诗意，有那么一层忧郁的色彩，内蕴的感情倒相当浓郁，不时满溢而出，语言则明净如水，但语态语调又不乏些微幽默的意味。它不愧是都德的成名作，最早作为一块重要基石奠定了这个普罗旺斯人在法国文学史上的地位。后来居上，这书在我心目中，自然比我原来心中的那"老三篇"影响要大。如果说，都德对我的散文写作有什么启示的话，那就是，写散文不怕题材平淡，就怕没有自己独特的观察与感受，就怕没有情趣，就怕没有那么一点精髓性的感情，就像一碗清汤里没有一丁点味精。另外，我还"结识"了文学巨人雨果，那是因为我写论文需要参阅雨果的文艺理论，我与雨果的大文《〈克伦威尔〉序》结了缘，这篇洋洋洒洒四五万字的大文，既是文艺批评史上吹响了向古典主义宣战的号角，是当时整个浪漫派在文学创作上的理论纲领，也是一篇气势宏伟，语言形象生动，色彩绚丽的散文宏篇，我不仅是它的读者，而且是这篇序言的译者，不可能不受它的影响。有的评论家认为，我的评论"有气势"，"有斐然文采"，这是我从雨果的美文评论偷学来的一点皮毛。如果说都德教会了我如何处理平淡题材的"窍门"，如何把平淡无奇的题材写得有那么一点味道、有那么一点情趣（如我后来的《小蛮女记趣》《忆小霸王》等文），那么雨果的华章则给我提供了理论批评与散文化文笔结合的典范，使我感悟到评论文章还可以这么写呀，这使我后来有的文章既可以说是学术性的作家作品评论，也可算得上是具有一定文采的散文篇章，是还有点意思的演说词散文；既是学术场合中的应景表态，也是不落俗套的用心文字，如：《在首都文化界纪念雨果诞生200周年大会上的开幕词》《在〈柳鸣九文集〉（15卷）北京首发式及座谈会上的答辞》。此外，外国理论批评文章中的活泼生动的文笔，形象的比喻，生动的语言，新颖的结构，不正不负的语调语态与外国散文名篇中的幽默情趣，俏皮口吻，都是我心仪的"玩意儿"，都是我有意识想学的"手艺"。所有这些，我有时候把它用在我的科研成果正式论文中，有时用在我的书评、影评、鉴赏短文以及译序里面，有些篇章既可以说是科研成果、评论文章，也未尝不可以说是散文式的杂记与笔记感言，有的既是大套严肃文化丛书的学术性序言，也是思想凝练，文辞讲究的散文随笔，如《诺贝尔奖获得者传记丛书》总序、"盗火者文丛"总序等。因此，研究工作与我的散文兴趣，学术理论文章与散文随笔，有所结合，互相渗透的现象，在我身上是早已有之了，远在我将近五十岁第一次正式写散文以前就有了。

学外国语言文学、搞外国语言文学的人有一个好处，那就是多一双眼睛，可以看外国的名篇，多一扇窗户，可以看外边的散文风光，当然也就多一份渠道，吸取外来文化的乳汁与营养，因此，从大学时候起，虽然北大西语系是把我当作一个法国文学的研究者来培养的，而丝毫没有把我当作散文写作者来培养的意思，但是，这个过程势必对我有强大的"潜移默化"的影响，对我后来被称为"散文家"起了辅助的作用，甚至是起了打基础的作用。这就是我散文写作的学养背景，是足下所问及的"专业背景"。足下还提及，我曾把文学史和文艺理论批评称为我的"主课作业"，翻译称为我的"副业"，而将散文写作称为"客串"。说实话，我这不是就学养、知识结构与兴趣而言，而是就职业与"饭碗"而言。就学养与兴趣而言，这几个方面都是相关的、互相渗透的，甚至可以说是互相打通的，对我来说，就好像是大米、黄豆、红豆、绿豆、黑豆、芸豆一锅煮的稀粥，而就工作岗位、职业要求与工作规范而言，则有主业、副业、客串之别了。就像有"饭碗""汤皿""小碟"之分一样。

关于我的工作岗位与职业，对散文随笔写作的作用、影响，这里且补充说明一下：我大学毕业后，先分配做翻译与编辑，后又被调去搞文艺理论批评，再后又被调去做文学史研究，工作内容虽有差异，但大同小异，基本上都是学术研究与理论研究工作，而在中国社会科学院，对研究人员的职业规范与工作表现考核的依据，主要是看理论学术性的研究成果的质量与数量，因此，只有学术理论性的成果在评职称中才管用，什么文学翻译作品啦，编选工作成果啦，一概都不算数。作为研究人员，要在学术阶梯上往上爬，就得不断地拿出学术理论性的成果来。我就是这么服从"饭碗"要求的，别说是从没想到过要去写散文，即使是文学翻译我也很少去搞。虽然有些小渗透、小打通、小融汇，但毕竟不是越界，这就是为什么直到将近五十岁，我才明目张胆写起散文来的原因。而这，还是来自一次特殊的机遇，那就是1981年我第一次出国作学术访问，也就是说，我的散文写作完全是从学术考察中脱颖而出的。这不仅是客观的事实，而且也在一定的程度上决定了我主要一部分散文写作的特点。因为这是我散文生涯的开端，所以请让我稍加叙述。

1981年，我这个以法国文学研究为职的专业工作者，被圈在国内30年之后，总算得以第一次到了法国做学术访问，这时的我在国内已经历过一点学术沧桑：曾对"日丹诺夫论断"三箭齐发，也曾大声疾呼《给萨特以历史地位》，当然也挨过批。那次到法国，我得到了法国外交部文化司高规格的接待与礼遇，他们愿意为我安排与法国文化界一些著名人士的会见。我来法国，本来就有为我的"二十世纪法国文学研究资料丛刊"收集资料的计划，预想的方式主要是泡图书馆，没有想到能得到这样一个以活生生的文化人物为"调研"采访对象的机会，真有点喜出望外。由此，在法国外交部文化司的大力帮助下，我见到了西蒙娜·德·波伏瓦、罗伯格里耶、米歇尔·布托、娜塔丽·萨洛特、玛格丽特·尤瑟纳尔、皮埃尔·加斯卡尔、皮埃尔·瑟盖斯、弗朗索瓦·莫里亚克等相当一批法国文化界的名家大师。每次会见无一例外的都是实质性的学术文化谈话，无一只是纯粹礼节性的拜访。能直接听取他们学术性的谈话，不仅增加了我对当代法国文学认识的理解和感受，在真正的意义上达到了为法国文学研究收集资料的目的，而且见到了当代法国文学舞台上一个个活生生的名士，每一次见面都是一段文学旅行中难忘的经历，是一次对"这一个"的摄像经验，对"这一个"近距离的细致观察与亲切感受。对写作而言，是一大堆独家"素材"；对于研究工作来说，是一笔宝贵的"资源"；对精神历程来说，是一大笔财富……

显然，所有这些收获，用处是"应有尽有"，究竟如何用呢？如果只是用于写学术性的论文，写评论文章或者把对话中的学术文化内容整理为纯学术性的对话记录，那么很多鲜活的内容全都舍弃掉了，我该写出什么样的东西呢？具有什么形式呢？这是我一开始就碰到的问题。

经过一番考虑，我首先决定一定要把实质性的学术文化对话，学术性的、理论性的内容保留，而这些"硬货"，都是干巴巴的，对研究工作来说都是正式的文学资料、至关重要的思想材料，把它们整理出来，用一定的形式呈现出来，正是我这次学术访问的工作内容，是研究者的职责，这关系到我对这次学术访问应该提交学术考察报告、关系到我的"饭碗"规范。因此，这一个方面的内容，是千万不可丢舍的，哪怕是一小部分。而另一方面的内容也极为宝贵，那就是我所获得的那些"鲜活的东西"：过程、经历、对方所给予的印象、自己的感受、自己的观察、对交谈者外在形象的观察与内在性格的观察，自己的体验、自己的分析以及心理活动等。在我看来，这一部分的宝贵程度实不下于前者，至少获取这些鲜活的东西，要比获取思想材料、文学资料在机遇上更为难得，当然也不可丢舍，记叙它们意味着，把这个特定的空间、这个特定的时间、这个特定的历史一瞬，用文字的形式留存下来，有如普鲁斯特把小玛德莱娜蛋糕的味道保存到久远。

于是，我本着这样"双重视"的理解，怀着这样"双追求"的目标，开始写出了第一篇《与萨特、西蒙娜·德·波伏瓦在一起的时候》，这第一篇自然就成为"双组合"式的玩意，它既有扎扎实实的、干干巴巴的学术理论内容，又有生动的、形象的、感性的成分与散文随笔的外型结构与散文文笔，我由来已久的散文情结，总算在我的一篇专业性的学术访问报告中释放出来了。第一篇作品的这种特点，决定了我第一本散文集《巴黎对话录》的面貌与格调，而我第一本散文作品给读者的第一印象，自然就会给读者造成了对我作为散文作者的先入之见。此乃后话。

这第一篇很快就在《读书》杂志发表了，由于这篇东西有实实在在的文化学术内容，有对两个世界级大作家的第一手资料，也有对一个色彩丰富的访谈对象的形象描绘，以及我个人的印象、感受、体验，以至我在萨特问题上的沧桑感，其内涵的丰富与价值的重要是显而易见的。在《读书》杂志上发表后，很快引起广泛的注意，颇有点影响。见势头不错，我接着将陆续写出来的类似玩意儿，如《"于格洛采地"上的"加尔文"》等，以"巴黎鳞爪"的栏目发表在《读书》上，这就逐渐形成了我的第一本散文集《巴黎对话录》。此书出版后，获得一些好评，曾荣幸地被钱锺书、杨绛两位前辈大家称赞为"玉片与珠粒"。后又再版重印多次，每次再版，出版社就改一个书名，有《巴黎名士印象记》与《我所见到的法兰西文学大师》等。

稍后，我又得到了第二次访法的机会，由此，又产生了一本与《巴黎对话录》相似的小书《米拉波桥下的流水》。此外，在两次访法后，我还写了一些关于巴黎名胜古迹的文章，其中多篇是对卢浮宫与罗丹雕塑博物馆中各历史时期、各种类型艺术品周详而仔细的"观赏报告"，同时也把我个人的印象、感受、鉴评与思考也写进去了；有的文章则是写巴黎圣母院等历史古迹的，将实地景观、文史探究、历史回溯与个人刻骨铭心的感慨熔于一炉，等等，后结集为《巴黎散记》出版。

这三个关于巴黎的文集，在散文的表现形式中，都力求蕴含尽可能多的历史文化内涵与个人真挚的感受与不失独特性的文化识见，跟浮光掠影和走马看花式的游记散文颇有不同，初步造就了我作为散文写作者或散文作家的名声。这三个集子都有一个共同的特点，那就是上述的"双组合"的产物，即干涩的学术内容与生动的印象、形象的描绘、特定的感受相结合。这两种成分从性质来说，是格格不入的，要将它们融于一体，要结合得好，殊为不易，于是，这三个集子和常见的散文相比多少就显得有点另类，它们携带的历史文化、专业见解的"行李"多了一些，和那些文笔如行云流水、风致如花样滑冰、形象丰富如在山阴道上应接不暇的散文经典篇章相比就相形见绌了，偏偏它们的体量摆在那里，而质地则有自己的特色与所长，不是凡写家写手都能写出来的，这就难免要在散文领域中挤出了一席之地，无以名之，且称之为"学者散文"吧，毕竟是个学者写的嘛！毕竟还蕴含着一定的历史识见与人文学养嘛！我想，这也许就是我的散文被称为"学者散文"最初的根由吧。

从我散文写作的开端来看，显而易见，它与我的专业背景、文化学养，甚至职业特征都是密切分不开的，和足下所问的"主业"与"副业"的关系这个问题也是分不开的：既是在我的散文形式上，也是我作为研究工作者与散文写作者互相渗透的，几乎是合二为一的，是一种自然而然发展的结果，水到渠成的结果，并非出于一种特别的冲动、意图与策划。说实话，我得以有一个散文写作者甚至是散文家的名声，实在是我自己原来也没有想到的。

二

江胜信：在《柳鸣九文集》之后，您还做了几件事情，比如主编"本色文丛"第四、五辑，比如主编了"思想者自述文丛"，并亲自撰写了八册中的一册《回顾自省录》，比如结集出版了《后甲子余墨》……这些应该都属散文随笔的范畴，您曾谓之的"客串"如今大有跃居"主业"的势头，是您的工作重心有了新的调整吗？您如何理解年龄变化与散文随笔创作的关系？

柳鸣九：你所问的这个问题的核心是：散文写作本是我的"客串"，何以跃居为我的主业，是否我工作的重点做了调整？对于这个问题，我不得不从我退休谈起。

关于散文随笔写作的理念与实践

我法定的退休年限是1994年，当我没有退休的时候，我分内的工作是法国文学研究，我当时不仅是研究室的主任，而且还是法国文学研究会的会长。学科本身的广阔无垠，要求我全力以赴，在我退休之前，我除了写出了三个巴黎题材的散文集外，基本上就没"客串"过什么散文写作了，这三个巴黎题材的散文集可以说是我的专业研究工作与散文写作的结合，作为"双组合"性的产品，相当大的程度上还算是科研成果呢。在退休之后，我的一些业务项目，仍然是以法国文学为主。要知道，直到2002年，我还主要以一己之力筹备了规模堪称豪华、规格堪称高端、学术内容扎实充足、专业水平达到高标准的"首都文化界纪念雨果诞辰200周年学术讨论会"，也就是说，一直到2002年，我还是专心做自己主业，而这次大会，我既把它做成了一次学术活动的"精品"，最后，我又加上一笔，把它变成我从法国文学研究会会长一职退下来的谢幕典礼，从此，我绝不过问法国文学研究会的事务。而且，我还觉得搞了一辈子法国文学研究，已经完成了自己的历史性任务，老是从事一个行当，多多少少有点审美疲劳，是到了换一个活法的时候了，可以去干一点别的事。这倒不是因为我不务正业，放弃主课，我也是按领导的希望去做的嘛。我记得很清楚，当我还差那么个把月才到退休年龄的时候，本单位人事干部就已经给我办好了退休手续，而正是这个时候，又有了一个新的规定，有资格的研究员一到六十岁，就不担任博士生导师，而当不上博导，就无资格得到研究工作的续聘，你的学术生涯就被正式地、法定地宣布结束了。既然有这样一系列的安排，我当然只能按照安排办事。

但事实上，我一退休回家，就门庭若市起来，虽然，我门口老挂着一个纸牌，"年老有病，谢绝来访"，但编辑部、出版社偏偏纷纷来访，约稿约书，求文求译。我可以听命回家了，但我没法听命什么事情也不干，于是写书，译书，编书，写散文，做评论……爱干什么就干什么，能干什么就干什么，一切都照干不误，这么下来，我相当大一部分重要的论著、翻译作品、大型主编项目都是在我退休之后完成或出版的。特别是在退休之后，在我的生活中，才完全开始了散文生涯，仅成集出版的就有《兄弟我》、《山上山下》、《"翰林院"

内外》第一、二辑、《父亲 儿子 孙女》、《名士风流》、《且说这根芦苇》以及后来的《后甲子余墨》《回顾自省录》等。至于外国散文的各种选本,以及大型主编项目则有多种。此外,在不同出版社诚邀力约,而我则在固辞难却的情况下,又担任两个大型文丛的主编,其中就有足下所提及的"本色文丛"。于是,在散文方面,我不仅有散文写作,而且有散文实践与"散文活动",除了散文大家出席的座谈会、典礼、仪式外,我的散文活动主要是通讯、打交道、约稿、组稿、碰钉子,等等,真正算得上是有了自己的"散文生涯"。我的散文生涯开始成气候,不是始于足下所说的 2015 年《柳鸣九文集》出版之后,而正是出现在上个世纪 90 年代中我退休之后。回过头来看,我还真应该感谢本单位组织上、领导上有的同志对我的格外关切,及时地周到地安排了我的退休,使我大大地得到了解脱,特别是从各种各样的会议中解脱了出来,使我得以有时间、有精力、有闲情逸致去经营我的"散文季节"。

我的散文季节的内容,主要是写,有所感才写,有所思才写,有所忆才写,有所痛才写,不再有写"学术考察报告"时的这种那种制约,无需携带那些"学术行李""思想观点行李""学识见解行李",而是跟着感情走,跟着思绪走,跟着感觉走,人轻松些了,笔轻灵些了,开始有了真正散文的名堂,有些篇章自己还甚感满意,客观评论也很好,如《兄弟我》《父亲的故事》《小蛮女记趣》《忆小霸王》《蓝调卞之琳》等。由此总算开辟出了"自我存在"的一个新方面,多少有了一些新价值,"浪得虚名",得到了一个"散文家"的虚名,也许还有所有一切方面的"虚名"。

总之,就我的情况来说,我的散文季节与我年龄的增长并无关系,在某种意义上只是际遇变化的结果,只是本单位管事者对我格外关心而意外得到的结果。

三

江胜信:我此前曾采访过国际安徒生奖得主曹文轩,我对他在文艺批评和小说创作两套笔墨之间随意切换的创作状态甚是好奇。他对此的回应是:在美国、英国、法国等国，学者和作家是不分家的，比如艾略特是现代诗歌鼻祖，同时是理论家，萨特是存在主义大师，同时还创作长篇小说；在中国的历史上，本来也是如此的，他又以鲁迅、沈从文、废名、朱自清等来举例。所以，曹文轩认为，学者和作家是不需要分家的。可您近些年力挺"学者散文"，又把纯粹作家写的散文归为"艺术散文"，给人以在学者、作家之间划分界限的感觉。您如何看待他们身份的异同与创作特点的异同？

柳鸣九： 王蒙先生说过，一个作家应该多几套笔墨，足下所采访的这位对象，能在文艺理论批评与小说创作两套笔墨之间随意切换，这说明他很有能耐。他说在西方各文学大国，学者和作家是不分家的，在中国历史上也是如此，他讲得很对。他所举出的这些人物艾略特、萨特、鲁迅、沈从文等这些例子都是大家，在某种意义上都是范例，他们都是不止一套笔墨、不仅具有一种身份，他与足下这些意见，我都很赞同，也很欣赏。其实，这种作者兼学者的人物，在文化发达的国家里，不胜枚举，在中国也有，古代有不少，"五四"新文学运动后也有不少。

但是，你们应该看到作家与学者之所以"不需要分家"，其前提是学者的笔墨和作家的笔墨在一个人身上本来就是同时具备的，学者与作家两种身份在一个人身上本来就是统一的、同时并存的，而不是互相剥离的、而不是互相分开的、脱节的。两套笔墨、两种身份同时兼有、同时具备，这是一种上佳的境界，一种理想的境界。如果是统一的、结合的，是同时具备的，那么，谁吃饱了撑着没事干，要去把这两种身份分开呢？当然不需要。逻辑走到这一步，我与你们都是"同路人"，没有什么分歧。但是，接下来足下提出的问题，就比较尖锐了，言下之意是，我力挺学者散文，似有在学者与作家之间划界限之嫌。足下在《文汇报》担任首席记者，也就是《文汇报》的王牌记者，谢谢你曾经为我写过长篇的报道，我也看过你很多写著名文化人物的长篇报导，我很钦佩你的效率、敏锐与文笔，而从今天这个问题上，我则领教了足下提问题的犀利，对此，我也很钦佩，因为犀利的提问，几乎是大牌记者的标志，至少在国外是如此。既然我有幸碰到了名牌记者的犀利，那么，就请允许我面对犀利的问题坦诚地提出不同的意见,也就算针尖对麦芒吧。

先澄清一个简单的事实问题,我不过写了若干被称为"学者散文"的文字,受托当了"本色文丛"的"门房",为"学者散文"吆喝了几声,距离把学者与作家硬予分离、把学者散文与非学者散文对立起来,实在是相距十万八千里。文学市场上本来就有不同的产品,各种产品都有吆喝的权利,总不能说吆喝了其中的一种就否定了其他的产品,正像庙会上的冰糖葫芦并没有妨碍烤白薯,更不存在在不同的小贩中人为地划分界限,制造矛盾,引起对立。

接下来,让我们回到学者和作家无需分家其前提是作家与学者本来就没分家这个论点上来,这大概可以说是我们的共识吧,你认为这是一种理想的状况,我也认为是一种理想的状况。但是,正是从这里开始有了分歧,因为在你看来,或是你所访问的那位先生看来,在现在的写作者身上似乎不存在两套"笔墨"、两种身份、两种素质"不分离""不脱节"的状况,更不存在两者"不同时兼备""不同时具有"的状况。但在我看来,事实上是存在着的,就是说,我们经常看到的是作家只有一套笔墨,或者说,作家身上只具有一种身份,很多作家并不是学者,或者至少身上不具备学者的素质和身份。老朽孤陋寡闻,脱离实际,但有感这种不兼备、不同时具有的情况似乎是相当多的。看到这一点,承认这一点,不是一件了不起的事,这不是妄自菲薄,也不是吹毛求疵,而是合理地找差距。这种情况之所以存在,在中国是很自然的、情有可原的,中国是一个国民普遍文化水平不高的国家,基础教育还不够普及、不够完善的国家,在此条件下,比如说,一个从山沟里面出来的青年人或小女子,有刘三姐出口成歌的天份,他(她)走出了山沟,到了适当的环境,抄起笔杆当刀枪,完全有可能成为一个文艺战士,但他(她)很难也成为一个学养充沛、学识底蕴厚实的作家,因为他(她)此前并没有机会得到完善的教育。像这种方式成长起来的作家,在中国恐怕有一批吧,他们也许已经成为了小说家,也许已经成为了散文家,也许已经成为了诗人,成为了中国作家协会的会员。而在西方国家国民普遍文化水平较高、教育相对更完善,作家本人往往就是学者，或者是学识学养很丰厚的人。指出这两种实际情况，指出这种差异，只有好处，没有任何坏处，至少这是一种唯物主义的态度。

这里，我要强调一句，在中国的条件下，如果要求作家都成为学者，那肯定是一种近乎荒唐的想法，但是，如果认为作家也应具有学识和学养，那就是理所当然、天经地义的事情了；如果由于成长道路的不同，作家没有同时成为富有学养的人，是完全自然的、可以理解的，但如果把正视这种客观情况视为不当之举，那就肯定是走入误区了。总而言之，不是"不需要分家"，而是本来就是分了家的，至少，分家的例子已经不少了。说说"学者散文"，更不是在划楚河汉界，只是指出客观存在的实际情况，以有助于学者散文得到一定的空间，学者散文的创作生态的更为完善。是的，近几年，我的确是在力挺"学者散文"，"学者散文"是由来已久的客观存在，不是我生造出来的新品种、新概念，更不是我扯出来的一面新的旗子标新立异的，总之，不是什么了不起的新鲜事，挺一挺它，不仅不是一件不当之举，而且是一件应该做的事有利于散文生态的事，跟划楚河汉界、近乎制造分裂的事，根本就"不搭界"。我是一个学者，我的职责在于说明问题，讲清楚理由，我哪里有在人与人之间划分界限的水平与能力呢？更不会有此妄图与胆子。如何划分人、如何将人分门别类、如何排队、如何组织，如何区别对待等，这是组织家、实践家的事情，我决不会糊涂到去做越位越权的傻事。

我还要强调一点，我力挺"学者散文"，也没有抬高任何一种、或贬低另一种的意图，我说一说、挺一挺"学者散文"，难道就贬低了"学者散文"之外的那些非"学者散文"吗？我把"学者散文"之外的非"学者散文"称为"艺术散文"，即使没有做到作出最精准的定义，但对它的承认、尊重、赞赏，甚至敬仰都是显而易见的。

至于足下所问到的，这两种散文的作者与他们的作品有何特点、有何异同，要很好地说清楚这个问题，是一件比较难的事，也是一件言多必失的事。简单来说，各有所长，各有所短，对不起，世界上没有绝对优异的物种，万物无一不有各自的遗憾，这里与其我来作比较，不如让我讲清楚，我所理解的

"学者散文"究竟为何物,我对它的理念是什么?我为什么要挺它。

从中外文学史最早的散文经典不难看出,散文写作最初的宗旨,就是认识、认知。这种散文只可能出自学者之手,只可能出自有学养的人之手。如果这是学者散文在写作者的主观条件方面所必有的特点,那么学者散文作为成品、作为产物,最根本的特点,存在形态是什么呢?简而言之,就是"言之有物",而不是言之无物。这个物就是值得表现的内容,而非不值得表现的内容,或者表现价值不大的内容,更不是那种不知愁滋味而强说愁的那种虚无性的内容。总之,这物该是实而不虚、真而不假、厚而不浅、力而不弱,是感受的结晶,是认知的精髓,是人生的积淀,是客观世界、历史过程、社会生活的至理。

既然我们把"言之有物"视为学者散文基本的存在形态,那就不能不对"言之有物"有更多一点的说明。特别应该说明的是,"言之有物"不是偏狭的概念,而是有广容性的概念;这里的"物",是指单一的具体事物或单一的具体事件,它绝非具体、偏狭、单一的,而是容量巨大、范围延伸的:

就客观现实而言,言之有物,这"物"既可以是现实生活内容,也可以是历史的真实;

就具体感受而言,言之有物,是言之有具象引发出来的实感,是渗透着主体个性的实感、是情境交融的实感、特定际遇中的实感、有丰富内涵的实感,有独特角度的实感,真切动人的实感,足以产生共鸣的实感;

就主体的情感反应而言,言之有物,是言之有真挚之情,哪怕是原始的生发之情,是朴素实在之情,而不是粉饰、装点、美化、拔高之情;

就主体的认知而言,言之有物,首先是所言、所关注的对象无限定、无疆界、无禁区,凡社会百业、人间万物,无一不可关注,无一不应关注,一切都在审视与表述的范围之内。这一点固然重要,更为重要的是,对关注与表述对象所持的认知依据与标准尺度,是符合客观实际的,是遵循科学方法的。更为重要的是,要有独特而合理的视角,要有认知的深度与广度,有证实的力度与相对的真理性，有耐久的磨损力，有持久的影响力。这种要求的确不低，因为言者是科学至上的学者，而不是以感情用事的人；

就感受认知的质量与水平而言，言之有物，是言之有真知灼见，独特见解，而非人云亦云、套话假话。言之有物，是要言出耐回味、有嚼头、有智慧灵光的一闪、有思想火光的一亮的"硬货"，是经久隽永的"硬货"；

就精神内涵而言，言之有物，要言之有正气、言之有大气、言之有底气、言之有骨气，总而言之，言之有精气神；

最后，言之有物，还要言得有章法、有文采、有情趣、有风度……谁让你是在写文章呢？文章，毕竟是要耐读的"千古事"！

以上就是我对"言之有物"的具体理解，也是我对学者散文存在实质、存在形态的理念。

我们所力挺的散文，是言之有物的散文，朴实自然的散文，真实贴切的散文，素面朝天的散文，真情实感的散文，本色人格的散文，思想隽永的散文，见识卓绝的散文。

我们之所以要力挺这样一种散文，并非为了标新立异，另立旗号，仅仅是因为在现实社会环境与氛围里，在遍地开花的散文中，艳丽的、娇美的、炫技的东西已经不少了；轻松的，欢快的，飘浮的东西已经不少了；完美的、空想的东西已经不少了；夸大的、提升的、拔高的东西已经够多了；粉饰的、加彩的东西亦不鲜见……"凡是存在的，必然是合理的"，请不要误会，我不是讲这些东西要不得。我完全尊重所有这些的存在权与某种必要性，我只是说"多了一点"。在我看来，这些东西少一点是无伤大雅的、是无损胜景的、是无碍热闹欢腾的。

在一个转型期的社会里，在五光十色、令人眼花缭乱的社会氛围里，在纷纭复杂的现实条件下，相对来说，我们更需要明智的认知与坚持的定力，而这种生活态度，这种人格力量，只可能来自真实、自然、朴素、扎实、真挚、诚意、见识、学养、隽永、深刻、力度、广博、卓绝、独特、知性、学识、正义感、是非感等这些精神素质，而这些精神素质，正是学者散文所心仪的乐于承载的。

四

江胜信：您主编"本色文丛",力推"学者散文"。以您的阅读经历、学术背景来考量,您偏爱"学者散文",这是很自然的事。但像您这样的学者毕竟是少数,而出版业是讲究市场和效益的,您如何估量"学者散文"的大众阅读基础?到底是您在呼唤"学者散文",还是这个社会需要呼唤"学者散文"?"学者散文"的生态应该是安静、寂寞的,还是热闹、拥趸者众?您能否介绍一下古今中外"学者散文"的社会影响力?您主编的"本色文丛"又有哪些社会回响?

柳鸣九："本色文丛"是我散文生涯中的一个重要内容,也算是我的一个"散文社会实践活动"吧,说我"主编本色文丛"并不精确,只能说是受委托为出版社张罗其事而已。事情的起始是这样的:前几年,素昧平生的深圳海天出版社的领导突然来寒舍,约请我为他们主编一套《世界散文八大家》。这很自然,这种书我过去就被邀主编过不止一部,没有想到的是,《世界散文八大家》即将完成之际,海天出版社又诚邀我为他们主编"本色文丛",以当代国内的著名文化人散文写作为内容。这是一个当代文学范畴的课题,是我过去从未涉足过的领域,他们找我来做这种事,唯一的依据大概是,我自己也写过一些散文随笔,而我之所以应下来,仅仅因为我有一些同行学者也写散文,要张罗出一两辑以答青睐厚爱之谊,并非难事。没有想到完成了第一辑八种书,就被出版社拽着不放了。海天的人文热情感人,为社会作有益文化积累的责任感令人钦佩,作为一个志在"为了一个人文书架"的学者,不与这种出版社合作更待何为?何况,海天对我一直厚爱有加,礼遇甚高,于是,也就一直张罗了下来。出于责任感,我深感不能辜负深圳海天的信任与厚望,虽然我不敢说有什么宏图与雄心,准备把"本色"做到何等程度,但以我一贯的思想方式,如此这般的自我要求还是有的:要干,那就要把事情干得像个样子,干得有点特色、干出一定的规模、干出一定的规格。如此而已。在海天的大力支持下，本着这种思想态度，几年下来，我倒也的确为"本色文丛"做到了这样几点：

第一，明确提出只以有作家文笔的学者与有学者底蕴的作家为组稿对象，以求弘扬知性散文、学识散文、哲思散文、文史散文、本色散文，从而使"本色文丛"具有了一定的特色与格调。

第二，明确采取了一种提倡学者散文的散文态度、散文立场。我以为，一个文化项目，一个刊物，一套文丛，有了自己的格调，自己的立场，就有了自己的灵魂，有了自己的个性。接下来就看做到什么样的规模，做到什么样的层次了。

谢谢上帝，"本色文丛"至今已经出版到五辑 40 种，应该说，成了一定的气候，这算是第三。

第四，坚持对组稿对象的高水平要求，诚邀加盟的均为国内散文领域中的大家名士、才俊雅人，每一辑八种，基本上形成了一次较高层次的散文雅聚。参加者是什么样的人，自然就带来什么样的文字、带来什么样的文气、文脉、文风、文品，甚至文种。这样，"本色文丛"也就成为了一道小小的风景线。

我想，一种崇尚知性、学识、学养、智慧、真挚、本色的文化项目，在当前现实环境中，其人文价值、存在意义，应该是不言而喻的吧。我不敢说这个项目做得令人非常满意，没有缺陷与瑕疵，但我敢说，我自己是尽力了，是问心无愧的。足下对"学者散文"一事发问，已经开了一个犀利的头，现在这个问题，更为尖锐，更带质疑性，如果我没理解错的话，言下似乎是这样一段潜台词："学者散文"这"玩意儿"似乎是某人偏爱出来的；它和市场效应相矛盾；也是不符合大众阅读基础的；而呼唤学者散文，亦并非出于社会的需要，而有点像是出自力挺者的冒尖动机与意图，甚至是违反学者散文固有的生态的，是某人在制造热闹，企图扮演一个振臂一呼而从者全的角色。而且，在这段发问中，足下对学者散文的影响力以及"本色文丛"的社会反应究意有多少，也表示了一定的质疑。

请允许我针尖对麦芒,坦陈我的意见,首先我要指出,学者散文是一种客观的存在,不仅在我们现实生活中存在,而是在文学史上早就存在了,它不是今人所推出来的新的文学品种,不是今人力挺出来的,不是今人召唤出来的。在中国,《左传》被认为是最早的一部散文文集,不管它的作者是左丘明也好,还是妄猜中的杜预、刘歆也罢,这三人无一不是学者,而且就是儒家学者,古代学者写的散文,总不能反对把它们列入"学者散文"之列吧。再看外国文学史,我们不要言必称希腊,且不谈柏拉图与亚里士多德,仅从近代文艺复兴的曙光开始照射这个世界的历史时期说起,以欧美散文几位"祖师爷"、开拓者,并实际上开创了一个辉煌的散文时代的几位大师为例,英国的培根、法国的蒙田以及美国的爱默生,无一不是纯粹而又纯粹的学者。说他们仅是"学者散文"的祖师爷是不够的,他们干脆就是近代整个散文的祖师爷。几乎世界上所有的散文作者都是在步他们的后尘,只是后来由于各种复杂的历史原因,到了我们的现实生活里,才有艺术散文与学者散文的不同支流与风格。而且我还要说明一点,"力挺"与"呼唤"这两个大字眼,似乎最早也不是我自己用在我身上的,"力挺"一词的来龙去脉,我说不清也记不清了,"呼唤"这个词发明权肯定不是我自己,2016年秋,我为"本色文丛"第四辑写了一篇较长的序,我的题目比较低调,叫《学者散文漫议》,到了文汇报手里,主编先生做了改动,给了它一个高调的标题《呼唤学者散文》,无形中把我拔高到振臂一呼的号召者地位,与我原来低调标题恰成鲜明的对照。因此,登高而呼的不是我,而恰巧是贵报,哈哈!

其次,阁下明确指出,出版业是讲究市场效应的,那么"本色文丛"这样的学者散文,是否有"大众阅读的基础"呢,这问题阁下提得倒很重要。

关于学者散文与市场效应的问题,请恕我直言。我个人对这个问题的倾向与足下这个问题所带有的倾向,似乎是有所不同的。我认为,在市场经济的社会现实条件下,不讲究市场规律和经济效益是不行的,但是恐怕也不能凡事都奉行市场效益主义与经济收益第一主义的原则,事实上,有不少事情是超越于市场效益主义之上的,随便举一个例子,你能要求每一次开会都要有经济收益吗？考古工程是否也要讲究经济效益呢？可见在我们社会市场效应主义之上，还有一个社会效益第一的原则，要知道有些事业、有些领域，是不能以经济效益第一为原则的，文化积累工程、教育事业、孔子学院等，所有这些事业是不可能、事实上也没有以经济效益为最高原则的，而且，恰巧是需要政府与社会做经济投入的。学者散文项目本来也符合这种性质，也应属于这个范畴，但海天出版社就靠自己的经济力量，支持了这样一个项目，不在乎经济效益，只求在人文价值上有所创造、有所添加，这正是他们可贵的人文精神，是他们作为出版家的远见卓识，值得赞赏、值得鼓掌喝彩。

"本色文丛"不是我柳某人创议办的，也不是我柳某人要求办下去的，而是海天出版社主动创建的，并一直坚持了下来，宁可赔一点本也要办下去，这正是他们不同凡俗之处。我是一个打工仔，经济亏损由出版社的领导扛着，无需我操心，更无需我负责。因此，经济效益问题，向我提出来，似乎有点像走错了门牌号。既然出版社领导已经把这个问题扛下来了，有识之士就不必为此杞人忧天了，就在旁边乐观其成好了。

与市场相关的还有一个问题，就是大众阅读基础的问题。很对不起！学者散文本来就不是给那些热衷于恶搞、媚俗艺术的人群看的；"本色文丛"压根儿就没想到过成为畅销书，足下讲了一句很精彩的话，学者散文的生态应该是安静的、寂寞的。这话讲到了我的心坎上，这正是"本色文丛"所要求于自己的状态。意想不到的是，这种安静寂寞的素质与状态，有时反倒受到格外的欢迎，甚至也能形成一定的热闹景象。"无心插柳柳成荫"。这里，不妨举出一个例子略加说明，孔夫子网从2016年陆陆续续发售"本色文丛"的作者签名本，至今已完成了十来位作者的签售工作，每人200册，往往几个小时，就销售一空，如果采取网络订购的方式，200本书往往仅在两三分钟之内就订购而光。这种现象，我作为"本色文丛"的"门房"，听到后深感欣慰，我觉得，这也算是中国当前文化中一个可喜的迹象，虽然还存在人文精神滑坡，物质功利主义泛滥的现象，一些有识之士对此纷纷摇头，一片叹息。但只要还有上述这种可喜的文化现象，还有些读者保持着这样一种读人文书的热情、收藏人文书的雅兴，那就是中国文化的希望，就是在物欲横流灾难之后的"文化火种"。

　　足下还向我提出一个问题：能否介绍一下中外古今散文的社会影响力？当然能，这种例子实在太多了，我想只需要指出几个显而易见的大例子就够了，众所周知，欧洲的人文主义文艺复兴时代是一个伟大的时代，而这个时代的出现，这个时代的内容如此充实，能离得开蒙田的学者散文？能离得开培根的学者散文？法国的18世纪启蒙时期，也是一个伟大的时期，这个时期对稍后法国历史社会的剧变意味着什么，我就用不着说了，而法国的这个启蒙时期、法国的这个伟大18世纪、基本上可以说就是散文世纪，特别是学者散文世纪，孟德斯鸠、伏尔泰、狄德罗、卢梭、等等，哪一个不是学者散文大家？至于在法国历史中形成的作家、学者、斗士三结合的精神传统中，雨果、左拉、法朗士、萨特，那些震撼世人、名垂青史的散文篇章，对时局的影响更无需我多说，只需点到为止。也许有人会问，这些人的文章能算散文吗？那么，不妨反问，这些人的文章不叫散文，叫什么？总不是诗歌、小说、戏剧吧？而且它们还不是《我所知道的康桥》《荷塘月色》式的散文，对它们即使不称作学者散文，至少也是"知性散文"吧？在物质功利主义张扬，人文精神滑坡，物欲横流的社会条件下，一个出版社要推出这么一个"本色文丛"，要坚持垦植这么一块人文园地，这是一种功德；一个报刊的主编把一篇低调的"漫议"之文，强化为一种"呼唤"或"召唤"，则是一种可贵的人文热情，都值得为之鼓掌，我作为一个打工仔，跟这事沾上了边，这是我的荣幸，谢谢足下的提问，给了我表这个态的机会。

五

　　江胜信：您如何定义散文这一体裁？散文和理论、评论的界限到底在哪里？比如我们说，有两类哲学家，一类是有自己庞大体系的，像康德、黑格尔，那么，他们的很多文章应该归属理论、评论，这应该没有什么异议，另一类是闪耀着碎片化哲思的，比如培根，他的《论真理》《论死亡》等，难道不是理论、评论么？您为什么要把它们归入"学者散文"？

柳鸣九：这个问题要回答起来，既有复杂费口舌的内容，也有可以大事化小，小事化了的一面，如何定义散文这种题材，就是文艺学中莫衷一是的一个问题、众说纷纭的一个问题，要彻底讲清楚，真还需要费一番口舌，即使是按我的意思讲清楚了，也不见得能得到所有文艺学家、散文专家、散文写作者、散文爱好者的一致同意。

但因为，涉及我对散文的理念，我还是得阐述一下。从语言形式来说，最大的一个分野，就是韵文与散文的分野，凡韵文以外的文字，均可称之为散文。这是常识常理型的理解，恐怕没有人会不同意，包括大家名士。这是最大化的散文概念。

谁都知道，语言的产生，特别是书面语言的产生，是人类原始状态发展到一定的阶段，因为社会的交往与社会的实践需要才产生的；而书面语言产生之后，它首先的功能也是服务于社会交往的需要，散文更接近生活，比韵文自然在生活中运用的也就更多，它的社会功能性也就比韵文更突出。人类社会最早实践活动的需要，不外就是告示、宣说、指点、说明与阐释，最初的书面语言，在人类各种社会交往与实践中，如祭祀鬼神的词语、宗教迷信的传说、社会事务的告示、记事备忘的纪录、奏启报告的呈文等，不要以为这类实际活动的书面文字与文学散文相距十万八千里，恰恰相反，只要这文字说得明晓透辟、头头是道、情词并茂，很容易就可以上升到文学散文的领域。也就是说，书面的散文，加上必要的文字结构与修辞手段，也就与文学散文相差无几了。就其社会功能的性质而言，中国第一部散文集《左传》，实际上就是对时事与历史的记载；产于公元前13世纪至公元前3世纪，被人们视为西方最早一部散文集的《圣经·旧约》，它其实就是希伯来人关于世界的起源、民族的形成的神话和传说。随着历史的进程，人类的各种活动越来越复杂，人类的文字表述方法也越来越讲究，到后来，辞职书写得感人，这就有了李密的《陈情表》；与朋友闹纠纷讲理讲得头头是道，就有了嵇康的《与山巨源绝交书》；祭鬼神、慰亡灵的文字写得悲怆苍凉，就有了《吊古战场文》；诸葛亮的

《出师表》其实就是打上去的一份政策分析报告；骆宾王《代徐敬业加檄天下文》是一张写得很讲究的公文告示；王安石的《答司马谏议书》不过是党争短兵相接中写得义正词严的辩词，这些文字都已经成为了中国散文中公认的精品，它们无一不是产生于人类的社会活动，并为人类的实践活动服务的。

从以上的叙述中，不难看出社会功能性的实践活动，首先就要求一种语言形式来服务于说明、指点、记述，如果要找知性散文、记述散文、记事散文、学者散文远古的根由的话，最早的源头就在这里，其核心的需要就是知与识，我们今天讲的学者散文、知性散文的远古来由就是如此。人类除了功能性的社会实践需要外，还有一大需要，那就是愉悦性的需要，如果要找愉悦性、艺术性、抒发性的语言形式根源的话，那就要在人类这个方面的需要中去找了，而这种需要的满足，由此而产生的语言形式、文学形式又不是偏重于知、不是偏重于识、不是偏重于理、不是偏重于学，而是偏重于艺，偏重于乐，偏重抒发、愉悦，从最根本的基因来说，就是离不开一个艺字，离不开这个人类自我愉悦的需要。

人类实用需求与愉悦需求是两大分野，两种不同的需求，自然产生了两种语言形式、两种文化形态的分野，两种文学体裁的分野。既然在根本的需求上，就有这两种分野，在语言形式上、语言功能、文学功能上有这两种分野，那么，产生其中一种重要的功能知、识、学、理，就是天经地义的事情了，服务于这种功能需求的语言形式、文学形式，当然也就是天经地义的了，由此，知性散文、学识散文、学者散文也就是天经地义的了。它本来就有充分的存在依据，本来就有充分的存在理由，不是生造出来的，不是分裂出来的，不是分家出来的。

关于散文作为一种语言形式，不得不从远古讲起，但发展为散文不同性质、不同体裁的形式，那是后来漫长历史时期的事，由于人类实践活动的发展与分工，由于人类思维本身的发展，研究对象关注、扩大与分类，才有了后来不同散文形式与体裁的区别，比如说哲理散文、历史叙述散文、记事报道散文、政论散文、文化散文以及交往应酬散文,等等。即使在哲理散文中,也有你所指出的培根表现碎片化哲思的论说散文,与康德、黑格尔的成体系、成规模的散文论著不同与区别。他们的不同与区别不在于其知性、说明、阐释功能的不同,不在于它的体裁,不在于它的知性说明功能、识见作用的不同,而在于它的抽象化程度、理论体系的完备、理论逻辑的严谨,正因为康德、黑格尔的科学论著有巨大的理论体系,有一丝不苟的逻辑结构,虽然他是用散文这种语言形式写就的,因此,我们往往把它归属到哲学著作,而我们之所以把培根式的哲理文字划归为哲理散文,仅仅是因为,他的理论逻辑性不是那么强、不是那么严谨。思绪比较随意,文笔比较灵活,并带有若干感性的形象性的因素。

至于,第一大分野那种知性的文字、说明性的文字、指点性的文字、评述性的文字、论说性的文字,所有这一大类的书面文字的执笔者、写作者,无论身份、职责与社会归类有什么不同,但恐怕都有一个共同的特点,即他们都是当时社会条件下,最掌握书面语言、最有见识、最有学问的智者。可以说是在当时条件下最有学问的人,最称得上是学者的人,如从远古祭祀鬼神的巫师,图腾崇拜的长老,宗教的布道者,到后来的阶级或集团思想家与代言人,以及各种文化形态的研究者、发言者,近代社会的文学理论家、文艺批评家、历史记述者、时事报道者,等等,所有这些人基本上都是同一个渊源的人,是同属于一个大的分野的人。这就是我所说的学者散文的最远古的背景,最原始的推动力,最古老的历史渊源。因此,学者散文,在散文的领域中间,是颠扑不破的,是不可置疑的。我们即使不说它是正统,我们至少可以说它是散文中的"资深人士"、散文中的"元老"。至于我为什么把培根归于学者散文,最简单、最明确、最有用的道理就是,培根是在说明、是在启示、是在引导,而且,他本人就是个学者,至少在当时也是一个最有学问的人,那么有什么道理不把他的散文列为学者散文呢?

六

江胜信:中国有句古话,"两耳不闻窗外事,一心只读圣贤书",但另有一句,"风声雨声读书声,声声入耳;家事国事天下事,事事关心",您做学问对社会的介入的度在哪里?

柳鸣九: 这是一个与散文没什么关系的问题,对我来说,要事事关心,我的精力和年龄都已经做不到了,有关国家天下事的大道理,我也讲不好,恕我从略。不过,知识分子是否应有自己的社会责任呢?对此,我倒可以讲几句,当然有,应该有,而且非有不可,否则就是一个没有人格的人,没有精神的人,那么什么是知识分子的职责呢?如果知识分子要介入社会现实的话,那么该如何介入呢?怎么介入呢?如何回答?如何面对?各有各的自我选择,各有各的理由。我的觉悟很低,认识也很浅,我想得很简单,知识分子的本质特点,就是有知识,知识分子的社会职责,也就在于以知识服务于社会。我是搞人文科学的,我只可能把所有的心力与精力都投入到"为了一个人文书架"这么一件小小的事情上,这么一件小小的公益事上。我的"为了一个人文书架"这个信条与行动纲领,也许和那种召唤中国出现一个文艺复兴时代与启蒙时代的大主张远远不能相比,那个大主张,是志在弥补中国历史发展缺了的文艺复兴与启蒙时代这两个阶段,从而弥补精神文化发展的天生的缺陷,从而在民族精神与国民性格上所造成的畸形。但那是大主张,那是大作派,我没有那种政治条件与社会条件充当那样的角色。我想还是完善我这个小书架吧,虽然气派要小得多,作为要少得多,但只要完成了它,总要算是一件看得见摸得着的事,一件实实在在的事。于是,这些年来,从我转向之后到今天,我总算向社会交出了一份答卷与一份劳绩,那就是十五卷文集与几千万字的编书成果。这就是我介入社会的方式,这也是我介入社会的实绩,就算是我对社会的回报与献出吧,我不知道,我达到了及格线没有,请足下指教,也请公众评说。

这里再顺便说一句,我为什么提倡学者散文,因为我所认定的学者散文,应该有知、学、智,应该有点精气神,应该言之有物,我心目中这些认定,很坦率地说,就是针对物质功利主义张扬,人文精神滑坡,物欲横流,浮夸成风的社会风气的,我这点小用心,如蒙理解,不胜荣幸。

七

江胜信： 您的散文随笔，我想是不是可以分为两大类，第一大类是与您的专业背景相关的，这又分为写人、写事、写景，当然三者常常交融。写人的，比如您记忆中的李健吾、冯至、钱锺书等中国名士和西蒙娜·德·波伏瓦等巴黎名士；写事的，比如您对日丹诺夫苏式意识形态的三箭齐发、回忆在法国文学研究会会长任上的十年；写景的，比如您的卢瓦河之行、卢浮宫之行等。另一大类是写您的家人。第一大类应该属于"学者散文"，第二大类呢，属于"艺术散文"吗？这样分是不是有点机械？

柳鸣九： 我知道足下很忙，在百忙中参加我的访谈，对我散文的随笔几乎全都阅读了一遍，而且，替我做了分类，说实话，我自己还没有对我自己的散文做过这个分门别类的工作，我谢谢足下为我先做了这个工作。其实，我20世纪80年代开始写我的第一篇散文的时候，根本就没有想到学者散文这个概念，不仅开始没想到，而且写了相当久之后，我也没有想到这个概念，更谈不上要提出这个概念，这个概念的产生与提出，其实，是从我受深圳海天之托，主编"本色文丛"后的事。首先，我确定了组稿对象是有作家文笔的学者与有学者底蕴的作家两种人，同时也逐渐明确了采取重知性、重学养、重学识、重智慧、重见识的路线，因为，在我看来，这些成分与特质，核心就是一个字"学"，因为，有了学，才会有见识、才会有视野、才会有广度、才会有大气；有了学，才有思想闪光、才有思想结晶、才有思想深度、才有思想力度；有了学，才有情趣、才有雅致、才有韵味、才有风度。这当然是一种理想的境界，是一个理所应当的问题，无论是有深厚学养的学者，还是有丰厚学养的作家，究竟能展示出多少这些优点、这些风致，实际具有量为多少、具有程度有多高，那也是因人而异的，具体每个人能不能达到这些标杆，那还不一定。不论怎样，你既然要主持一个散文的文丛，那么，你总得具有一种散文的态度、散文的立场、散文的主张，以求这样一个文丛有自己的特色、有自己的存在理由、有自己的存在意义。至于，我自己写的散文，达不达得到学者散文的这些标杆，那就只能由批评家，只能由像阁下这样的有识之士来评价了。不过，我作为一个学者，写的一些散文，从最简单、最原始的意义上来说，总还可以属于"学者散文"这一类吧，而且，我的一些带有专题性质的散文集，几乎莫不与我的学术文化研究工作有这种关系或那种关系，我的三个巴黎题材的散文集，如前所述，几乎都带有学术考察的报告性质，其中的确携带了不少学术行李，甚至是"学术辎重"。我的以写人文知识分子为内容的几个文集，如《翰林院内外》《这棵大树有浓荫》《兄弟我》《名士风流》《后甲子余墨》《你说这根芦苇》《回顾自省录》，其中所写的对象，几乎都是人文知识分子，而且几乎都是人文知识分子中间的大师名家或才俊之士，所写的事几乎都是文化事、学术事、学人事，也涉及不少学理、学术精神、学术态度与学术人格，从内容来说，视为学者散文，大概也不成问题，除了这些集子之外，还有一个专门写自己亲人的集子《父亲 儿子 孙女》。我是一个比较喜爱天伦之乐的人，是一个"同一个屋檐下"主义的信奉者，是"家就是同舟共济"这种普通人性的拥有者，总而言之，一句话，还算是一个亲情主义者。这些散文，基本上都是我情不自禁，情不自已地写出来的，或出于我天伦之乐的感受，或由于白发人送黑发人的哀痛，或对非血统性的亲情关系的感受感悟。写的时候完全是跟着感觉走，跟着感情走，没有想到它的归类，更没有想到它可以高攀艺术散文。总之，一句话，我写的散文，就是我这么一个人写的散文，我更没有把它们区分为学者散文与艺术散文两大类，我大概还不至于这么机械，世人把我这一堆散文视为出自一个学者笔下的散文就够了。

八

江胜信： 您对翻译的态度是，要翻就要翻名作家的名著，谑称"抱大腿"。您在散文随笔创作中，很大一部分是写您记忆中的名士，包括您与他们相处的细节，他们在历史事件中的作为，您对他们的评说等。名人自有名人效应，这算是散文创作的"抱大腿"吗？描述这样的文人生态，它的价值体现在哪里？文人易相轻，文人易相惜，您会选择怎样的名人进入笔端，您又会以怎样的视角和态度去写他们，如何做到主观中不失客观？

柳鸣九："抱大腿"一说，完全是我在与友人私下谈话中的一戏言，没有想到流传如此广，而且得到了足下的注意，从词语来说，似对神圣的翻译事业有所不敬。其实它是一种常理常情，也是一种见识水平、品位水平的事。翻译事业当然以名家名著为重，因为，社会需要名家名著，用于本民族本社会的文化建设、文化积累，有助于文化借鉴，也有助于文化交流，因为，名家名著的翻译还能给出版机构，不论是国家出版社也好，还是民营的文化公司也好，会带来长销的经济效益，才可能赚钱。对译者而言，选择名家名著，则是对一个译者文化品位与眼光见识的第一道检验。总而言之，不论从哪个角度，文学翻译事业当然是要以名家名著为重为先，"抱大腿"一说，只是我这个粗人讲的一句粗话，它实际上是一种至理。

至于我的散文写作，很多都是写的名人，是不是也是为了抱大腿，这倒不见得。我写一批巴黎的名士，仅仅因为我得到了和他们见面并进行认真交谈的难得机遇，这种机遇是一般访问者、学者很难碰到的，我无权浪费掉；我写中国的人文大师名家，特别是西学的大师名家，仅仅是因为我这几十年几乎是在这些名人堆里泡大的，我对他们比较熟悉，对他们比较了解，对他们有感情，也多少有一点深层次的认知，我从来就没有罗新璋那样很年轻就致信傅雷论译道的大志与远见，更从来没有钻营大师门路、以经营与大师的关系为事业的精明与本领，我写他们是在我已"成名"后的晚年，与其说是要抱大腿，不如说是因为熟知熟识，脑子里充满了他们的作为、他们的形貌、他们的音容，因而情不自禁，欣然命笔，释放对他们的印象、认知与思考，既是释放也是纪念，当然，也是为了如有的评论者所说，是在"留存历史"。因为，在我看来，在20世纪的中国，知识分子的问题是中国社会的一个巨大的问题，是最值得留存、最值得研究、最值得分析考察、最值得总结经验教训的那么一个大课题。这远不是一个文人易相轻、文人易相惜的问题了。至于我选择怎样的名家进入笔端，那么不外是，其一，看他是否有劳绩，是否留下了有一定分量、一定质地的劳绩。没有分量、没有质地的劳绩者，没有什么可写，写他干什么？对空头理论家，对空头学术活动家我更是敬而远之，因为，这类人是虚荣心与巧伪术的化身。

其二，对于学术人格、学术品格有明显欠缺的人，即使他名重一世，权倾一时，我也不写，对于那种忌贤妒能，心胸狭隘，作威作福，以势压人的权威，我也敬而远之，惹不起我总躲得起吧。当然，我没有写到的人还很多，其中相当一部分只是我还没来得及写而已。

九

江胜信： 您最近推出了自传《回顾自省录》，写自传是需要勇气的，每个人都有人生污点，您如何在回顾中做到自省？您期待您的回忆给年轻人带去哪些启示？

柳鸣九： 我写《回顾自省录》，完全是一个多米诺骨牌效应的结果，起始是在出版《柳鸣九文集》（15卷）的问题上，我有负河南文艺出版社一番好意，颇感内疚，觉得欠了他们一大笔债，为了还这个债，我不得不答应了为他们主编"思想者自述文丛"这么一件事。而要把这个文丛创办起来，首先就要组织起一个像样的思想者阵容，要向这些思想者组稿、请稿、求稿。有劳绩的思想者，至少都是七八十岁的人了，谁会有兴趣从无到有写一本二三十万字的自传性的书呢？而除了时间上与精力上的困难外，写这种自传性的书，正如阁下所言，是需要有勇气的，已经都功成名就了，固本守成足矣，谁愿意给自己添这么一个麻烦？何况，已经功成名就的思想者，手里的活都干不完，实在也无暇他顾。我在组稿、请稿、求稿中就没少碰钉子，但总算我的诚意可感，而且，也的确没少费口舌，因而得到了一些朋友的支持。即使是这辈子从来都是拒绝写自传、自述的谢冕先生，总算念我是他北大的老校友，而勉强的点了头，但也只答应了把他过去多少与自己有关的旧文收编成集而已。这难免又有与"思想者自述文丛"这个既定框框有所不合、格格不入的成分，而谢兄之文偏偏重大如山，不容挪动。总算我还知道"穆罕默德有到山那边去"的智慧，还算变通有方，还算善于妥协，终于向谢兄退让，事情进行的如此不易，组稿工作如此之困顿,你光游说别人写,自己却不动笔,像话吗?这是我实在不得不在"思想者自述文丛"中也凑上一本的一个重要原因。何况,如上所述,我认为知识分子,特别是人文知识分子,在20世纪中国的存在条件、存在状态以及际遇命运是一个大的课题,应该留存历史,特别是人文知识分子自己,也应该留存信使,这不仅是一个自传自白的问题,而且本身似乎也是人文知识分子自己历史使命的一个部分,在这种公私两方面的考虑下,终于正如足下所讲的"需要勇气"地毛起胆子,硬着头皮,写将起来。

　　足下说写自传是需要勇气,按我的理解,写自传中如何面对自己,如何表述自己,呈现自己,是很需要刺刀见红的。我是搞法国文学出身的,我欣赏法国文学中的求真、求诚的精神,特别是在如何面对自己的问题上。在这一点上,卢梭的《忏悔录》可说是一个典范,我一直是这本书的欣赏者、礼赞者、颂扬者。人民文学出版社出版的《忏悔录》中译本在中国已经流传了半个多世纪,人文译本的译本序就是出自我手,那篇序言我是带着感情写出来的,它一直伴随着译本存在于读者群之中,现在轮到我自己写自己了,我岂能说一套做一套?何况卢梭甚至都有勇气敢于承认自己偷过东西,最后仍有信心给上帝说这样的大话:"请您老人家,把众生都招到您面前来,坦诚自己,看谁敢于对您说,我比卢梭这小子好。"我自己毕竟还没偷过东西,但我朝恩师喊错了几声口号,得过一点左倾幼稚病,批错了人性论和新小说派;有些好名,有些脾气,气头上口不择言……难道这些就值得自己那么爱惜羽毛吗?我想人都是有人性的弱点与缺陷的,但人只要还能称其为人,不论是犯了多大的错误,不论有多严重的缺点缺陷,无论有多大的人生污点,只要不失其为人、不失为一个真正的人就行了,何况,毕竟我还是一个有作为的人,一个善良忠厚的人,一个有责任感有担当意识的人,一个没有做过卑鄙勾当的人,一个没有欺人压人的人,那么有什么顾忌呢!有什么可怕的呢?写吧,秉笔直书,不戴面具地写,不穿盔甲地写,向思想者那样赤着臂膊地写,像思想者那样不加遮盖地写,也许头上的"光环"(如果还有那么微弱的一圈的话),那是要削弱一些的,身上雅致的衣装是要抹黑一点的,在读者心目中的形象是要矮一大截。总之，一定的自我牺牲，肯定是会有的，但最后自己感到心安理得，因为，我没有欺骗读者，说不定我这种态度我这种方式，能得到有识者的理解，如能对人多少有点启示，那就是我最大的荣幸。

访谈者文学写作成果书影

关于《回顾自省录》答《环球人物》杂志社记者问

对话者许晓迪：人民日报《环球人物》杂志记者

对话时间：2017年2月25日

许晓迪：关于《回顾自省录》的写作缘起和过程，是什么契机、出于什么考虑让您决定用"自述"的形式回顾自己的一生？从开始动笔到最终完成历时多久？写作过程中遇到了什么困难和障碍？当此书完成后，您的思想、情感有什么变化，有什么收获和感悟？

柳鸣九："霍拉旭，很多事情都在你的哲学之外"，这是哈姆雷特的一句话，我借用过似乎不止一次了，因为，它把世界上太多的事情往往和人设想的完全不一样这个道理说得很别致。

如写自传，一般都是传主自我长期深思熟虑、自我抉择的主体作为，卢俊写他举世闻名的《忏悔录》，更是饱受了轻蔑、侮辱、非议、抨击、非难、中伤、迫害之后，满腔骚怨，不吐不快而决定做的一件事。但请不要以为凡是写自传者都是出自其本人的主观意图、主观意愿的驱动而为的，我这本《回顾自省录》情形正是如此，完全是由于客观情境中的多米诺骨牌效应，而不得不为的结果。

最早的起由是我辜负了河南文艺出版社决定出版《柳鸣九文集》（15卷）的一番美意盛情，深感歉意，觉得欠了老朋友一大笔账，因此，他们提出了又一个合作项目时，我就不好意思推辞了。河南社以出版传记读物为主要业务方向，他们提出的合作项目是要我为他们主编一套人文社会科学著名学者的自传丛书。我第一眼就看出这是一个国家级任务的项目，不是我这样一个退休单干户布衣学者所能承担的，于是，婉拒、纠结、辞谢、搁置，一直拖了一年多时间，最后，迫于盛情难却，也多少考虑了一下自己承担力的可能性，也就应了下来，但把他们原来的一个宏大计划缩小成为一个较小规模的"当代思想者自述文丛"。这个项目虽然规模小多了，但是要入选的对象都属于人文学科中重量级的人物，如果完成，有望成为一套相当有分量的书，具有一定的留存信史与思想材料、文化积累的意义，以此还账还说得过去。我深知其困难，也多少预感到费心费力的程度，但当时仍有些不知深浅，自我膨胀，居然还想试试八十多岁老朽挑战困难的能力，而且，即使是惨败得一塌糊涂，但"我不入地狱，谁入地狱"？

我计划定下来的入选作者是十人，每人一本自述性的作品，这样一个规模的项目，本来也应该由更得高望重的人来主持的。因为，要入选的十位作者都必须是有显著的文化劳绩，有卓著的学术声誉，有广泛的思想影响，而且，还真正称得上是思想者的著名学术文化人物。但头两张多米诺骨牌倒下来了，后面的效应就由不得你自己了，再推诿就绝不可能了。

我一开始启动运作，就碰见了一个巨大的困难，约稿难组稿难的困难，头一个工作阶段，基本上就是"碰钉子"三个字，这完全是可以想见的、是自然的、甚至是必然的：入选的对象都是名重一时的大家，都有重大项目在身，出版社的约书约稿早已排成长龙，而且要在一两年内写出一本二三十万字的自传作品，的确也是一项重活，对七老八十的人来说，实在是不堪其负。而且谁都知道，写自传作品要碰见很多很多现实的、处境的、四周人际关系的以及自我评述的难题，是一件非常吃力不讨好的事情，名士大儒皆已功成名就，何必给自己增添这么一件繁重而麻烦的事情呢？拒绝都是充分在理的，拒辞都是温文尔雅、客客气气的，我这个求稿者当然得知趣而退。但我有承诺在先，只能像过河卒子一样，继续往前拱，在这一点上，我多少还有点韧劲，效仿当年《文汇月刊》主编"老梅朵"约稿组稿不达目的誓不休之举，决不言退。恳

关于《回顾自省录》答《环球人物》杂志社记者问

请、诚邀、游说之后,对有关的规格、标准、写法都因人而异,做出灵活的调整与变通,不拘一格,经过一番努力,总算得到了学界文化界几位朋友的回应,但是十个人的阵容绝对组织不起来,退而求其次吧,由十个减为八个,但连八个都凑不齐,于是,为了最低限度凑齐八个人、八本书,我只好把自己也算了进去,何况,求说、游说的话都说尽了,自己却不参与,就显得缺乏同进退的义气,这就是我不得不写《回顾自省录》的主要缘由。

当然,这样一个项目的意义我多多少少还有一些认识,按照我的理解,在20世纪的中国,知识分子问题是一个重大的课题,给一部分纯粹知识分子代表人物,留存若干历史,即使是侧面、片段、甚至是碎片,也不是一件没有意义的事,何况,这些有所作为、有所贡献的纯粹知识分子的代表人物,身处于复杂的、激烈的历史社会变化过程中,其生存状态是困顿而艰辛的,他们在这种境遇情景中,面对了过来、适应了过来,而且,都有令人瞩目的学术文化作为,其面对历史时代的态度、其处理各方面复杂事物的立场与方式、其面对与应付各种复杂问题的思考与方法、其经历各种坎坷的过程、其处理各方面复杂事物的立场与方式、其处理各种问题的操守与智慧,都给世人留下了难能可贵的精神、智慧、人格力量以及面世面己的节操与准则,还有作为纯粹劳动者的孜孜不倦的辛劳品质,以及在不尽公平合理的社会中,那种吃青草、挤牛奶的这个生活方式,都给后世留下了若干念想、若干启示、若干示范、若干智慧,这对后世来说不失为一笔可贵的精神财富,我想这个项目的精气神就在这里,即使有不少困难、不少麻烦、不少困顿、不少尴尬,但也还是值得自己去承受、去面对、去消解、去克服的,既然如此,就大胆地往前走吧,且用某位学者所指出的湖湘文化中的蛮劲与倔劲闯过了一道道难关,到了2017年初,基本上完成了八本书初稿的写作,而时至今日,在河南文艺出版社的大力支持下,则已顺利出版了五种,即钱理群的《一路走来》、刘再复的《两度人生》、谢冕的《花落无声》、柳鸣九的《回顾自省录》、许渊冲的《梦与真》。

在这过程中,诸多的困难中,最大的困难就是一个"写"字,毕竟要爬格子，要写出八本书来，这是一个硬活儿，所幸的是，八个人都很同心协力，都贡献出了各自夕阳红中的宝贵时光，完成了写作任务，其中，特别令人感动的是，给我国翻译事业做出了重大贡献的许渊冲老先生，以九十多岁的高龄，每日奋笔疾书，给自己规定1200字的硬性任务，必须完成，若不完成，宁可废寝忘食。没有想到，我们这一个规模不大的文丛，居然还出现了中国知识分子"老黄牛"的宝贵精神。

这就是我主编"思想者自述文丛"的大致过程，也是我写作《回顾自省录》一书的由来。

至于足下问我写作过程中遇到什么困难与障碍，写作者爬格子的辛劳，人人大体相似，不同的写作者难点却各不相同。

仅就我个人的情况而言，我所碰到的主要难点与主要障碍不是别的，而是我自己，因为我想写一本诚实的书，勇敢面对自己的书，写这样一本书的时候，总感到世俗眼光在瞧着我、盯着我。纠结、矛盾、难处、顾虑等，都是从我自己内心中源源不断地涌出，有一句话的阴影无时无刻不笼罩着自己：如何下笔？熟知我的读者会怎么看？不得不承认，我从一开始，自己身上就背有包袱，背有一个"著名学者"的包袱，"名士大家"的包袱，这么下笔和那么下笔，究竟哪样才少损自己的形象、才不减弱头上那层少得可怜的光晕、才不玷污了自己身上那身羽毛，要知道那都是花了大半辈子才争取到的。于是，写作的过程，不断修改的过程，就成为了跟自己战斗的过程，跟自己的功名心、世俗观念、利害得失、凡夫俗子的精神羁绊以及凡俗考虑的战斗过程，毕竟，我要写的是一本忠于历史事实的书，忠于自己精神世界，忠于自己所作所为的书，总而言之，是一本真实的书，是一本讲真话的书，而不是一本讲套话、讲假话、讲虚话的书，也就是我在该书的自序中所说的："诚实面对自我、面对世人，讲实话、讲真话、直抒胸臆、如实叙说。"关于自己写自己的文字，我钦佩、仰慕两本书，一是卢梭的《忏悔录》，二是萨特的《文字生涯》。原因很简单，就是他们写得真，不掩盖自己的缺陷与毛病，做到了有疾不因自我讳。我曾不止一次为这两本书唱过赞歌，今天轮到我来写自己，岂能说一套做

关于《回顾自省录》答《环球人物》杂志社记者问

一套乎？

思想认识到这一点，话讲到了这个程度，自己也就毫无退路了，只能"背水一战"，但毕竟这是一个不得已的理由，写起来仍然是矛盾重重，反反复复，甚至有打退堂鼓的念头，心想，活得自在自得，自己按自己的方式活，何苦步卢梭后尘？还不如写一本固本守成的自述还债了事，说实话，和很多人比较，我还要算是"规矩人"、"正经人"、善良忠厚的人、有所作为的人、公正有担当的人，自己那些缺点、毛病、失误、过错、尴尬，是芸芸众生几乎都有的，是不是可以不写呢？是不是可以减低一点程度呢？自己何必为难自己呢？自己何必用那么重的语气呢？用那么否定性的词语呢？……反反复复，我感到我自己还是缺一根很坚强的主心骨，我做这件事，要追随卢梭的道路的确没错，但驱动力还不充沛、还不强劲，多少是因为我作为一个法国文学研究者，曾经对卢梭唱过赞歌，阐释过卢梭精神的可贵，为了不食言，为了做到一个学者应有的"兑现态度"而这样做的，这种驱动力中多少还有一点沽名钓誉的成分，我不是多次说过"君子好名取之有道的话吗"？显而易见，我内心的犹疑、尴尬、纠结、难堪，多少与我好名这个软肋有点关系。于是，我停笔下来，进行了一番静思，要把问题想清楚，要把我的意图和目的想清楚，真正找到自己的主心骨……经过一番梳理，多少有了一点新悟，总算找到了比原来硬扎一些的主心骨，总算补足了比原来更充沛的一股底气。

我终于想清楚了，我不是在写一本书，我不是为了在我的论著书目中再增添一本，我过去为一本本的书在努力，现在本本已经不少，而身已临墓外，多一本书少一本书，已经是无所谓的事情了，现在我不是在学术阶梯上攀登，不是在业务阶梯上攀登，而是在人格的阶梯上攀登，精神境界的阶梯上攀登……我以九斤重的自然之躯来到这个世界上，为求生存、为谋生、为饭碗、为业务、为事业、为名望，而摸爬滚打，而踽踽前行。在上述职称阶梯上、学术阶梯上攀登了一辈子，如今，似乎已经称得上"功成名就"，什么卓有声誉、业绩丰硕、著作等身之类的溢美之词也听得够多的了，身临墓外，气息犹存，最明智最彻悟的自我选择，那就是要以残存的一息做更有意义的事情，如果还想往上攀登一点的话,那绝不是名气的攀登、钱财的攀登、地位的攀登,而应该是人格的攀登,在最后一个生命阶段,尽可能地多显示出一点人格的勇气、人格的力量,那么且以充沛的勇气,先把这本书写完再说吧,如果过去在人格力量、人格勇气上还做得不够的话,那么今后能弥补多少就弥补多少吧。

许晓迪:今天我准备了不少的问题,其中有些问题是人们普遍关心的,例如:您是一个有高业绩建树的人文学者,留存了厚实的文学史论著,破禁锢、开冰河的理论主张,思想敏锐、文字激昂的理论大文与精辟的美文评论,还有描述了中外文化名士精神风采与音容笑貌的散文回忆录以及卷帙浩繁的编书项目等。但您却自称为学林中的"矮个子""智力水平中等偏下""文化桥梁上谦恭的搬运工""凡夫俗子"等。您这样做显然不是偶然的,究竟意图何在?目的何在?

再如,您作为一个严肃的学者与理论批评家,却花了不少精力写出了大量的清新自然、文笔如行云流水、有真情实感的感性散文,这使我想起了我的研究生毕业论文《论韩少功先生的文体与精神分裂症》一文,可惜今天已经没有时间听到您这些方面的妙论,愿以后还有其他的机会领教(柳插话:"这些问题我乐意谈,将来找机会再谈一次,今天来不及了")。但最后有一个问题我是必须要问,对于"思想者自述文丛"这样一套有分量的书,您为什么没写一篇与之相称的皇皇大序?而只引用了您在《巴黎散记》中描述罗丹思想者雕塑的一段话作为代总序?短短的,还不到300字,为什么?

柳鸣九:我在学术界以喜欢写大序长序而著称,在某些才俊之士眼里,这并不是一个褒义词,多少带些微贬义,但要把复杂的文学史问题与理论问题,如《萨特研究》的序、如二十卷《雨果文集》的序,不用两三万字的长序大序,能说清楚子午寅卯吗?"当代思想者自述文丛"这个项目,内容丰富,内涵深邃,意义重大,本来就需要一篇大序,但这一次我偏偏有意识地没有这样做,简单说来,有这样几个原因:

其一,这一套书的作者阵容都是20世纪中国人文学界各领域中的重量级人物，其中不止一位是我的师长辈学长辈，资格比我老比我硬，即使是我的平辈，甚至是比我略微年轻一两岁的，其文化分量、学术成就、显赫名声、社会地位也都过于我，在这个阵容中，我倒真堪称一个"矮个子"。我还不至于糊涂到没有自知之明，一张罗其事，就煞有介事，自重自高。因此，一开始运作这个事情，我从来就没有把自己视为"主编"视为牵头者，我从来就是自称为"门面的张罗者""传达室的门房"，我坚决要求每一本书的封面、勒口、书脊千万不要署主编的名号，全书最多只能署一次主编名号，用尽可能的小号字放在最不显著的位置，最后是放在封底的一个小小的思想者的图像下。很坦率地说，我倒不是妄自菲薄，作谦虚秀，我是深感在这样一个阵容面前，应该谦虚再谦虚，这是应该有的品行，这是应该有的一种风度。至于大序长序，我压根就没准备写，并不是像网上有的文章所讲的，"柳鸣九写不出一篇大序"，恰恰相反，我在学界以写长序大序而有名，至少，还有那么几篇达到两三万字篇幅的大序长序，还算得上是有分量、有影响、有历史意义的。如：广为人知的《萨特研究》编选者序、二十卷《雨果文集》总序、《加缪全集》总序、三卷本《法国文学史》修订本总序等。这一次，我仅从《巴黎散记》中截取了一段写罗丹的著名雕塑思想者的一段话，短短的，还不到300字，作为"思想者自述文丛"的代总序，确为有意而为。这两三百字不是理论文字，而是散文的感性文字，追求空灵的风致，带点礼赞的意味，思想力求凝练，至少写出了思想者的本质与精髓，其中也渗透了自己在学林中的沧桑感，文笔大概还算精致吧，毕竟它不止一次入选了高中语文教材。用一篇短短的小文，充当了一篇大序，我也算别致了一次。

关于《法国文学史》编选的若干理论与实践问题

对话者罗芃：北京大学西语系资深教授、博士生导师，著名法国文学研究家，法国文学名著翻译家

对话时间：2017年2月

罗 芃

罗芃：能够与柳老师就文学史这个话题做一次访谈，很高兴也很荣幸。1978年我作为文革后的第一届研究生，曾有幸受到您和更长一辈的学者李健吾、罗大冈、卞之琳等先生耳提面命的教诲，如今回想起来，委实是难得的机遇与福分。可惜我天资愚钝，又疏懒少勤，枉度数十春秋，如今愧对了老师，也愧对了自己。

说到文学史，众所周知，是个"舶来品"，原产地在欧洲。我国常说的"经史子集"没有这个文体，虽然《汉书·艺文志》《文心雕龙》《诗品》《诗薮》《文体明辨》等这些古代典籍早就对诗人和诗体做过历史叙事式的评述，而且历代的诗话、词话乃至画论素有历史纵向比较的传统，但是与我们讨论的文学史显然不可同日而语。在法国，现代意义上的"文学史"出现在18世纪，例如唐·狄威的十二卷《法国文学史》。到19世纪中期，泰纳的《英国文学史》尝试用自然和社会环境来解释文学作品产生的缘由，试图揭示文学演变的哲学与社会学规律，开创了文学史研究的新时代。随后，沿着他的学术轨迹（同时有所修正），朗松、布吕纳蒂埃等人将文学史研究推崇为文学研究的重镇。值得注意的是，19世纪末到20世纪初，正处于社会转型期的中国受西方文化的影响（很大程度上通过日本这个中介），很快将西方文学史引入了大学教育规程，从此文学史在中国既作为一种研究体系，又作为一种教学体系而不断光大。1904年林传甲、黄人两位先生分别写出了自己的《中国文学史》，比起朗松等人的文学史，不过迟了十来年，足为中国学界引以自豪。

2004年国内学界召开了文学史百年学术讨论会。百年间，各种文学史著作（国别的、断代的、通史类的）琳琅满目，以硕果累累形容之，或许不为过。然而多少有点匪夷所思的是，在中国，文学史已俨然成为一家"百年老店"，在西方更已历经200多年风雨，按理说作为一门学科，应早已坚如磐石，稳如泰山，可实际上有一个基本的存在问题却悬而未决，或者说看似早已解决，实际上却固执地萦绕在人们心头，这个问题就是：究竟什么是文学史？文学史研究目的何在？换言之，人们心里还揣着一个疑问：文学史，能"正名"么？

孔老夫子早就说过："名不正则言不顺，言不顺则事不成。"夫子把"正名"看成事业成败的基础，不"正名"而行事被斥为"野"，也就是鲁莽的意思吧，而鲁莽是不得正果的。深受儒家思想影响的中国文人当然明白这个道理，中国新文学运动的早期学者曾经试图回答这个问题，比如郑振铎先生曾经对什么是文学史有如斯之论：文学史就是"作家作品批判研究的联合"，而以

"'时代'的天然次序'整齐划一'之而已";又说,文学史应该将文学"在某一环境、时代、人种下的一切变异与进展表示出来"。撇开这句话中包含的泰纳文学观不论,郑先生的定义基本上代表了那个时代多数人的文学史观,此史观要言之,第一,以作家作品论为基础,第二,以时间为序,第三,以求证文学迁演规律为旨。不知是否可以大胆断定,如今这依旧是很多学者的共识。当然,试图为文学史重新定名者亦不在少数,可惜大都含糊其辞,例如有人提出文学史是"文学"与"历史"以及"文学史写作者的观念"这三个维度相结合的产物,听起来颇有新意,细究之下,却又似乎没有多少实质性的揭示。您曾经长期从事文学史研究,主持撰写了三卷本的《法国文学史》,修订重版时您写了万言《总序》,阐述了编撰的经过、原则和方法。对这部著作和这篇序言,读书界与学界好评如潮。据您看,文学史作为一项文学研究和一门文学教育课程,究竟怎样为其定义或者说定位?在您心目中,文学史研究究竟应该做些什么?告诉读者什么?教会学生什么?

柳鸣九: 罗芃教授您太客气了,在我心目中,您是本学界学识丰厚、学风严谨、为人谦和的学者,富有理解力、通透力与宽容度。您刚才所讲的一番话,十分谦虚,我受之有愧,其实我们不是两辈人,我一直视罗芃先生为平辈,私下以老弟称呼。

1978年,中国社会科学院在胡乔木同志的主持下,创办了研究生院,并率先招收了第一批硕士研究生,是国内的首创之举。首次招生吸引了国内大批社会科学与人文科学中的青年才俊,他们在文化大革命前就已经完成了大学学业,并已在学术文化领域里有了好几年的工作经验,有的已初露了头角,这就是社科院研究生院中赫赫有名的"黄埔一期",日后果然从他们之中,涌现出了不少学界的名士名家,罗芃先生即为其中的佼佼者。

据我所知,罗芃先生出身于文学批评史学者世家,文史功底深厚,在社科院研究生院期间,他是罗大冈先生的高足。罗先生是法国文学的前辈学者,法语修养深厚,法国文学翻译功力精湛,而且他还是一个出色的诗人,中文诗作与法文译诗都很出色,罗芃得其真传,果成大器。我当时作为本学界一个少壮派与李健吾、罗大冈二位先生同列,忝为法国文学研究生三导师之一,实在是我的荣幸。李、罗二位都是我的师辈,与他们二位同列为"黄埔一期"的导师,我自认为是不够格的。当时,只不过因为他们已经年老体衰,而由我把从讲课与一些具体事务承担了起来。后来,从媒体上传出了"李、罗、柳三贤"之说,我得知如此夸大不实之词,诚惶诚恐,愧不敢当。在年龄上,我比他们小二三十岁;在本学科的学识水平上,比他们差一大截;只是由于我碰上了各种机遇,在学界崭露了一点头角,但与他们同列为导师,实在是高看了我、高拔了我。我是读李健吾的书长大的,他还替我校订过翻译。罗大冈虽然没有教过我,但我在北大念书时,他曾为他的夫人、我们这一班的启蒙老师齐香教授代过一堂课,一日为师,终生为师,这是我没忘记的。毕业后,到文学所与外国文学所工作后,我在他面前一直是执弟子之礼。因此,我在为每位导师分配研究生时,把两位优秀的罗芃与施康强分到了罗大冈门下,而把另一位佼佼者郭宏安分给了李健吾……

罗芃先生从社科院研究生院毕业以后,即来到北京大学西语系任教,从很早起,他就承担文学史的教学工作,执教鞭很长一段时期。那时,西语系主持文学史教学工作的是李赋宁先生,罗芃先生显然当了他很长一段时期的助手,后来李赋宁先生主持多卷本《欧洲文学史》的编写工作,罗芃先生自然成为了这个项目中的一个主要骨干,他不仅几乎写作了从古代一直到 19 世纪部分中所有法国文学的主要篇章,而且担任了《欧洲文学史》20 世纪部分上、下两册的分卷主编,亲自执笔撰写了其中的大部分篇章。李赋宁先生主编的《欧洲文学史》,是全国社科八五规划的重点项目,结出了共四大卷的丰硕成果,照我看来,这部著作才是建国后外国文学史编写工作中首屈一指的成就,是这个领域学术业绩中的状元。李赋宁先生与稍前的杨周翰先生就是新中国外国文学史学术道路的两位卓越的开路人、成就斐然的建树者。我 50 年代初进了北京大学以后,最初就是听杨周翰、李赋宁先生所主讲的欧洲文学史的课,我最初的欧洲文学史包括法国文学史的基础,就是由他们两位名师给我打下来的,后来才得到闻家驷教授的夯实与加固。我和罗芃先生的关系,实际上是前

友人对话录

后同窗、师兄师弟的关系，学术的传承实际上是来自于同一个渊源。因此，我称罗芃先生为老弟，名副其实，而罗芃先生称我为老师，则实在是礼遇过高，这是我首先要讲清楚的一点。

我与罗芃除了师出同门外，还有一个共同点，就是我们都长期从事研究与编写外国文学史的工作，众所周知，我曾经主编过三卷本的《法国文学史》，可惜此书只写到19世纪末为止，但后来我又写了两本非文学史形式的论法国20世纪文学的专著——《超越荒诞》与《从选择到反抗》，这五本书加到一起，总算把整个法国文学的发展过程内容完整地呈现了一遍。而这一大项工作，大致上是在1972年开始动笔的，前三卷完成于1991年，时间跨度长达12年。如果再加上后两本书的写作，时间更为延长，大约也不会少于二十多年，虽然我和罗芃先生的工作单位不同、项目不同，工作内容却几乎完全一致。据我粗略的了解，罗芃先生协助李赋宁先生编选《欧洲文学史》，是从1961年开始的，而此项目的完成，大概是1998年，出齐于2001年，前后花了三十多年。为该书执笔的专家学者共有90人之多，集中了全国各高等学校，以及研究机构中的精英学者，不愧为皇皇国家项目巨制，在外国文学编写工作领域，一直保持着权威地位，不是偶然的。罗芃先生不仅长期投身于这个项目，多方面的积累了有关外国文学史研究与编写工作的经验，对他的业务主项法国文学史有系统的学识，还对文学史编撰这一个专门学术课题的历史发展有广泛的研究，是我国名副其实的一位外国文学史家。

因此，今天的对谈，是文学史研究与编写领域中两个"老劳工"的对谈，而对我来说，则是一个增长见识的机会，对此，我深感到愉快与荣幸！不过，感到惭愧的是，我已经白发苍苍，而罗芃先生仍然满头青丝。

现在看来，李赋宁先生主编的《欧洲文学史》，可以说是国家项目阳光大道上的一座华美的学术大厦，而我弄的《法国文学史》，则像是偏旁小道上由布衣耕者搭建起来的一座山野农舍。因为，它产生于一个特殊的环境条件下，经过自己特殊的方式与特殊的道路才搭建起来的，除了文学研究所与外国文学研究所有一个藏书量丰富的图书馆（它完全是在钱锺书、李健吾两位大学问家亲自操劳下充实起来的）外，其他各方面的条件都很寒碜，可以说是由几个个体户耕者垦殖起来的，为了说清楚我们的对话以后要讨论的理论性问题，请允许我多啰嗦讲述一下《法国文学史》整个编选工作的过程。

1972年夏，作为中国社会科学院前身的哲学社会科学部，全体人马奉命从河南干校调回北京待命，当时的状况是"等候发落"：一是整个哲学社会科学部前途未卜，时有将被解散的传闻；二是"文化大革命"中两大派的数量惊人的大批背负沉重"516"政治包袱的中青年等候"平反""落实政策"，整个学部唯一的任务就是在军宣队领导下进行政治学习，学习内容除"毛选"四卷本外，就是当前的政策与党报社论，经军宣队同意，有时也可以适当扩大到《马克思恩格斯选集》。

就我个人而言，在那一场史无前例的浩劫中，被运动、被愚弄、被整肃了将近十年，已经是身心疲惫、伤痕累累、不胜其烦、心存厌恶了，只想离现实中"四人帮"的"无产阶级政治"与"革命路线"远远的，找一个逃避现实的隐蔽所，也想埋头做一点自己感兴趣的事，稍稍弥补已被耽误、被牺牲、被霸占了的十年时光（一个人一生有几个十年呢），这样，我就萌生了利用原来一点业务基础编写一本《法国文学简史》的念头，并串联两三位志同道合的"搭档"：郑克鲁、张英伦以及金志平。

当时，学部是未完成"斗、批、改"政治任务的单位，做业务工作是"不合法的"。好在军宣队已在这个单位自我折腾得筋疲力尽了，加之处于待命阶段，整天无所事事，凡事睁一只眼、闭一只眼，放任自流，满足于充当"维持会"的角色。于是，我等也就有办"地下工厂"、偷偷搞点业务的可能。

为什么想到要编写《法国文学史》？最简单的原因就是，新中国成立后，国内一直没有人编写《法国文学史》，虽然社会各方面的文化工作与广大读者，早就需要这样一本"工具书"类型的读物。记得在"文化大革命"前的1958年，人民文学出版社出版过一本《法国文学简史》，薄薄的，不到12万字，是从苏联翻译过来的，原是《苏联大百科全书·法国卷》的"文学部分"，译者是我20世纪50年代在北大时的老师盛澄华教授。因为自新中国成立以来，我国文化界一直将斯大林、日丹诺夫的文化论断奉为经典，这本苏制小册子也就一直享有某种权威性的地位。但经过了"文化大革命"，我辈过去尊崇的革命偶像与神祇都已失去神圣的面纱与光圈，苏式权威也就不在话下了。当时，我个人认定，以我们大学毕业后到"文化大革命"前将近十年的业务基础、知识积累、文学见识、鉴赏水平，还加上本单位丰富的藏书条件，要编写出一本规模上、篇幅上、丰富性上超过那本苏制小册子的文学史，是蛮有把握的，当然，也没敢产生特别好高骛远的念头，只打算写一本四五十万字的书而已。

说干就干，郁积了好几年的对文化学术的热情一下就爆发出来了。由于我比其他参与者长几岁，在学术阶梯上早爬了几年，策划、统筹、主持编写的工作重担自然就落在我的肩上。先是拟定了章节大纲，然后就要进入分工执笔的阶段。但是，不论从策划、统筹、拟定提纲、查阅资料到进入写作，都无不面对这样一个根本的问题：要把这本《法国文学史》写成一部什么样思想倾向、什么样文化态度的书，而这个问题，在当时的条件下是一个非常严峻的、足以影响个人命运的严肃问题。

谁都不能忘记，也不应该忘记"无产阶级文化大革命"给民众带来的伤害和痛苦，就其"无微不至"的程度而言，"文化大革命"影响到了中国各个领域，造成混乱、破坏和倒退，使党、国家和人民遭到1949年以来最严重的挫折和损失。历史判明，"文化大革命"是一场由领导者错误发动，被反革命集团利用，给党、国家和各族人民带来严重灾难的内乱。"文化大革命"否定了1949年以来大量的正确方针政策和成就，从运动之初"暴风骤雨"开始，人类历史各个时代的思想文化就统统被"扫进历史垃圾堆"，如果只当作"历史垃圾"弃之不顾倒也罢了，偏偏老是顾忌这些思想文化遗产对无产阶级专政的"敌对性"、"颠覆性"，而不断把它们揪出来当作"封资修复辟的舆论工具"轮番猛批，对所谓"反动学术权威"进行批判，使许多有才能、有成就的知识分子遭到打击和迫害，也严重地混淆了敌我。经过十来年地毯式的轰炸，思想文化领域几乎没有得到发展。

这就是我们开始编写《法国文学史》时所处的时代条件与社会环境。对这股炽热可怕的时代洪流，我辈小人物，也曾顺应过、跟随过，终究又轮到自己被冲击、被批斗，其受害之深较前届被冲击者、被批斗者实有过之而无不及。就我个人而言，正因为十来年的政治现实打开了自己的眼界，更因为自己受伤害后，伤口长期难以愈合，隐隐作痛，所以在写《法国文学史》之初，就怀着强烈逆反情绪，决意反当时的思想标准而行之，坚决破除"四人帮"对待文化遗产的"彻底批判论"。不过，我并没有走得"太远"，说有所"出格"，不过是以马克思、恩格斯对古希腊时期与文艺复兴时期的艺术、启蒙主义文论、19世纪现实主义文学的那些充满热情的评述为准绳，采取一种马克思主义经典的文化历史观的立场，这在当时就已经是很背离"无产阶级文化大革命"的宗旨了。因此，当时并不存在什么有朝一日可以出版问世的奢望，只不过是自己实现自己、对自己尽心尽力罢了。

到1976年"四人帮"垮台的时候，编写工作已完成了相当一部分，与原来仅一卷的计划相比，编写的规模大大地膨胀了，仅中世纪到18世纪，就已经达到了一卷的规模，因为，一进入编写后，我们才发现"文化大革命"以前的那些年没有虚度，的确读了不少书，积累了相当丰富的知识，也形成了不少见解，一写起来，就大大超出了原定的篇幅，于是决定按"略古详今"的原则，将后来的19世纪至20世纪再写成两卷。

"四人帮"垮台，全国欢腾，各个文化单位都急于走上正轨、恢复业务工作。报纸杂志要组织若干批"四人帮""拨乱反正"的文章，还不那么难，但出版社要出版一点像样的文化学术读物，却不容易，"梁效"式的理论大作、被"拉下水"的某些学术权威贯彻了"尊法批儒"精神的论著都无法出版了，深受他们影响的一些文章论著，也因为改不胜改，难以清除"梁效特色"与"尊法批儒"色彩，也都成了出版不了的废品。我们本来怀着自觉逆反意识写出来的《法国文学史》上卷，倒是恰逢其时，与出版社一拍即合，竟未做任何修改，未加任何修饰，在交稿后仅仅一年多的时间里顺利出版了。这在当时不能不说是罕见的"奇迹"。面对这样的结果，我不敢说自己有什么"先见之明"，有多少"理论勇气"，但我的确对"反潮流"一语有了切身体会，并发现"反潮流"带给当事者的并不一定就是灾难。我后来在20世纪80年代前期拒绝意识形态领域的长官要我就萨特评价问题写反思文章的指令，实与这次经验有关。

1979年上卷出版后，中卷与下卷的写作大大放慢，经常一搁置就是一年半载，这是因为"四人帮"垮台后，有了一个外国文学的"春天"，各个方面约稿组稿很多，一些研究项目与翻译项目令人应接不暇，我自己如此，郑、张二位也是如此。但成书时间跨度拉长也有一定的好处，就我个人而言，在这个跨度里，我插进去了这样几件事：一是，我写了一系列批判与清算"四人帮"极"左"文艺思想的理论文章；二是，我发动与组织了对斯大林、日丹诺夫关于西方20世纪文化之论断的批判，并做了一系列工作对西方现当代文学进行重新评价；三是，涉及恩格斯对巴尔扎克与左拉的裁判，发动与组织了对自然主义的重新评价。这三件事都有较大的工作量，除了繁杂的学术组织工作外，更主要的是我自己要做先行研究，拿出"主打文章""主旨报告"，虽然这些事占用了不少时间，但更深化了我对文学发展历史的认识，也增加了学术上、理论上的"底气"，对把《法国文学史》中、下卷写成"成熟的文学史著作"，是大有裨益的。

时间跨度拉长，还带来一个结果，那就是参加编写人员的增添，除原来郑克鲁、张英伦、金志平外，在这期间我作为导师带过一批研究生，其中不乏多位才俊之士，我很自然就吸引他们参加若干编写工作，虽然每个人的工作量并不大，如施康强、郭宏安、吴岳添、金德全、孟明等，如今他们都已经是学术文化方面的名士了。由于写到19世纪末就达到三卷的规模，自然要求每一章都具有一定的分量与深度。于是，有的章节特邀对该专题有研究的专家承担，如罗新璋、黄晋凯。因此三卷本《法国文学史》实可谓汇集了本学界一代精英的劳动成果。

1991年，三卷出齐后，《法国文学史》于1993年获第一届国家图书奖提名奖。

由上可见，我们的《法国文学史》带有一定程度的个体私营性质，它甚至从未列入外国文学所的重点科研项目，因而，它的编写工作也带有一点闭塞性，也就是说自己闷头干，与外面的学界几乎没什么交流与联系。足下所提到的2004年国内学界召开的文学史百年学术讨论会，我个人今天是第一次听说，当然，会上所讨论的问题，我更是一无所知，比如说阁下刚才提出的，"缭绕在人们心头的问题，究竟什么是文学史？文学史研究的目的何在？"

为了把这个问题彻底讲清楚，不妨先做一个区别，那就是外国文学史的编写工作，并不等同于外国文学史研究工作，两者的范畴和工作内容有相同但也有区别，现在既然是一次学术对话，我们不妨分别加以说明，以求达到深入细致。今天先说说外国文学史的编写，剩下的问题以后再谈。既然是编写文学史，那么究竟什么是文学史呢？这的确是编写文学史的人，脑筋里面常转悠的一个问题。

究竟什么是文学史？简单说来，文学史就是文学的历史书。这句话讲了似乎等于白讲，但事情就这么明了，正像欧洲史就是欧洲的历史书，中国通史就是中国的历史书一样。这一类按时序的先后提供系统的、必要的历史知识的书，不论是关于社会政治发展过程的、哲学思想发展过程的、文学发展过程的，都是任何一个文明社会必须有的，它们是"必备品"，是必备读物。由此，文学史的编写工作，可以说是社会文化建的设基础工程，也是高等院校文科教材建设中的必需，它的公共性很大，也就是说，需要它的人群是很广泛的，至少，社会上与文化工作、文化职业有关的人，对文化有爱好、有兴趣的人都是它的关注人群，都是它的受众。在这一点上，它有一定程度的普及性、大众性。因此，一部文学史首要的任务，并不是什么高深理论研讨的论坛，不是新颖学术思想体系的发布场，也不是新奇的批评方法的展示舞台。它是一种知识书，为提供知识的书，它的任务很明确，就是要清楚地说明一个国家从古到今的文学发展的过程，在这过程中，有些什么重要事实，是怎么发展、怎么演变的。总而言之，它要把基本的历史实事与历史人物讲清楚。而对文学来说，什么是它的最基本的历史实事与历史内容呢？那就是它究竟有哪些文学家、哪些作品、哪些思潮、哪些流派。说复杂也复杂，说简单也简单。因此，我且用一句粗浅简陋的话来概括：文学史就是作家出现史、作品出现史。前后不同时代依次出现过哪些作家作品，这就是文学史的基本知识内容，这就是文学史最原始的形态。

我开始编写法国文学史的时候，并没有读那些关于文学史的形态、形式、方法的种种学术论著。在如何编写上，我没有那么多学术考虑，我只不过是凭着我以上的基本理解这样做去，而这个理解，既可以说是受朱光潜先生的一个见解的启发，也可以说是从朱光潜先生那里得到了一个有力的支持与佐证，事情是这样的：

1977年，胡乔木、邓力群同志到中国社会科学院主持工作，社科院的科研业务全面恢复。根据全院的统一规定，各个研究所都成立了该所的最高学术机构：学术委员会。外文所的学术委员，除了有老一代的学术权威：冯至、李健吾、卞之琳、罗大冈等外，还从外单位聘请了几位学术名家担任学术委员，以更增加学术委员会的权威性，我记得有钱锺书（当时他已属文学研究所）、朱光潜、王佐良等几位先生，此外，还添加了本所的四个少壮派义务骨干，作为"新鲜血液"，我也忝列其中。于是，我有幸与朱光潜有了一段"同会"的经历。那时，"地下工厂"《法国文学史》已经开始浮出水面，因此，文学史的编写问题，就不免成为学术委员会上的议题，在这个问题上，发表意见较多的是朱光潜先生，因为在座的学术名家中，只有他一个人写过文学史类的专著，那时，他的《西方美学史》已经是享有盛誉的权威之作了。对他的言论我是洗耳恭听的，可惜，我当时做的记录后来丢失了，现在只记得几个要点：

首先他把文学史比喻为一张旅行路线图、一份导游说明，其任务就是要把文学史发展过程中的一个个名胜古迹、风光景点、按照时序一一向人们说明介绍清楚；二是强调文学史编写工作的难度，既然文学史要提供文学发展过程的历史实事，因此，知识的准确性非常重要，不仅要把关于作家的年代、身世、经历、创作历程的基本情况讲得一清二楚，而且也要把作品的背景、渊源、内容做必要的说明介绍。再有一点，不能光罗列史实，要有自己的分析和观点，要有自己的见识和见解，否则，就是一本没有灵魂的书。而这些意见我当时听来，一是大受教益，二是把我原来一些朦胧的、不清晰、不成型的感觉感受，不完整、不系统的见解明确化了、定型化了。因此，在后来整个《法国文学史》的编写过程中，我一直把朱光潜先生这些意见当作耳提命令，视为准绳。

在知识的准确性上，我始终是如履薄冰，小心翼翼。该书出版后，这些年来，大致上通过了广大读者这一关，当然，学力不足，难免还有没有发现的问题，没有被指出的"硬伤"，甚至有爆炸性的"地雷"。过去就有一位心细眼毒的才俊之士，在他不止一个饮茶品文的小品文集中宣称，《法国文学史》中"有许多翻译错误"，可惜，他只举出了一例，事隔多年，该文不止重印一次，此一判词也重复了不止一次，但仍然只举出了一例。一小例，下大结论，且不止重复一次，可谓是一例值千金。好在翻译问题毕竟不是史实问题，而那位先生所指出的翻译错误，实际上还谈不上是误译，而是不同的时代应该有不同的用语。目前的翻译界基本上有如春秋战国时代，百家争鸣。

朱先生强调的第二点，是分析与见解问题。这一点不难理解，当你一一叙述作家与作品的时候，你必须要做适当的评论与论断，而这就缺不了编选者自己的分析与见解了。郑振铎先生所说的"作家作品批判研究的联合"一语，我想，大致上就是这个意思。如果只是以时间为序，历数文学发展过程中的一个个作家、一个个作品，不客气地说，就是一本流水账，甚至连流水账都谈不上，而只是一个名单，一个书单，如果要把这种本本也列入文学史的话，那只能算是原始的文学史，不入流的文学史。这种文学史也并非是没有的，在解放前、我青少年时代跑书铺、看"站书"的时候，也见过这一类的什么《法国文学简史》《法国文学述要》之类的书。其实，我上述所举的那本从苏联翻译过来、在中国曾流行一时的《法国文学简史》，基本上就是这样一种类型的书。说实话，我对于作家作品的分析评论这一部分是特别重视的，在这方面花的笔墨相当多，甚至过分细致。这是因为有这样几点考虑：其一，外国文学名著在中国普及程度毕竟有限，作为《法国文学史》的编写者，不向读者介绍清楚某部作品的基本内容，并做出一定的说明、分析与评论，无异于根本没有向旅行者介绍这一个景点,那读者就容易坠入云里雾里,不清不楚。其二,我强调要有必要的说明、分析与评论,要有自己的而非人云亦云的分析与评论,要有自己独特的见解与论断,也就是说要有中国学人自己的思想观点。这个路子,还算走对了,因为我们在编写《法国文学史》的时候,国外《法国文学史》的论著已经很多了,如果完全搬用、借鉴,那是不难的,但那就算不上是中国人自己的编写文学史,而在某种意义上,只是编译或者是译述。外国的文化,只有经过自己民族化、本土化的过滤与鉴评,才能真正成为自己民族、自己本土的文化财富,才是真正意义上的本民族的文化建设,说实话,从主观上来说,我们不无要把我们的文学史弄得有自己特色的奢望,从客观上来说,则是我们的时代社会造就出了具有民族主义倾向的编写者的结果,也是意识形态领导机构不断强调要建立富有中国特色的社会科学研究体系这一政策长期引导的结果,而由于我们这一代学人,在思想上也有自己的局限性,自然也就会给我们的《法国文学史》带来一些事不可免的局限性,但这个问题,且容我留在下面再说。

总之,我们的文学史,基本上就是适应本民族、本社会大众化的社会文化需求,而弄出来的一本全面讲述法国文学历史全过程的书。在讲述上力求全面详尽,不忽略、不疏漏任何重要的作家作品,并力图对这个作家作品进行必要的分析、评说、鉴定、论断与结论,这就是我们编写工作成果的基本形态、基本形式。

如果要对"究竟什么是文学史"这个问题作答的话,我只能做出这样一个简单的回答:我认为文学史是社会文化生活中的一个大众的基本读物,当然,也是高等文科教学中的必修科目,其宗旨与内容就是全面地、如实地介绍一个国家的文学发展全过程,是描写从古到今作家作品的出现史与承继关系。对历史过程中全部文学实事的准确叙述,对有关历史条件的科学说明与阐释,以及对作家作品独特的分析与见解,是一部成熟文学史不可或缺的三要素。

由于我们都出自北大,甚至都师出同门,我对文学史的这些思想观点,最初都来源于北大的几位名师,从朱光潜、杨周翰、闻家驷、李赋宁,一直到我辈我等，在有关文学史是什么？文学史的形态与形式应怎样？文学史必须具备的知识与思想观点应该如何？总之，在所有这些问题上，似乎都大同小异。允许我高攀一句，这些似乎可以统称为"北大文学史编写理念"，而我们的文学史产品，似乎也可以称为外国文学史的"中国模式"，在当今世界上林林总总的文学史流派中，是否也可以称之为"中国北大学派"呢？

罗芃：朗松、布吕蒂埃尔、蒂波岱等人的文学理论和文学方法曾长期在法国学术界独领风骚。自20世纪中期起，这种局面被打破，统一冠名"新批评"的各种新兴文学理论大张旗鼓，标新立异，一个最直接的后果就是朗松等人的研究理念和方法受到严峻挑战，与此同时怀疑乃至否定文学史研究与文学史写作的声浪此起彼伏，怀疑者中不乏文学界执牛耳的大人物，例如著名诗人、批评家保尔·瓦雷里，他曾经暗示文学史探讨那些所谓的"环境与事件"对阅读作品了无益处。后来的结构主义批评家走得更远，在他们眼里，文学史与他们奉行的"诗学"研究水火不容，对文学史研究，他们实际上是不屑一顾的，不过表面上大多虚应敷衍，主张文学史研究无妨暂时"悬置"，也就是敬而远之或者束之高阁吧，要不就声称他们反对的只是朗松式的文学史研究，然而文学史究竟应该什么样，似乎也说不出子丑寅卯。比如杰拉尔·热奈特在著名论文《诗学与历史》里曾毫不掩饰地贬损朗松型文学史，嘲笑它们不过是把"作家传记按时间顺序排列而已（与郑振铎先生的定义倒是很吻合），传记写得好坏都无所谓，因为这种书绝对不能称为'史'"。（*Figures* III，《修辞3》，第14页）。这个观点为不少学者认同，说白了，就是认为文学史研究或者编写文学史，是属于朗松时代的学术活动，也就是说已经过时，当下已经没什么价值可言，起码是背负了太多的历史局限，学术价值相当"可疑"。您对于文学研究界出现的这种否定或贬低文学史研究的观点怎么看？您是否认为文学史作为一门学科，如今其主要功能仅仅在于系统普及文学知识，以及在大学课堂上作为文学入门教程使用？

柳鸣九：宇宙中任何一个物种，一旦产生就必然有自己的长成、茁壮、发展、扩大，而各种物种发展到一定阶段，他们之间必然会出现矛盾、竞争，甚至他们自身的不同阶段也会有矛盾、对立、排斥的状态，如小狮王与老狮王的矛盾、对立、排斥。如果我具有文艺复兴时期知识巨人所拥有的那种无所不有的知识储备，我就可以充满底气地予以证实，可惜我不是，我只能把它作为一种假设、一种预想、一种合理化的推理提出来，就教于其他各个领域的知识大家之前。

说到文学史，既然可以把它定位为常见的一种文化资料书，定性为一种大众所需要的常备书，一种社会广泛需要普及的读物，那么，只要一个文明社会存在着文学，势必就存在着文学史，只要有人创作文学作品，只要有人弄文学、搞文学，那么，就有人编文学史，只要有文学作品源源不断地创作出来，就有文学史不断地编写下去，只要有百花齐放，各种内容、各种风格的文学作品应运而生，不断生息，便会有各种不同的叙述文学、总结文学、描述文学、评论文学的方式方法应运而生。这不是一个人们愿不愿意的问题，这不是人们觉得需不需要的问题，而是社会文化发展的一种必然性问题，不是一个以人的意志为转移，人的兴趣与爱好决定原由的问题。教授先生，学识渊博，例举了19世纪后期在法国出现的众多文学史流派，众多文学史家的五彩缤纷的盛况，如数家珍，令人钦佩。

为什么法国文学史的流派、名家、论著恰当其时地出现了一个百家争鸣、百花齐放、五彩缤纷的时代呢？

众所周知，居斯塔夫·朗松，几乎每一个法国人，或者几乎每一个有法国文化知识的人，一提起这个名字，就想起了《法国文学史》，在世人的心目中，居斯塔夫·朗松就是《法国文学史》，而《法国文学史》也就是居斯塔夫·朗松，它代表了他，他代表了它，两者都互为同意语代名词，在现实世界中，人与物，人与人所创造的物，互相成为同意语，正是人在创造中获得了巨大成功的标志，是一种难能可贵的标志，是一种得天独厚的标志，他说明了它的创造主的成功、胜利。因此，《法国文学史》确实是朗松的代表作，是他成功的标志，成就的标志，它奠定了朗松在法国最高学府讲坛上稳如泰山般的地位，朗松出生于 1857 年，19 岁考入在法国有法兰西人文精英摇篮之称的巴黎高等师范学院，毕业后，一直在法国文学史领域中教书讲课、著书立说，直到 1934 年卒于巴黎。可以说，一辈子都捧着法国文学史科目这个金饭碗。

在一定意义上，我们可以说《法国文学史》这门学问，这样一个读物，这样一个研究课题，已经具有自己独立的生命力。作为一门学科，它在讲坛上向各种人群讲授，从巴黎大学的青年学子到欧洲的王室贵族，甚至是王公太子；作为一种读物，在现实社会中，它不断得到作者的修改，也得到了不断的重印再版。据有的史家统计，这部《法国文学史》仅至 1912 年就一连再版了 12 次。这个数字本身也反映了读者与公众需要阅读这样一种读物的广泛程度，毫无疑问，它同时也证实了这个读物的权威性与高度的学术声誉，然而正是这样一部已成为权威论著的读物，在它的作者居斯塔夫·朗松逝世之后，却遇到了挑战，广泛的、纷纷的挑战，几乎达到了墙倒众人推的程度，或者达到了众叛亲离的程度，这样一个文化现象很值得深思，如何看待和说明文学史领域中的反朗松的思潮与对朗松的批判呢？我以为根本的原因，不外有二：其一，朗松的文学史最明显的缺点就是写得不全，由于他本人只生活到法国 19 世纪后期，他的文学史也只写到了法国 19 世纪后期，他文学史的最后一章最后一节论述的就是法国 19 世纪末的文学，他既没有描绘法国 20 世纪文学的新曙光，也没有描写法国 20 世纪文学的新预兆，当然更没有法国 20 世纪文学，他的《法国文学史》与 20 世纪法国文学无关，法国 20 世纪文学的身影，我们在朗松《法国文学史》中是看不到的，作为一部史书，这是一个天生的缺陷，是一个原本的软肋，人们自然要求有崭新的关于法国 20 世纪文学发展历史过程的新文学史，于是，对新的文学史论著，对新的文学史课本，在这种文化社会心理的背景下，就成为了法国社会现实中的一种理所当然的文化期待，在这种社会文化心理下，又出现了一个《法国文学史》编写的高潮。超越、修改、补充、续写，甚至批判文学史论著与法国文学史传统研究的思想与方法，也就成为自然而然的倾向。新的文艺思维、新的文学视角、新的文学研究方法纷纷挤进了原本文学史研究传统古老威严的大门，而给《法国文学史》带来了一番新的风光。

新的风光是什么？如果用最简单的话来说的话，那就是创作者个人艺术趣味恣意发展与种种艺术追求最大限度的自我选择，正是在这种个人主体艺术、意识大肆发展的文学艺术氛围中，形形色色的文学艺术思潮与艺术流派纷纷应运而生，依次登场，接踵而至，构成了法国文学史上最为热闹的时期。从雨果的埃拉尼这个浪漫主义学校里毕业而出的一批活跃的角色，分别成为了新艺术思潮、新艺术流派的创始者。哥缔埃从事诗歌创作不顺利，改投缪斯门下，弄出了巴拉斯诗歌。波德莱尔、马拉梅、魏尔伦、兰波在穷困潦倒、颓废流浪、放浪形骸的生活中，创造出了最大限度的释放自我，创造出了一批在诗情意趣上骇世惊俗，在诗意上新颖出奇，不落俗套，才华灿烂，新颖精湛的诗歌创作。为此，后人概括成为象征主义诗歌与后象征主义诗歌，象征派诗歌。虽然，这一派诗人无一不在生活情调上有某种程度的浪荡，思想格调上有几分颓废，但世人几乎都不能不承认这是法国文学史上最具有实力的一个诗派。同样，在这个时期，法国文学的小说领域中也出现了遍地开花的盛景，除了传统的小说形式之外，又出现了心理小说、内心独白小说、意识流小说、异域小说等不同的小说形式。相邻近侧，皆已万象萌动，我能巍然不动？所有这些必然影响到文学批评、文学研究以及文学史的写作。

关于文学批评问题，我们实在绕不开一个人物，那就是斯达尔夫人，在19世纪上半期，它是法国政坛上一个有影响有实力的人物，似乎只有她才敢与权势不可一世的拿破仑挑战抗衡，斯达尔夫人是当时法国政治中资产阶级自由民主派中的重要人物，在巴黎高级上流社会中，她是聚光灯下的时尚达人，在时尚社会时尚文化圈子中，她是显赫的有影响力的中心人物，是著名的文化学术沙龙的女主人，在文学批评领域中，她是两本重分量书《论文学》与《论德意志》的作者，仅从书的标题来看，就不难发现这位学者兼批评家、文学家的精神倾向与对日耳曼学术文化的深刻认知与高度的娴熟，朗松文学史的基本班底，在学术知识界与斯达尔夫人士林为友，其受日耳曼学术文化风格的影响是不在话下、自然而然的，他们从日耳曼学风那里接受了最大的影响，恐怕就是最严格程度上的求实性。

这里的实，不仅是现实真实，而且在事实的细节上，也要求是确确实实的、真真实实的，比如说：介绍作者的生平，就要求确确实实的指明每一个日期，如若语及作家生平中的某一个事件必须明确指定该事件的确定日期，确定日期还不够，必须是确实的日期，又如，若考据某一个版本，朗松要求必须清点版本每一个部分的来龙去脉，核对每一个版本的原始资料，他并非反对文学史作者对文学发展以及文学作品进行主体的审美活动，但他反对纯主观的独断妄论，论述与论断皆力求稳妥稳健，具有最大程度的可接受性，利于得到广泛的认同，所有这些是朗松文学史编写工作中努力追求的目标，著名的文学编选中的朗松主义基本上就是如此。因此，所有这些标尺也就成为了朗松的《法国文学史》的标志与特色，这些优点使朗松的《法国文学史》带有某种经典性，这是他在法国读者中经久不衰的原因。而在朗松之后，起而续写《法国文学史》或重写《法国文学史》的全是一批与日耳曼学派大相径庭的个体学者或理论批评家，他们都有很强的个性化，他们的学风，他们的学格，他们的学术方法，他们的学术思想，都具有不同程度的个性化，有的对法国文学发展中某些作家作品长期积累了大量自己独特的见解，而不在乎是否稳当稳妥，不吐不快。有的对批评方法有新的感悟，正乐于在某一个文学史问题的场地上有一番磨练与施展。有的不一定对某个文化学术理论问题，却有一番丰富的真知酌见，正巴不得有一个高谈阔论的讲坛，或者有一个夸夸其谈的时机，都热热闹闹赶写文学史，补朗松还没有填满的空间，或者抢占朗松所空出来的场所，这样，在法国出现了一片的写文学史、出文学史的热闹风光。于是，从 19 世纪末到 20 世纪初，在法国就出现了写《法国文学史》，出《法国文学史》的旺季，动则上百万字的大部头，或者十几卷、二十多卷的大阵容。这样，在法国，文学史读物开始失去了它原来的性质：全面普及整个法国文学历史过程，供给广大读者群体需要的教科书教材的性质；为广大读者查询知识、解惑答疑的广泛普及读物的性质，而只具备了在堂皇富丽的图书馆展厅、在高级精致的书架上书柜里向人们发出颇有威慑力的光彩，使人对法兰西文化不由得产生敬畏文化之情，仰慕文化之情。

总而言之，从以上法国本土的情况来说，文学史读物是一个社会必备的读物，是一个社会基础文化建设中不可或缺的一种重要的常备书，它是广大人群所需要的。因而，它具有普及性、通俗性，但它要绝对忠实于客观历史事实，而它所面对的不仅是复杂的文化事实，而且是具有广泛社会内容，具有深刻精神思想内涵，具有复杂的、多样化的艺术审美思维，以及丰富多彩的艺术方法与经验。因而，它具有十分严肃的知识性，深刻的学术性。因此，文学史著作既是严肃的、一丝不苟的学术专著，也是为广大受众所需要的普及读物。如果眼里只有专著专论的高深性，只有个性十足的高谈阔论，只有天马行空式的玄谈妄议，那一般都是自视为精神贵族的人，走入了认知的误区，是学术文化工作所忌的。

对话者学术成果书影

关于《法国文学史》与大学者的标志

对话者倪培耕：中国社会科学院研究员，印度文学研究专家，《世界文明史》编委员会副主任，外国文学研究学术期刊《外国文学评论》副主编

对话时间：2017年5月5日

倪培耕

倪培耕：您是我仰慕的学长，是我心中的学术偶像，自您的十五卷文集出版以来，各界评说、赞叹、惊呼，不绝于耳。我作为您的同事，想与您就您的学术思想、学术构架、学术品性和学术操行，与您做一次访谈，不知君意向如何。

学术顾名思义是指向某种有系统且专门的学问。您所主编的三卷本法国文

友人对话录

学史，所撰写的两卷本法国20世纪的文学景观以及就法国重要作家作品和思潮流派所撰写的数以百计的专论文章，全面、系统、深刻地勾勒了法国近五六百年的绚丽多彩的文学画卷，对画卷里的作家作品做了缜密的学术性的定评、定格、定位，显示了您全景式的深邃学术思想以及从纵横两个空间矗立起恢宏的学术构架。值得一提的是，您倾注毕生精力所创造的令人难以置信的学术业绩，透视着您的学术自觉，它表现在您的对话性、空白性和突破性的学术涵养与学术品性上。我常说，我们吃外国文学和外国文化饭的人能扮演二道贩子的角色，把原汁原味的域外东西，批判地引进到域内，已属不易之事。更不用说，与域内外同行进行学术性对话或握有话语权，则是难上加难了。至于填补域内外的学术空白，理应是学者的担当和追求，从无到有，从个别至系统，更是建立中国学派的前提。而三性中我尤其看重的是学术突破，它要求学者解决一个接一个学术难题，创建一个个学术体系，掀起接二连三的学术思潮，因而创意性的学术突破，既是学术活动的灵魂，又是学者品性的至上者，概言之，三性是学术人的重要品性，又是学术业绩的铁定标识。

柳公凭借上述的学术思想构架、品性和操行（学术操行，我已在《平凡而坚毅的标杆式人物》一文有了说明）所建立的丰厚学术业绩，使您在后来的各个学术活动里游刃有余，似乎总处胜券在握的态势之中。在其中我看重的是您对日丹诺夫的左倾文艺观念的批判和对西方文学的科学评估，它们对我们从事外国文学研究具有全局性意义。从某种意义来说，我党是在同左右思想倾向斗争中前进的。右的较易识破，左的披着美丽的外衣，不容识辨。当时柳公的批判发言具有振聋发聩的启蒙作用。继而，评估是前者的伸延。然而，这不仅是个文学遗产的继承问题，亦是个正确对待文明态度问题。文明是物质文明财富和精神文明财富的总和，是人类在长期历史的基本实践中所创造的。我们理应对文明成果秉持敬畏、维护、发扬的立场。任何对文明成果的践踏破坏，都是一种野蛮行径，一种犯罪行为，应受到人民的谴责，历史的审判。去年，我在上海，与一位刚从西亚北非归来的历史学家交谈，说到今日西亚北非，由于极端恐怖主义和霸权主义挑起的战乱，满目疮痍，大量文明遗存遭到毁灭性破坏，悲愤不已，因为那里正是人类及其农业文明的发祥地！前些日子，中央电视台重播了邓小平旅美情景。在一次集会上，邓小平深情地亲吻一位美国儿童，且手执牛仔帽，向在场的几千美国民众挥舞，宣称美国人民是伟大人民，这是对美国人民及其创立的美国文明，表示由衷尊敬的情感流露，表达了一个真正的马克主义者的伟大胸怀，这彰显了马克思主义一个根本态度——历史唯物主义观。同样拥有这个伟大胸怀的习主席每到一个国家，总要点赞该国的重要作家和作品。这绝不是应景作秀，而是作为一个彻底历史唯物主义者应有态度和立场。

学术活动几乎充塞了柳公一生的全部时空。他以学术为己任，将学术视作自己的生命，从而铸就了令人瞠目结舌的厚实学术业绩。这里，人们不禁要问，这一切的动力来自何处。柳公在一些自传性文中提到了名利思想的驱动力。然而，人们只要深入他的学术生涯和真实情思的流露里，就不难发现，他所秉持的名利思想，绝不是极端个人主义那种，它观照的诸如钱锺书、冯至、朱光潜、卡之琳、李健吾等学术大家的学术轨迹，树立建功立业的远大抱负。这样，他不会受到外界任何诱惑（职称职务等）和一时得失（不公待遇）的干扰，而是心无旁骛地沉醉于学术事业里。当下，我国学术界有一股逐名逐利的不正风气，不择手段谋取职称职务和项目，而不是以学术为己任，甚至有的自封为大师，把自己大照镶嵌在梵高与塞尚之间，招摇过市，可谓走火入魔。

柳公的第二动力来自中国文化传统和外国文化传统，它们都尊重知识，尊重文化，倡导人文精神。诸如，孔子等诸子百家所铸就的中国传统文化，精卫、愚公、勾践的拼搏精神气质；西方亚里士多德、康德、伏尔泰以及普罗米修斯、浮士德、西西弗斯的文化思想和进取气质都感召着他，铸就他的学者气质，更值得一提的是，马克思在构建自己理论思想体系时所显示出的对真理不断探索的诉求，对实践精神以及对人文关怀的诉求，都内化在他自己学术探索实践活动中，而不是停留在空洞的誓词和口号里。

柳公第三动力源自他作为党龄不短的党员的党性，不忘初心，始终把自己所从事的学术工作视作党的事业。这三个动力也是三种境界，它们是柳公从事学术事业源源不断的动力源。

上述谈的学术人主体的资历问题。我认为学术大师辈出，还需要一个健康的学术生态做保证。这是伟大时代呼唤伟大人物的一个前提。

当下学术生态至多处在一种亚健康状态，它主要表现在，学术共同体往往演化为利益共同体，一些学术领域，存在学霸现象，他们结党营私，组成有形无形的小宗派、小山头，霸占职称职务项目和资金等资源的分配权和配置权；他们压制、打击学术异己及其不同学术观点，保护自己的利益和学霸地位，掩饰自己的不足和错误，严重阻碍学术的发展。还有一些为谋取职称和项目，采取造假、抄袭等学术不端，毒化着学术生态。再者，求真务实的氛围的缺失，很多人不能把握社会科学和文学艺术的本质诉求及其发展规律，这样，影响世界的原创性作品，就很少问世。

我认为，健康学术生态应如我党倡导了几十年的百花齐放、百家争鸣的生态，里面弥漫着生动自由的精神气质。也就是说，黑格尔所憧憬的"自由理性"之花必将满园灿烂绽放。我们要坚持在党的正确的坚强领导下，在我们坚持不懈努力下，在百花齐放百家争鸣的生态背景下，一个类似春秋时期学术思想的新轴心期，一个类似盛唐的新文学艺术高峰，一个类似影响世界四大发明或类似牛顿、爱因斯坦那般科学家引领的新的科学革命，一定会如期而至的！

柳公，我可能喧宾夺主，班门弄斧，现在请您不吝赐教。

柳鸣九：老倪，我们在外文所共事整整半个世纪，一天也不少，我们俩人这半个世纪的所作所为，彼此都看在眼里，你刚才一席话，我是受之有愧的，我知道你对我的理解、宽谅、称道与赞赏，是善意友好的、是真诚由衷的，但要我前来领取这些"奖品"，我还是很不好意思。

我们在外文所共事整整半个世纪，虽然不在一个学科，不在一个研究室，但毕竟是同在一层楼，总共只有不到二百人的狭小空间，什么事情都门窗相望，什么事情都鸡犬相闻，彼此的事都一清二楚，我们在一个单位里，平时算聊得比较多的了，碰头的时候总要聊上几句，相互的观点、看法、意见，都要算比较投合的，要算是比较投缘的两个朋友，我十分感谢你！

我在理论上，在某个学术问题上，孤立无援的时候，有你表示认同、支持，我被修理、被批判，走着崎岖路的时候，经常有你表示赞同、欣赏、安慰和鼓励。如果有一个破除坚冰，扫除河道，疏清坎坷，扫清道路的时代性的大作为的话，那么，这个大作为，毕竟是有很多社会成员，很多积极分子，很多志士，很多勇者参与了其中，这样一个社会作为、社会变化、社会进步，必然是一大群人齐心合力创造的。你所列举的几件事，我不过是充当了出头鸟，首先振臂一呼者而已，如果没有广大的群体做后盾、做背景、做阵脚，出头鸟与振臂者是不可能取得成功的。我当年在对日丹诺夫论断三箭齐发时，阁下也是发箭班的成员之一，参加过《外国文学研究集刊》上的重新评价西方20世纪文学的大讨论，也算是弓箭营里一名勇士吧，其地位有一丁点儿像哥缔埃在爱尔那尼之战中有极其鲜明的标志，他身披红色的大氅，在剧院里的舞台上上上下下，格外令人醒目。对不起！倪兄，我要说你，也有你的标志，你一口非完全纯正的上海话，语速快得出奇，一般人是听不懂的，但发起言来慷慨激昂，情绪激越，散会后令人非要看一下你的发言稿不可，结果，果然是一篇立场严正、言辞尖锐，对日丹诺夫的一篇缴文。无疑在反日丹诺夫的弓箭营中有一位百发百中的箭手，这位箭手就是你，倪兄，当然，你休想日丹诺夫的老赤卫队与新红卫兵会坐视不理，他们对反日丹诺夫揭竿而起者进行了恶狠狠的反驳，这一股反击的浪潮，并非没有背景，它们的后面并非无人，正坐撑着一把大红伞呢，我想，如果我向日丹诺夫开第一枪迟两三年，那么首先向日丹诺夫的那个发难者一定是你倪培耕。因为，阁下你在本单位研究人员中，素以"头脑灵光"而著称，特别是理论思维活跃。而且，你又是在一个喜欢提出问题，发动探讨的刊物编辑部工作。还有一点最为重要的是，你不是一个空头理论家，你的问题不是从教条中来、不是从空洞的理论中来，你有实践的经验，你对不少有基础意义的作家作品有研究的实践，至少在人文学科方面，没有这种经验就等于缺少最基础的条件。因此，我非常高兴就对于学者的工作至关重要的一些重大问题，如：学术思想、学术构架、学术品性、学术操行等问题，进行一次探讨,进行一次对话。其实这些问题,就是作为一个优秀学者所应该具备的重要条件,一个学者应该具备的品质,如何才能呼唤出学术才俊,学术大师的问题,造就一代学术的昌盛、兴旺与发达的问题,谢谢你以我为例来说明这些问题。但我自己的条件不够,不充分,不具有典范性,不足以充当此任,不足以示范。因此,请允许我有时在说明问题时,跳出我自己。学术,什么是学术?制造知识,制造尚未诞生的思想观点,知识学问,或者把已经诞生的思想观点,知识学问,整理成为有条理有系统,并且都已成册成卷的成品面世,这就是学术。学者,就是制造思想观点的人,就是制造书本典籍的人,不言而喻,您的学术工作,学术劳动带有明确的目的性、带有明确的预想、带有明确的计划,马克思主义经典作家曾经说过:"人和蜜蜂的劳动有什么不同?那就是,蜜蜂在建造它的蜂房时,并没有既定的计划、既定的预想,不存在什么蓝图问题。而人建造房屋带有明确的目的性、明确的预想、明确的构图以及计划。也就是说,人类的劳动,在劳动之前,就已经有劳动成品的构设存在于他的脑海中,而动物的劳作,其劳作的结果并不是先存在于它的头脑中,这便是人与动物的区别。学术工作是人类高级脑力劳动,他处理的对象本身就有复杂的系统知识性与丰富深邃的学术性,要把它处理成一个什么样子的产品,当然必须要有复杂而深刻的学术构思,对于学术著作而言,其学术性几乎可以说是一目了然的,你不用看完全书,就可以知其学术性的深厚高低,甚至只需要看相当的一部分,就可以判定。

对于编选工作的成果来说,其学术性的程度就比较隐晦了,作者不说,读者还得仔细推敲,作者要说,一般都是在序中来说明白,我是主张每一个编选都有一个序言,我自己从来都是这样做的,我认为在序言中,对所编选的材料做清楚的说明,对自己如何处理这些材料做明确的交待,是编选者应该尽的义务,是一种光明磊落的行为,在我看来,编选工作如果无序,那就有点像打马虎眼,但有很多学者却喜欢避开写艰深的大部头的学术论著,喜欢拼凑若干作品,成为一个"选本",于是,一阵子拼凑工作之后,就成为了一个科研学术成果,拿在他自己的手上,就美其名曰:"编著"。"编"就是"编","著"

就是"著",不著只编,"著"从何来?这种近乎弄虚作假、自我升值的行径,在当前学界士林中,成为了相当普遍的世态。有一次,我看了国内有一位目中无人,藐视一切,"学霸"式的人物署名为主编的书。我怀着想景仰景仰其高度学术性的心情,打开来准备好好读一读,没有想到,原来这位当年曾经名震学林,破格提升为教授的权威学者,只不过收集了十多位同事与学生的翻译,简单排列了一个次序,就在封面上堂而皇之地署上了"张某某主编"的几个大字,这样一本东西,既谈不上是什么精湛的选本,更没有跨上学术论著的门槛,但它肯定被这位权威人士当作垫脚石,每天往上走,名声日隆。

对不起,老倪,我有些走题了,你所谈的是内容相关的学术论著,如何互相配搭,构成一体,"强强"联合,组成一个阵容,组成一个联合体,共同针对一个课题。说实话,你所提的这个问题,实际上是学术工作,发展到一定的程度,发展到较高的水平才能出现的,你所景仰的学术成果,累积成恢宏的学术构架,对全景式的对象景观做全景式的展示,并做出有一定深度的探索、说明、定评、定格、定位,这种成就只有在这个学科发展到相当高的水平上才能出现的。如果对一个客观过程全景,没有真正地摸过一遍,没有积累了足够的见解、评析,足够的深邃思想,独特见解与一定数量的专著,与足够的卷册篇章,总而言之,一个专业,一个学科,只有当他平均业务水平,发展到一定的高度,达到一定的水平,才可能出现你刚才所景仰的景观,而没有达到这种专业水平的,自然不可能出现这样的景观,承蒙你的抬爱与青睐,你把我所在的专业列为达到了这种标准的专业,我深感荣幸,我也实事求是地做了一番评估,也实事求是地说一句:我基本上同意你的评估和评价,对我个人而言,从中世纪到19世纪,然后再到20世纪,对整个法国五六百年的历史、文学史都好好地摸了一遍,说好好地摸了一遍,是指好好地读过、好好地思考过、好好地评析过、好好地说明过、好好地论述过,我认为好好地读过、好好地思考过都还不能完全算是摸过一遍,只有你真正地说明过、论述过、分析过,有自己的见解、有自己的思想观点,只有这样,你才能说你好好摸过了一遍,掌握了它的全部过程。

倪兄，对不起，我有点走题了，你今天所提的题目，看来兴趣在于谈论学者的标准，真正达标的学者的标准，当然，标准不止一条，学者致学的目的，学者致学的服务对象，学者致学的热情，学者致学的专注度与热诚度，学者致学的劳绩与成就，学者对本学科发展的热情投入度与所起的作用等，我们今天当然不能谈这么多问题。

你首先提出的真正学者的标准，是在于他心目中应该有一个学术宏图，有一个学术规模，有一个学术工作的系列，如果构成一定的学术声势，一定的学术规模，真的学术阵势，我觉得这个问题对于当今中国的学术界过高了。是一个高标准，严要求，中国的学术，还远远达不到这个要求，有一两部学术专著问世的学者，为数就不多，毕生有一两部著作出版面世的，在中国，就算有学术成就了，这样的学者一般都被视为有成就的学者了，达不到这一个标杆的，大有人在，甚至为数不少。我以上提的这个问题，其实还不是学术问题，够不上学术工作的台面，而只是附庸学术的世态，说实话，学术工作在中国不是太发达，而附庸学术工作，附庸学术的事态倒是相当普遍昌盛，没有学衔而有权势的人，谁都想有一个博士帽，有一个教授头衔，教授头衔还不过瘾，还必须有一个博导头衔，以至有了博导满街走的童谣，总而言之，是游离在工作台面下的名堂，以至我们要谈中国的学术，主要就不得不谈这种亚学术问题、仿学术问题、伪学术问题的名堂和道道了，以至我们不能不谈这些亚学术、次学术的名堂，这不能不说是我们学术界的悲哀。

我非常感谢你对我的学术成果的善评与佳评，你以清醒理智的、公正客观的态度，指出我在"主课作业"《法国文学史》上各种学术成果之间的统一性，既有一定的目的性与系统性，又有各部分之间的架构与联络，集中致力于描绘长达五六百年的法国文学历史长河上的绚丽景观，呈现出法国文学历史长河的全貌，具有一种恢宏的气势，这就是一个真正学者的系统性、恢宏性，是真正学术大家才能有的宏大学术理想，有相称的巨大蓝图。三卷本《法国文学史》完全致力于说明、叙述、评析，从中世纪到18世纪的文学过程，对整个20世纪文学，另有两卷本《法国二十世纪文学史观》献出了全部的篇幅，则另有大量的文学资料配合文学史的说明，还有大量的短文随笔，评论表述，又对颇具个性的文学现象、文学作家做了有趣的评论与解析，我承认阁下的佳评只是本着实事求是，我不是一开始就有先见之明的。

我在以上追溯整个写作过程中，全书的完成实际上是在修修补补的过程中，先是完成了中世纪至 18 世纪部分，这才发现缺了 20 世纪这一重大的版块，这才回过头来，用将近七年的功夫来完成了 20 世纪部分，在 20 世纪部分完成后，整个法国文学史的规模、建构或整体面目总算露出来了，但又陆续发现前面部分的不足，于是，又回过头去进行修补，如对某几个消极浪漫派诗人就是如此，我们并不是从一开始就有一个宏伟而完美的蓝图，有条不紊地按照这个蓝图进行下去，而一边补贴，一边编写，修修补补地做完了整个的工程，就像北京长安街上著名的北京饭店，它是断断续续构建起来的，修修补补建构完善的。这也难怪，毕竟我们在这个行业中，还不是识途老马，都还只是新手，但我们还是知道什么叫完美，什么是有欠缺，总算还是知道缺什么部分，还需要补什么部分，修什么部分，因此，最后建造出来的，毕竟还是上档次的"北京饭店"，而不是简陋的大楼，总算是一部完整的《法国文学史》，而不是其他。

如果我没理解错的话，阁下对像样的学者身上所应该具备的素质，还有一条，那就是学术品性。

阁下所重视的学术思想，实际上关系到学者的学术志愿、学术理想、学术宏图、学术用力度。有多大的学术理想，有多大的学术用力度，就有多大的学术宏图、学术方案，继而才有多大的学术决心、学术的用力度以及坚韧性，而所有这些决定有多大的学术把握、有多大的学术自信以及对自己的学术能力有怎样的评估，而准确的评估又会带来多大的学术把握、学术自信心。总而言之，涉及与主创者学者本人在主观上的一些条件，而最后则凝现为学术成品的规模、构建、全面性、气势、丰富性以及深刻性。而阁下所重视的学者品性，是主创者学者本人长期在学术思想指引下，身上逐渐沉淀起来的实实在在的素质、能力、习惯、技能、技艺、水平等。它决定劳动者所创造物件的层次、水平、技艺。

阁下于真正学问家身上所看中的另一个重要的条件与规范，就是作者的学术品性，正如我们在文学史上千万个作家作品那里所看到的，有各种品格、有各种品味，有高低之分，有优越之别，有美丑之分，有俊陋之别，有雅致之分，有低俗之别。

每一个应人类现实生活而产生的制品，其基本的存在理由，就是必须像它自己，必须是它自己，不论是物质制品或精神制品都是如此，茶壶存在的理由，就在于它是一把装茶水的容器，一部文学史，如果它称得上是文学史的话，那么，它就必须是一部文学史，必须有文学史的基本形态、基本功能、基本用处，必须有文学史的内容，物质制品精神制品需要自身必须具备的条件，那它的制作过程必须保持一定的规矩、规范、技艺，必须达到一定的标准，制作过程所必须具有的规矩、技艺，就是制作文学史的基本品性，就是说它必须这么做而不能那么做，这才能做成一部文学史，实际情况便是如此。因此，学术品性，其实就是学术制造，就是学术制造的程序、步骤、关键、要点，必须合乎规范，必须达到一定的标准、一定的高度，所有这一切的总谓，即可谓之此作的学术品性，以文学史而言、论著而言，它必须对文学史对文学的发展过程，有从始到终的、完整的、全面的、明晰的叙述与说明，不留下任何空隙与遗漏。以上所说，是文学史应有品性的其一。其二，它必须得对全过程中有创作劳绩或者有独特艺术创作的作家作品，有必要的介绍与清楚的说明，有必不可少的论析与评论，应尽可能地对一些作家作品，一一做出定性、定位、定格。其三，对于此作在文学史上出现的原因，在文学史上所占的地位，在文学史上所发生的影响与作用都有所论及，并尽可能地提升到规律性的高度，加以说明与论定。清晰的叙述、中肯的评论、准确的总结，凡此数项，均有齐备，方可成为像样的文学史，如果有所缺失，即为不合格的文学史，令人遗憾的文学史，甚至是一部拆烂污的文学史。

谢谢阁下，把我列为有学术品性的学者，我自己也知道，当一个合格的学者是很不容易的，稍不留心，就有失误的可能。因此，对学术工作，从大的论著到小的文章，从不敢造次，小心翼翼，如履薄冰。我最害怕的是出现史料错误，重要的事件、重要的人物、重要的年代，我总要反复查对，总怕出现硬伤，皇天不负有心人，虽然，盯着《法国文学史》的人很多，其中有出自传统的经验丰富、对学术瑕疵一丝不苟、嫉恶如仇的老派学者，自幼饱受洋派文化熏陶，又毕业于赫赫有名的外语院校科班教育，还在"索尔邦"镀过金的洋博士，莫不更是准备好了尖锐冷峻的眼光，如啄木鸟似的利嘴，等着此书的问世，但经过半个世纪的时间考验，总算没有听见有人在《法国文学史》的背后大啄脊梁骨，啄出了几个大窟窿的大新闻。

在写《法国文学史》过程中，写作者必须司好文学批评家的职能，面对文学史发展过程中出现的每一部作品，必须发表评论，做出定性、定格、定位、定作用、定地位、定影响、定评论，这些评论必须写得言之有物、言之有据、言之有理，最好还能做到言之出彩、言之有思想闪光、言之有独特性，并且在文笔与文采上，力求保持使读者乐于阅读，在文笔与文采上，保持使读者明确易懂，达到明细清晓，自然舒展，使读者易读、悦读的整齐水平。如果达到这种状态，那么就完全可以说尽到了文学批评家的责任，尽好了文学史家传播知识的学术职责，本人虽学养不深，文笔欠润，但深知要这么做，至少努力这样去做，至于做到了多少，那就只能留待后人去评说了。

关于一个合格的真正的学者，一个优秀的学者，一个可称为大家的学者，所应达到的标杆，所应具备的条件，阁下提出的第三点是学术操守，这一点很重要，阁下所提的学术操守，其实就是学术道德，在《法国文学史》一书的整个工作中，我完成了我必须完成的职责。总的来说，我自己还是比较满意的，而且完成得还是比较应付自裕，并没有感到非常吃力，困顿异常，没有难于上青天的艰苦感，之所以这样，因为我多少是一个有准备的人。首先，有关法国历史的书，以及《法国文学史》中一些重要的书，很多都是我所读过的，老实说，关于法国文学与法国文学史的书，从中学时代起我就开始读，断断续续，一直到我中壮年、到我老年，而且，在批评方法上，我也胸有成竹，从一而终，没有再跳来跳去，那样既浪费时间，又破绽百出。简单说来，我的批评方法，基本上是历史社会学派的，一般说来，我都是把文学史的发展现象，把文学作品的现象表现，把作家的文学创作与所作所为，都放在该民族社会历史的条件与发展变化下加以考察，放在该民族所处的历史发展阶段以及历史变化机遇中予以考察，与此同时，又要特别关注作者本人在特定的环境与机遇中，特定的心理状态，特别是对其创作的影响。用我概括的话来说，不舍弃阶级分析论社会历史学说，又不回避弗洛伊德主义心理学方法的有用成分。这样既可以做到不空洞教条、大而不当，又可以避免狭小偏颇，缺乏社会历史阶级的视野。

也许是因为我的自我选择是得当得法的，因此，几十年走下来，毕竟有了一份"著译等身"的劳绩，并且，承蒙你的善评，还具有学术规模宏大性，中国式的话语权、学术开拓性、对话性、突破性。至于，这些成分究竟有多少，那就更需要日后的读者来评论了。

访谈者学术成果书影

一次友好的谈话
——关于同行业中和谐的人际关系

对话者王文融：北京大学西方语言文学系教授，博士生导师，北京市优秀教师，法兰西教育骑士勋章获得者

对话时间：2017年5月完稿

王文融

上

柳鸣九：王先生，我早就听说北大有位王文融教授，品学兼优，德才兼备，但我们会面、认识却是很迟的事，今日会见，幸会幸会！

王文融：依照学界对您的尊称，让我先道一声"柳公，您好！"此次有机会与您笔谈，深感荣幸。您是我尊敬的学长，您从北京大学西方语言文学系毕业一年后，我才考入北大。对您的了解，可以说是从阅读您的文字开始的。被

我当作案头书的有《法国文学史》，以及您怀着敢为天下先的勇气和胆识发表的那些理论著述与批评文章。

柳鸣九：谢谢您的肯定与夸奖，这一部文学史还有缺点，将来还需要进一步修改。

王文融：在您的著作中，深深打动我的还有您缅怀师长前辈的一篇篇美文。文章不仅以传神之笔再现了这些名士的音容笑貌、习性风度，更以一位文化学者的独特视角和切身感受，为我们展示了他们的精神风采和人格魅力。看得出来，您对这些名家大儒满怀感恩和崇敬。能否请您谈谈他们对您的学术生涯有过怎样的影响？他们的学风和品格又给了您什么启迪？

柳鸣九：这是一个很好的题目，我很乐意跟阁下交谈这个问题，这个题目不仅令人很感兴趣，而且颇有教益，

我从北大毕业后，分配到"古典文艺理论译丛"编辑部任翻译与编辑，由于业务上合作紧密的关系，我实际上没有离开北大朱光潜、钱锺书、李健吾、卞之琳这一个中国搞西学的精英的圈子，后来转到文学研究所与外国文学研究所工作，和这个圈子更是每天相处，成为了同事同道，一直到我退休高龄，可以说，我是在中国西学精华学者群里浸染了一辈子，完全是在这里泡大的。每天得到这个人群的滋润，每天处于这个人群的气场作用之下，每天接收这个群体精神磁场的吸引，这个族群是人群组合中的高层次，是中华民族现实社会中的精华。在政治上，他们有强烈的爱国主义、民族主义思想，他们是坚定的民族主义者，即使有人潇洒浪漫、自由放任了一阵子，但也从没有离开过自由民主的旗杆下，从来没有舍弃过自由民主主义立场。他们同时又是中国传统精神的继承者，在大节方面，他们讲究忠义；面对人群时，讲究仁爱；面对自己时，讲究清高，他们身上同时具有儒家君子与洋派绅士的德行与操守，言行举止，都发散出两种雅气。在文化上，他们是全人类优秀文化的认知者、拥有者、掌握者、储存者、守望者、宣传者、播撒者，当我们年轻一代的学子自觉或不自觉地投效或聚集在他们的门下时，他们是把这些学子当作同道者、同

行人、助手、传承者来加以引导、加以培养的。在这一个族群中，我们每天接收他们的滋润，在他们的气场中呼吸着他们的气息，在他们的磁场中感受着他们精神的强烈吸引。我并非书香门第出身，没有出国镀金的幸运，我的知识结构与智能成分具有天生的弱点，但这一个族群的影响却弥补了我上述的不足。

搞西学的人缺了这一课，其知识结构与作为能量上的缺陷是不难发现的，然而，我虽无幸运受到卢瓦尔河、塞纳河、莱茵河、多瑙河的滋润，我却有充分的条件，畅饮了本土的甘泉，这本土的甘泉，很大一部分，正是从卢瓦尔河、塞纳河、莱茵河、多瑙河渗透而来的，并经过华夏大陆地层的过滤，也许更投合本土学子的体质与营养需要，更有利于本土学者的吸收与接纳，于是，我在未名湖畔的清秀中与燕园的葱郁下，成长为目前的这样一个人。

得到源于拉伯雷的神瓶，又经过华夏大地的过滤与渗透，这种甘泉自然更有利于本土学者的吸收，而且我们恰逢一个畅饮的最佳期，是在一片鼓掌声喝彩声中畅饮甘露的，是在"向科学进军"的高音喇叭声中畅饮的，"喝吧"！"喝吧"！尽情地喝吧，尽量地喝吧，甘泉不限量，佳酿也不限量，青年人畅饮吧！于是，中国的一批青年人就在一片畅饮中成长起来了，成长起一批什么样的果子？大概也就是像我这样一批说不上有什么特别的好，也说不上有什么特别的不好，反正好歹就是我们这样的一批人。

清政府完蛋后，随着民国政府的成立，现代教育制度已来到了中国，最有名、最显赫的是京师大学堂与清华大学堂，在这里执教鞭的恐怕有相当一批人就是被李鸿章送出去的少年娃娃，他们成为中国现代教育的先驱与大师，这是李鸿章洋务运动的结果。在他们之中西装笔挺的与马褂、长袍、头上戴着瓜皮小帽、背上还垂着一根长长的辫子此种老派人物，在京师大学堂和清华大学堂中都不罕见，不过，为国家走向现代化方向而服务的使命没有变，他们继续执教鞭，教授年轻人，教一代一代的少年娃娃国粹知识和西洋先进玩意的任务没有变。这样经过几辈，来到我所在的五二届的时候，在讲台上执教鞭的几乎全是穿咔叽布中山装的男士或穿列宁装外衣的女士，似乎都变了另外一批人，当然没有变的是他们都在欧美几条大河中浸泡过好几年，他们对洋玩意也很熟悉，他们在讲坛上讲的是欧美语言，只不过，他们都有一颗中国心，他们要把洋玩意教给课堂中的少年娃娃的使命也没有变。

经过几年严格的科班教育，掌握了外国语言技能，通晓了外国文化的青年人才，走上了需要西学语言文学知识与技能的高位，在这个领域里，我们的上一辈，有杰出的人士，朱光潜、冯至、钱锺书、梁宗岱、李健吾、卞之琳、李赋宁、杨周翰、季羡林、金克木、叶君健、田德望、吴达元等等。

接下来就是我们这一辈了，我们这一辈人怎么样呢……

北京大学西语系是一个有了些年头的老系，得益于新中国成立初期的一次院系调整，把北京大学、清华大学、中法大学、辅仁大学、燕京大学等有外语系的院系集中为北京大学西语系，集中了中国几乎所有参加过西学工作的有名望的专家教授，而且，每一位教授除了精通一门外语与该国的文化艺术外，都几乎是学贯中西、每一个人都学有专长，在本专业课的教学上经验也非常丰富，每个学年一开始，这一批高师都怀着一份多年行之有效、育人有方的课程设计与教学方案，等待新一批学子。他们身穿蓝色布料的中山装或列宁装，夹着教案与讲义匆匆地来往于教学楼与各个教室之间，把教案与讲义中的那些知识灌输给新入学的学子。新入学的学子，几乎都是每人肩挎一只草绿色的大书包，里面装着讲义和教科书，绿色书包的背带上几乎都挂着一只白布的小袋，里面装着一只白色的饭碗和一只饭勺。一清早就这样一身装备出了宿舍的大门，一上午就来往于各个教室楼与授课室之间，上午最后一节课之后，就分秒必争直接赶往大饭厅吃中饭，好在饭具是挂在绿书包上随身走的，用不着去宿舍取一次，中饭之后，又是背着书包来往于各个授课教室之间，一直到下午体育锻炼时间，体育锻炼之后，就要极速奔向图书馆抢座位，去迟了座位是没有的，那就得回宿舍去做功课和自习，由于饭具是随身带的，一天也就把来往于宿舍取饭具的时间省下来了。每天穿蓝中山装的、胸前挂红校徽的教学人员，行色匆匆在各教学楼之间来来去去，而身穿蓝色中山装的，胸挂白色校徽的青年学子，则几乎是以小跑的节奏，在不同的教室楼之间跑来跑去，老师也好，学生也好，双方的时间都像在作战时一样的紧凑，每天的时间就像是在打仗，谁都很忙碌，谁都不能耽误，哪怕是一两分钟的时间。我看这里青年学子的时间，比徐志摩在剑桥的时间要抓得紧得多，学习时间抓得如此紧的国内学子，和学习时间那么悠闲的剑桥生，究竟谁在学习上本领过硬，真还不好说呢。

他们一进入这个环境，就要如此这般紧张地过四年半的军事化生活，他们就这样互相配合着、互动着，为了完成一份教学大纲，其目的就在于培养一个掌握一门外语、通晓一个国度的文学、一种文化，从事研究、教学、交流等工作的青年专门人才，为了使他们精心培养出来的专门人才，为了使这批青年学子能胜任各种预想的涉外工作需要与难题，他们全面而精心地用各种文化知识武装这些青年学子，计划全面而精细，就像把一个个战士武装到了牙齿。

不言而喻，要通晓一国的文化，要研究一国的文学，就必须先掌握该国的语言，因此，外语学习就成为培养这些各个文学专家的重中之重，从课时来说，它要占首位，每天不是七八节课就是九十节课，课程嘛，从基础发音、文化开始，到课堂阅读，在阅读课中，又包括听写、精读、快读、翻译、解析、外译中、中译外，从各个方面，以各种方式，培养学子们娴熟的外语技能与精深的阅读理解的能力，每一种课程的执教鞭者，几乎都是留洋生，获博士学位的也不止一两个，留学国外几年、多则十几年，甚至二三十年，可以说他们身上泡透了法兰西文化，喝饱了塞纳河的墨水，而他们又各有所长，都有自己的绝活，他们深知他们的使命，就是要把自己的这些能耐和绝活传授给这些青年学子，他们也的确这样做了，在长期的教与学的关系中，亲近的师徒关系中竟成了莫逆之交，甚至是至亲之交，不是父子胜似父子，子承父业，可谓同呼吸共命运。罗新璋大学二年级即与傅雷通信论译道，形成了师徒关系，以至于他终身的事业都维持系在与傅雷的关系上，傅雷流传后世两笔最大的遗产，一笔是十六集傅雷全集（安徽版），一笔是二十集傅雷全集（辽宁教育版），全是由罗新璋逐字逐句校定出来的，以至于人们都把罗新璋视为傅雷的继承人。当然，傅雷的公子才是傅雷的继承人，傅雷的公子所继承的是傅雷的硬货。再如，罗大冈，他是法国文学界的权威学长，他眼界极高，在业务上，他放得了心的，仅有叶汝琏、施康强等少数两三人，然而，他最后把他一生学术与研究的结晶四卷本罗大冈文集，交给他的徒弟施康强编辑写序，其信任超过了任何其他人。这就像古代的领主，其家族的精神，其主要的家族传统与重要的家训，往往不是由自己的子孙辈继承，而是由其重要的家臣和忠诚的武士来继承与实践。

在举校一致，全校一律向科学进军的高音喇叭声中，这种师生关系完全是亲切的、融洽的、和谐的、有教益的，我记得当时东校门外有一个小饭铺，饭铺很简陋，但周围这一片做这种生意的很少，所以，这小饭铺的生意还挺红火，我每个月剩下一点生活费总要选一个星期天到这里来享受美味佳肴，囊中羞涩，不能多点，每次只能点一个叉烧肉炒饭，加一个鸡蛋汤，每次我都是与同乡同学刘君强一道来，经常来的时候，我们往往都能碰见盛澄华教授，他是北大西语系的名教授，他是中国有名的纪德专家，在社会上有很高的声誉，翻译过不止一部纪德的作品，而且还写过关于纪德的专著，在小饭铺碰见时，他总是很和气，隔着餐桌就跟我们打招呼，满脸春风，态度随和，平易亲切，如果我们当时开放一点，大胆一点，很可能我就成了盛澄华教授的哥们儿，可是，我们有点土气，与人打交道，态度拘谨，不敢上去与心中的偶像人物搭讪，因此，与盛澄华教授失之交臂，后来才知道，同一系来自上海的同学，他们见识比较多，头脑灵光活泛，深知对日后的入世、立足、做事的重要，有好几个人就是在这家小饭铺里认识盛澄华的，后来对自己翻译纪德就起了大的作用。

在学林的世故经验中，我和我的同乡刘君强毕竟是从较"土"的省份来的，在这方面明显显得弱了一等，不大开窍，以为重要的是要把书念好，念书之外的来往、走动、联络都是不足道也，于是，集体拜访、茶会似的小聚都没有我们的份儿，不过，我自问与老师的关系，是正常的、自然的、有益的。

每个人都有自己的活法，有每个人的求学之道、求师之道、求友之道、求人际关系之道，我虽然来自不怎么开放的省份，但在这些问题上，我并不是没有一定之规，并不是没有一定的路子，在求师问题上，我对名学者名教授一律景仰膜拜，但我最顶礼膜拜的都是有真才实学的，有丰硕劳绩、平易自然、低调内敛，而不是咋咋呼呼、咄咄逼人的名师大家。

当然，朱光潜是我心目中的典范，他那身蓝咔叽布的中山装，矮小的身材，样子像图书馆一个普通的老办事员，但在我的心目中，他是最光芒万丈的。我们法语专业还有一个老头，他满头白发，从来都是乱糟糟的，一身旧布衣服肥大而不合身，讲起话来口音十足，别说有没有几分法兰西谈吐意味，而且连标准的中国话还差点格，他在西语系，人们对他爱理不理，就像莫泊桑小说的某某姑妈，在生活中像把可有可无的茶壶。原来我也不知道他是谁，后来才知道他是曾觉之教授，唉，西语系还有这么寒碜的教授，后来一了解才知道他是民国初年的大翻译家，是中国法国文学研究的开山祖师，翻译了大量的法国文学名著，主编过《中法文学比较交流》的学术刊物。他教过我们泛读课，泛读课就是要提高阅读的能力与速度，读的东西也不像是精读课那样，读的基本上是一些老生常谈的作品。而读得较多的则是比较偏比较奇的作品，这就使我们见识了曾觉之先生法国文学知识的广泛、法国文学修养的精深偏奇，那些犄角旮旯的作家作品的问题他都知道，似乎就没有他不知道的东西，虽然他的学问大、知识广，但是，他在西语系看来甚不得意。整天西装笔挺，头发锃亮的教授，住的是燕东园、燕南园里精美的小楼，而他则住在未名湖畔单身教授的宿舍里，他的面积大概只有二十多平方米，上他的寓所登门拜访的人少得可怜，我倒要算是其中的一个常客。

同学关系，求友问题，虽然只是学校生活的一个小角落，而且是一批青少年人间的鸡毛蒜皮的事儿，当然它也不失为现实生活的一个窗口，人生的一个影像片段，但它反映了社会生活中的真实、反映了人际关系的复杂微妙以及人内心世界的幽暗曲折，与后果的坚硬、影响的漫长。我生来就不是幸运儿，从学校生活起，天老爷就给我安排了一些克星，我实在不想碰见、但偏偏躲不掉的克星。

西语系每届学生，基本上都是六十人左右，分为英、德、法三个专业，每个专业都有二十人左右，每个专业或多或少只是一两个人的差别，我们从入校后不久，就隐约地听系主任和其他重要教授如下的评论：在近几年，西语系招进来的学生，以五七届学生的质量为最高，越到后来，这个评估越来越被更多的人同意，只是从人才的比例而言，也就是说，后来事实证实了五七届的学生中出人才的比例最大，也就是说出专家、教授、名学者以及其他很多行业比较出类拔萃的人才，很多都是出自西语系五七届，就军事部门而言，成为精英骨干的大有人在，特别是出了三位赫赫有名的将军，雷远生、魏振耀、姚乃祥；在高教领域中成为了教授、博导、学者、学术机构领导人，其中劳绩丰硕、学术影响远扬的佼佼者有：复旦大学的余框复；北京大学的赵蓉恒、范大灿、安书祉、洪天富、赵保生、樊益佑；出版系统的关山复；学术研究机构的高中甫、韩耀成、张玉书等；法文专业在高校的有刘君强、赵英、吕永祯、孙传才、王丽玲、项灿兮；研究机构中有金志平、罗新璋、柳鸣九、赵桂藩、王晓峰等。可谓是高材生云集，青年才俊比肩而立。相对说来，三个专业的学生来自上海的较多，每个专业上海生都过半数，还稍多一两个、两三个，他们大部分都出自上海优秀的中学，家境都比较好，衣装较新潮，用品较高级，口袋里多几个零用钱，经常吃得起零食的也较多，他们的优越感显然是较高的，而且性格好胜者也比较多，他们遇在一起，那是非要讲上海话不可的，似乎"侬""阿拉"就是高人一等的标志，下课后教室里外、过道里都一片"侬""阿拉"声，他们的语速很快，口齿伶俐，唇舌音较多，听起来像另一种外语，即使是当着你的面说你，你也听不懂，而对于来自较土的省份，他们的优越感更为明显，他们可以不称你的名字，而是以代号称呼，而代号即使像是恭维，但是也带有轻视、调侃、揶揄的意味。

事后很多年，我听一位上海老同学告诉我，刚到学校，人和姓名都还对不上，上海帮的同学想不起我名字的时候，就用"那位大理论家"来称呼我，因为，我有时答题言之凿凿，写读书报告时篇篇成文，于是给我取了这么一个外号，但我闻之，并没有受宠若惊之感，我觉得这个外号恭维褒奖其表，实际上带有一种调侃、讥诮的意味，就像上海人赵辛楣当面称褚慎明"哲学家"一样。因为，在典型上海阔少看来，学哲学的人"等于什么都没学"，而哲学家、理论家岂不是什么都不行，就会空谈而已？实际上我自己也常这么看，当我把某个人称为左派理论家的时候，我实际上对这个人是很瞧不起的，毋庸置疑。考进北大西语系的都是凭分数硬成绩，进入系里后只有靠成绩才能被人瞧得起。不能不承认，在班上我的法文成绩比那几位天才少年总要逊色一筹，法文成绩往往与课堂对话表现有关，但偏偏我有几个天生的弱点帮了我的倒忙，作为湖南人，在发音上我不能把"n"与"l"区分开来，听写中也就区分不了字母组合的不同；我天生有临时怯场与粗心大意的毛病，在法文中往往忽略了阴性的名词和阳性的名词以及字母上拼写的变化，因此，我的成绩总是徘徊于优与良之间。特别有一次事情虽小，但大伤我的心，那是一次最初的口语课，学习通名报姓，陈定明教授，依次把每个学生叫起来，提出"你叫什么名字"的问题，我当时产生了一个小小的困惑，"柳鸣九"三个字用中国的语音呢？还是要加一点外语腔？我一时之间判断出了问题，报这三个字的时候加进了一点外国腔，就像在电影中所看到的大多数外国人叫中国人名字的时候的那种腔调，我的回答还没有完，教授还没有做出评判和纠正，从教室的后面传来了一声"噗嗤"的笑声，回过头一看正是那个上海高个子刚发出来的，他大概也感觉到有点失态，并以一个优美的姿势以手掩口，做出了一个后悔弥补的姿势，那个姿势倒是做得非常优美、文雅气十足，像一个美丽的幼稚的少女感到羞涩一样，我马上的反应是，这小子在伤了人之后，又以一个新的动作给自己加了文明化有教养的一分，此后，每当我想起这件事，总感到羞愧，感到非常难堪，事实上，我从一入西语系，就对这位高个子上海青年心存景仰，虽然听说同学中对他有些不好的反应，如，自高自大、特别不尊重人、侮辱人等，我倒一直把他当作求友的对象、高攀的对象，因为我觉得他对传统文学的观点与见解高人一等，和我谈得来，还因为我很欣赏他的艺术鉴赏力，自鸣得意的认为，他的艺术鉴赏力，其水平在班上只有我的水平可以与他相提并论，不论是对文学、音乐、美术以及电影，对他的艺术鉴赏力我特别看重，敏锐细致，有自己的角度，有独特的见解有独特的感受，我们经常谈得很投机，相互之间有点惺惺相惜的意味，到了大学二、三年级，我为了显示自己法文的实力，炫耀一下法文的理解与翻译的实力，我翻译了都德的两篇小说《繁星》《高尼勒师傅的秘密》，我自认为翻译得不错，具体来说，一对原著没有理解的错误，译文是忠实的，二译文是流畅的，如行云流水，并有一定的文采。如果把这篇译文放在当时50年代公开出版的译文作品的翻译水平背景下，这篇译文则达到了公开发表的质量,我自鸣得意,为了向李恒基显示一下我法文翻译的实际水平,我拿了一份译稿给他看,请他加以评论。给他看,请他提意见,也是为了缓和上次课堂噗嗤事件后两人之间紧张而微妙的关系,说实话,我不仅想保持与这位同学的友谊,而且还想结交得更热烈结交得更牢固,而我又觉得这篇翻译是拿得出手的,以为他肯定会写出一份尚好的鉴定书,至少要有一些有分量的好评,想不到是,拖了两个星期未作答复,待我前去索取时,他冷冷地交给了我一封信,打开了一看,一大盆冷水迎面泼来,不,说冷水,还不足以说明它的冰凉,简直就是一盆冰水。我完全没有得到我所期待的东西,而是被硬灌下一盆又酸又辣又苦又涩的怪味汤,他对我的课外作业以及这份作业成果没有半分肯定,半点客气都没有,半点情面也不讲,讽刺挖苦的话讲得很尖刻,不留什么余地,其实他并没有谈什么纯粹翻译理论与技术问题,没有涉及对原文理解得准确与否、译文表达得透辟与否、流畅与否、儒雅与否、贴切与否等有关的学理问题,他根本不理睬我切磋译道的意愿,似乎在说,切磋译道?你还不够格呢,他只围绕着一个基本意思打转,一个人走不稳,却想要飞,这是自不量力、滑稽可笑,刚学了几个法文字,就想搞翻译,提前出名,太不知译海深浅,对翻译事业缺乏应有的严肃性与见解。他提出这两个思想性问题压着我,我无可奈何,只有受着,他是我的团支部委员,我是他的"属下",他居高临下,对我进行思想教育,我无话可说,但令我受不了的是,他围绕这些问题所讲的那些冷言冷语、讽刺话、俏皮话、调侃话、揶揄话,却都犀利刺骨。从这封信来看,他对我这个外省有"大理论家"外号的同学,早就有些看不起、看不入眼,正好给他逮着一个机会,使他可以发泄一次在心底里存下的轻视、不以为然、看不惯等。也着实给他一个机会,好好地发泄了一通。

收读了这封信,我首先感觉到的是羞辱,一次从来没有受到过的羞辱,一次大羞辱,一次深深的羞辱,虽然这只是一封两人之间的私人信件,不是公开的事件,但它比公开的辱人事件更令人感到羞耻。因为,这不是一件表层的羞耻,而是内层的羞耻,当然,羞辱之后感到恼火,事情很明显,我是想求友,是想高攀,而且幸好不是为钱财、权位、荣华等方面的高攀,而是精神文化方面的高攀。对此，合则留、不合则去，何必故意来这一手，大加羞辱呢。显然这位高个子上海同学读过嵇康的《与山巨源绝交书》，而他写这封信也是花了不少心思的，至少他那些讽刺话、讥诮的造句与措词，得花去他不少时间，他不惜花费时间和精力做这件事情，至少有这样的动念，要从内心深处损伤、瓦解对方自以为是、自鸣得意、自我评估的内心状况，而且，他要把这种叫对方下不了台的游戏也好、这一场人生小战斗的行为也好，玩到美学的层次，靠一篇嵇康式的散文来完成，要为他的这一次人间嬉耍留下一篇《与山巨源绝交书》式的美文。原来我在欣赏他的时候，他却在云端里往下斜视着，就像俯视地面的泥泞与尘土，一是蓄意的、一是精心的，这是我的两个结论，我极端恼怒之下，把他那封信撕得粉碎。从此，他走他的阳关道，我走我的独木桥。

1957年，他按自己的处事行事的逻辑，不小心走进了雷区——至少是接近政治的雷区。大家毕业分配，纷纷走上各自的工作岗位，他也走进了著名的世界电影艺术研究中心。

在整个大学四年期间，由于他有不少的事情，给了西语系组织上"深刻的印象"，在组织上的安排下，他走上工作岗位之后，一顶小小的帽子追踪而至，戴到了他的头上。因此，他比一般同学在乡下多劳动了几年，身体反倒比以前更健康了很多。"文化大革命"收场后，我一直记得这位有才能的上海同学，我在主编"F·20丛书"之后，我看中了法国电影《广岛之恋》与《长别离》的两个剧本，决定把它们译介到中国来，找谁来译呢？我找了李恒基。稍后，译林出版社组译《追忆似水年华》的责编韩沪麟要我推荐译者，我又首批推荐了李恒基，这些书出版后，李恒基广为人知。从此，译名大振。

80年代，他因长期抽烟患肺癌去世，他去世的时候，病床旁边播放着贝多芬的第八交响乐，他死得很美，他做任何事都追求美。

下

如果要说对我学习、工作、事业等作为有影响的有哪些人，以及对我影响最大的是谁，那么，我首先要说的是朱光潜。

朱光潜没有直接教过我，我没有上过他的课，其实，他用不着给我上课，用不着直接训导我、指导我、教育我，他本身对我来说，就是一种昭示、一个榜样、一种典范、一个样板。何况，我大学毕业后，在"古典文艺理论译丛"编辑部工作，经常与他有工作接触与事务接触，他的理论著作对我来说是知识的源泉，是一堂堂美学课、一堂堂美学史、西方美学史课，他的著作源源不断地出版，几乎每一年都有一部新书问世，这本身就构成了一种人生的理想、楷模的人生，以此为志、以此为人生的蓝图，仅此一点，就可以使人受益无穷，明确你的方向，充实这个方向中的内容，鼓足你奔向方向的劲头，有此几点，即可使你整个人的精神焕然一新，自然使生活加快前进的节奏。

他身材矮小，体格瘦弱，但是，他单枪匹马，应付着周围不止一个美学论敌，从不妥协退让，他的勇敢、坚毅要比他的同辈多许多，50年代初以后，他的处境比他的同辈同类的学者要更为困顿艰难，路要崎岖一些，坎坷要多一些，批判、否定、修理、改造要严酷一些，地位、待遇、礼遇却比同级的大儒俞平伯、钱锺书、冯友兰、金岳霖、杨绛、罗大冈等人要低好几个等级，但他该反驳论敌的时候反驳论敌，该出版新书的时候出版新作，该做自我批评的时候做自我批评。令人惊奇的是，在这种处境与状况中，他出版新作的频率与数量却比他同类同辈的人文大家来得多，他就像一张与事无关、遗世独立、不受任何世事干扰的自动印书机。

他总是一身普通的蓝布中山装，很少见过他穿皮鞋，身上唯一特殊一点的东西，就是他手中握着的那个烟斗，朴实无华，简单朴素，加上他大智若愚、大巧若拙的鸿儒风度，有强大的示范力量，令人心仪。

说实话，我到了一定的年龄，达到一定的层次，也想要自己具有某种风度，北大的名士很多，在这里也有各款的风致风格供您选择效仿，最终，我还是选择了朱光潜这一款，离洋派相当远的这一款。此外，我还从朱光潜那里学习了锻炼身体每天风雨无阻的习惯，也坚持了好几十年，保证了自己有相当充沛的精力与智力。

我从小就不是一个自我主体顽强执着的人，我容易受影响，也容易改变自己，采取其他主意、其他方式的易变性，在我身上占有相当的比重，这是由于在个性和资质上、以及在家庭经济地位上，我不具备坚挺、坚硬、固执、执着、坚定、固化等物的先天基础。我喜欢观察人，也比较善于观察人，对方身上的缺点一般都逃不过我的眼睛，而对方的长处与优势，我也绝不会忽略遗漏。北大这样一个名士聚集，精华荟萃的所在，他们身上的特质，令我看得眼花缭乱，不胜景仰，如和朱光潜同一类型同一格调的名师们：冯至先生的稳重、谨慎、大气；吴兴华先生的才华横溢；陈占元先生的丰富细腻；王瑶先生现代文学中资料的丰富多彩；闻家驷、李赋宁文学史讲稿的句句中肯、字字得体；李锡祖词汇课功力扎实基础上的天马行空、游刃有余；郭麟阁粗拙外表下，一系列高尚的人格精神，真挚、诚挚、谦逊等。

所有这些营养，我都品尝过、欣赏过、研习过、学习过，我虽然谈不上取各家之长，但各种杂食，我的确吃了不少。

北大西语系是一个人文荟萃的地方，这些名士都各有自己的业务学术所长和人格魅力，而且，难能可贵的是，他们关系都很融洽，有一点像一个小家庭，李健吾、卞之琳、冯至、杨绛、钱学熙以及校外的傅雷、鲍文蔚、钱锺书等先生，都有长期友好的关系，他们的关系和谐亲切，在这一点上，他们这一辈人比我们这辈人更识大体更重视友情友谊，关系更融洽。总的来说，西语系同窗同门是友好和谐的，但事情总会有变化，在群体中，我自认为我在绝大部分情况下是一个和平主义者，我爱好和平、宁静、和谐的人际关系，不论是两人的、三人的、多人的，我自认为我并非"没有战斗力"，至少在厘清事实，言词抗辩方面，但我很害怕战争，因为，我容易失眠，一旦发生争端，不论是备战或者是实战，对我来说都是一件事，而我对任何的事都容易举轻若重，我总想避免这类情况，我不喜欢矛盾和战争。因此，当柳某某与某某某的关系成为一个问题时，一般来说，起因与矛盾往往不是我挑起来的，我只是被动地应付、抗辩、顶拒而已，很少开辟第二战场，但偏偏我与现实生活中的人产生矛盾、构成问题，被人说三道四的还不是一两次，似乎我倒是一个"好战分子"，至少是一个"勇于私斗者"的"不省油的灯"。

这种情况，总不至于完全与我无关吧，严格要求自己的话，自己也不是没有责任的，首先，我这个人很敏感，至少对人家的不良与不善反应很灵敏，而自己一有反应又不善于喜怒不形于色，这肯定就是双方不愉快的开端，这种不愉快的开端与冷战状态只差上半步了，其次，我不仅喜怒易形于色，而且心里的感受往往是不吐不快，加上直言不讳，摩擦的局面、对立的局面就形成了。我在《回顾自省录》中所提到的，在群体中被孤立的事情往往就按这种模式形成的，至少与这种情况有关，但的确有不少事情的出现是我完全没有责任的、无辜的，我在前面所讲的与上海大个子的故事就是这样的，干脆地说吧，我所碰到的这类情况，大多数都是人性的必然、人性的弱点。从我自己的经历中、从我父亲在他本行业处身立地状况中，早就形成了"同行相轻""同行是冤家"这种常情常规的认定，请不要幻想这种玩意，这种人心世态自己自然会消失掉。我从中学到大学，从大学到在本行业出头露面。这种认定不仅没消失，这种认定越来越得到巩固和加强。到我当选为中国法国文学研究会会长的时候，就我眼见有的学会、有的行业的龙虎斗，居然发展到提交到法院成为诉讼案件的地步。

法国文学界，或者说法国文学研究会中，会怎样呢？似乎也不容乐观，龙虎斗的情况，看来也必定会有，摩擦、争强斗胜、计较地位、计较名望的情况恐怕势在必有，堂堂少勺园大会上的一系列迹象与公开事件说明了内斗已经在法国文学界开始了，在这种情况下，我一开始就力排众议，首先采取了扩大理事会的措施，将"一本书主义"作为理事会理事的基本条件，这既坚持了进入理事会应有的条件，也使得在研究论著方面有所作为的学者无一不得到进入理事会的机会，这个措施实际上是坚持公平公正的"学术地位认定"的原则，使真正有所作为的学者，在法国文学研究会中各得其所，各坐其位。

另一项措施，设立常务副会长，扩大其发言权与决策权，由罗大冈先生嫡传弟子张英伦担任，以便为不同派系有充分的发言权与议决权，把民主的基础扩大到最大程度，与此同时，又召开了"六长老半世纪译著业绩回顾座谈会"，大肆为几位有劳绩的学者专家评功摆好，开创了敬老尊贤的先例，提倡互重互敬的团结与和谐气氛。减少内耗，在这一系列的努力下，中国法国文学研究会终于经过十几年之后还维持了统一团结的局面，还没有被分裂主义所拆散，且在发展整个学科方面，出了不少实实在在的成绩，成为国内最有学术活力的一个领域。在这里，有一个很重要的问题，作为一个学科的领头羊，需具备应有的私德及个人的道德修养，据我亲身的体会，一个领头羊要有几个"舍得"：一是舍得为他人"唱赞歌"，为他人唱赞歌的时候，要舍得唱得毫无保留，唱得满、唱得不打折扣；另一个"舍得"是，得把自己爱好的项目、甚至自己偏爱的项目让出来、让给他人，千万不要相信某个项目只有自己才能做得最好。要舍得让他人有大作为、大成功、大名声。总而言之，"舍得"让。然后还有一个"舍得"，那就是"舍得"严格对待自己，要"舍得"对自己厉害些、刻薄一些、严酷一些。在有过错有毛病的时候，要勇于、要"舍得"罪己；兴旺时，要"舍得"缩小自己的体积、矮化自己的高度，放软自己的身段。作为一个"领头羊"，不要以领导者自居，这不是一个官位，不是一个爵号，而是一个服务者。年轻的时代，一个学者多获取学识、多获取学养，要多在学识上下功夫。年老时，则是要拼人格精神、要建树人格力量。这就是我所理解的一个学者的整个人生。

对话者学术成果书影

关于何谓自觉自为的布衣

对话者郑雄:河南文艺出版社副总编辑

对话时间:2017年6月5日

郑 雄

郑 雄:您在最近写成的《回顾自省录》里,一再称自己为"布衣",并且还加了个定语"自觉自为"。一般人觉得,所谓布衣,就是指老百姓,街上的贩夫走卒之徒,而您是我们国家最高科研机构的研究人员,也取得了学术界最高的职称、头衔和荣誉,这和您自称的"布衣",构成一种强烈的反差。您说的"布衣"到底是什么意思?

柳鸣九：郑雄先生是我的东家老板，他好几次当我的东家，第一次，是若干年前，他们不知道从什么地方得到我的一部书稿，做成了我的一本学术散文随笔集《浪漫弹指间——我与法兰西文学》。第二次合作，是在壬辰年开春后不久，寒舍来了河南文艺出版社的两位来访者，近几十年来，陋室门口一直张贴了"年老多病，谢绝来访"的奉告，但来访者以热诚与执着而敲开了家门者，亦偶尔有之，这次河南文艺出版社的两位就是一例。这是因为他们几年前出版过我的《浪漫弹指间》一书，说实话，该书的装帧与印制都很好，精良而雅致，陈列在北京各大书店的架子上，相当令人瞩目，比起名列前茅的出版社的制品，有过之而无不及。那时，社会上正流行一些关于河南人的偏颇之词，面对着这本书，我却不止一次这样想："河南人不也很行吗？"这次来访者中正有一位是我那本书的责编，虽说我们从未见过面，也从未通过话，总也算是故交老友吧，我岂能"忘恩负义"呢？何况，他们两位特别慎重其事，还持有一位与我曾经有过愉快合作的长者屠岸先生的介绍信，我岂能不热情待客？

第二次合作结出了一个大的硕果，即"外国文学经典"这一大套书，共67本。合作愉快，轻车熟路，眼看就要有第三次合作：河南社主动提出出版我的大型的《柳鸣九文集》（15卷），这次合作完全由于我个人的原因而黄了，但换来了第四次合作：即"思想者自述文丛"，现在访谈的题目，便是第四次合作中间的一个小的枝桠。因为自述者要自述的是一生的所作所为，不可能不涉及社会思想倾向与有关的政治态度，这就有一个政策性的问题了，我既然概括出自己身上一个很重要的客观特质，即"自觉自为的布衣"，既然我承认了自己身上有一个很重要的客观特点，这虽然不是敏感忌讳的政治问题，但完全与政治有关，当老板的自然要关心在这个问题上是否可能有闪失，怎么谈这个问题，是否谈得有闪失，作为三审制的官员之一，对这个问题不能不有所关切，这是他分内的职责，他自然要提出这个问题，进行审视。因此，恕我直言，向我提出的这个问题，带有那么一点点微量的"提审"成分，提审与提问毕竟只有一字之差。而且，恕我敏感，提问的这个问题在语言上带有那么一丁点微量的直逼性，或者说带有那么一丁点微量的直问性。

既然，针尖对麦芒，麦芒对针尖也是理所应该的。

在《回顾自省录》中，我自称的"布衣"，显然是一个比喻，一个比喻是否能承载所说明的全部内涵的意义？是否能把全部内涵通畅地转达过去？首先，需要一个客观条件，那就是双方对比喻物的认知、认识是完全一致的，不存在差异、不存在误解与歧义。

为此，对布衣这一具体物件，就有必要做说明。布衣，说来很简单，就是用棉布做成的衣服，这在纺织品中，是最为平常不过的，是一般人普通的穿着，它的两个本质特征就是如此。在衣服中也有绫罗绸缎，皮毛呢绒做成的衣服，从古以来，用这些高级的料子做成的衣服，都不是给普通人穿的，也是一般人穿不起的，是给富贵王孙贵族人家穿的。当然，社会中也有布料衣服也穿不起的赤贫的穷人和贱民，那就只能穿上用麻绳与草索编织而成的披物。总而言之，在人类现实社会里，不同状况的人，穿不同质料的衣，而不同质料的衣，则标志着各种人的身份和状态，我在此书中用"布衣"来比喻自己，简单说来，就是说自己是一个很普通人。

从出生来说，我既不是出生巨富豪门，也与权势世家搭不上任何关系，用眼睛在上一辈亲戚朋友中搜罗好几遍，也找不到一个县"团级"的亲戚。几乎没有住过高级宾馆，没有享受过美酒佳肴，个人人微言轻，无权无势，没有任何特权，身份与级别都达不上标。常听人们说："咱们局座得了感冒，正在医院病房休养呢，两个月后才能出院……"但这一类待遇自己却可望而不可及。有一次突发脑梗来到北京医院急诊，脑梗不是小病，是急病，是险症，请求住院治疗，本以为自己好歹也有了一张蓝卡，住院是没有问题的，没有想到，得到的答复是，你这张蓝卡在我们医院还"不达标"，最后在嘈杂、拥挤、脏兮兮的急诊观察室熬了个大半夜。就我的这些情况而言，不就说明我就是一个普通人吗？我不是普通人是什么？我不是布衣是什么？当然需要说明的是，我这一辈子也有不穿布衣的时候，也穿过绸子衣服，但那都是在我进入了耄耋之年之后，因为年老体弱，不得不偶尔换装，但这也没有违反我们老祖宗的规矩，汉朝桓宽在《盐铁论》中说："古者庶人耋老而后衣丝，其余则麻枲而已"。

古代经济学家把不同年纪的人，体温调节能力的因素也考虑到衣着规范上，其人性化细致的程度，令人钦佩，值得当今财政部官员，在制定退休人员养老金标准时参考。关于布衣，即平民百姓，普通人，在这里布衣即平民百姓是毫无疑义的。还不妨举一个例子，那就是诸葛亮，诸葛亮在他的名篇《出师表》中说："臣本布衣，躬耕于南阳，苟全性命于乱世，不求闻达于诸侯。"

我很高兴，在一开头不久，郑雄先生跟我也是同一种理解，把"布衣"视为"老百姓"，但没过一秒钟，他就和我分道扬镳了，说："一般所谓布衣就是指老百姓，指街上的贩夫走卒之徒。"在这里，把布衣的概念局限于社会劳动的最低层。原来他讲的布衣，只是讲那些凡夫俗子中最下层、最原始、最低贱的社会劳动力，是指那些干最低贱的活、最劳累的活，社会地位最为低下，生活最为贫贱的成员，这样经此一限定，布衣一词就不能乱用了，只能用在一般的贱民身上，这一点是我不能同意的。布衣，在我看来，主要不是个经济学的概念，不是社会劳动中的级别之分概念，不是生活贫困到什么程度的概念，而是另有其他的含义，我们且举一个实例，且看看历史上最有名的布衣诸葛亮的经济生活状态怎么样？首先，他不是贩夫走卒之徒，他压根儿就不劳动，不愁衣食温饱，他不仅不劳动，而且自己的生活也有人伺候，迎宾送友，伺候茶水，轻微的劳动，完全礼仪化的劳务，都有书童代劳，他的生活情调很悠闲，出外访友，在家吟诗，甚至唱歌，待客有山庄，天寒地冻也可以换皮毛大氅，唯一没有的就是权、就是位，至少在刘备访问他的时候，他还没有得到。三访之后，他就被拜为了汉丞相、成为了一个军事集团的灵魂人物，实际上就是指挥着千军万马的统帅。他在出师表中，就不能不用"臣本布衣"这样一个过去时动词。

因此，诸葛亮是不是布衣决定于他本人有没有权、有没有位、有没有势，说到这里，我们对于布衣的本质含义又有了进一步的理解，原来布衣的本质含义并非只指穿着的好坏，穿着的高级还是低级，本质的含义恰恰是是否有权、有位、有势，这是根本性的条件，这是根本性的核心内容，有之，则不能被称为布衣，则非布衣也，我国古汉语中则另有称呼，曰冠盖、曰锦袍、曰冠冕。

无权、无位、无势者，才是货真价实的布衣。

看来，郑雄先生不大喜欢或者不大赞成我自称布衣，他很强调我在国家体制中的名誉、地位、称号，他把我在国家政府体制中任何沾亲带故的名位都举了出来："国家机构的研究人员""学界最高称谓头衔和荣誉的获得者"等，以强调与布衣格格不入、"形成反差"。总之，强烈希望把我这样一个人纳入国家体制。我要知好歹，要珍视这些职称、名誉、称谓、身份、地位等的珍贵。是的，我的确应该知好歹，的确应该珍视这些来之不易的身份与称谓。但是，我得尊重事实，是就是，不是就不是。我们知道，我所在的中国社会科学院，不是一个施政单位，不是政府机构，而只是事业单位，它不具备政府部门所具有的权力。而我上述那些称号，都是干劳动（脑力劳动）活方面的名称，仅仅用来标志干活方面的年限、资格、身份、技术工种、技术级别，不涉及管理的范围、权限的大小、发号司令的范围等。总之，不是官，而是做事的人，这两者的差别应该说是很大的，我不在其位，不行其事，不谋其政，是自然的、是应该的。当然，我这一辈子不走仕途道路的意念是由来已久的，也有一个漫长的形成过程。在这里，请容许我讲一讲这个过程：

毋庸讳言，我所生活的社会，存在一定的官本位意识，甚至有些地方已经发展为一种文化，凝现为一种明规则，一种价值标准，而我在这个环境里，大概还算得上是一个完完全全的草根布衣，而且是一个退缩型的、归隐式的布衣。这是我的另一个方面，是另一个自我。

时至今日，80岁过头，回顾一生：第一，没有担任过党内任何职务，即使是小至党小组长的职位也与我无缘；第二，没有享受过任何荣誉性的头衔，诸如这种委员、那种委员的；第三，没有以某种正式身份进人民大会堂去开过一个会，唯一有那么一次是北大校庆100周年时，我被北大校方作为"杰出校友"邀请去听了一上午报告，其临时身份保鲜期仅为几个小时，算不得是"进过一次人大会堂"；第四，虽然"博导"是政府赋予了微含金量的一顶小帽，如今戴有此帽的人多得"满街走"，我却始终没有混上。其他，我也曾两次参加全国作家代表大会，两次的"作家代表"身份，也都是民选出来的，而不是组织上派定或推荐的,至于任期达十年之久的法国文学研究会会长,更是民选出来的,未借组织上之助。

当然,我在研究所里当研究室主任十年之久,此事,我不能不另稍做说明,在我看来,研究室主任只是一个带领大家干活的人,算不上是"干部",更算不上是"官员",而且,有的"职位"要看你怎么个担任法,再高的职位,你不把它作为官来当,那就不像官老爷,不是官老爷;职位即使最低,你如果把它作为官来当,那也可以当得官风凛凛。我正是从未把室主任一职作为官职来当的,我至少做到这么几点:第一,效卞之琳在文学所、外文所当西方文学研究室主任多年的做法,行"无为而治",充分尊重、发挥每一个成员出研究成果的积极性;第二,绝不打官腔、不作威作福,不关、卡、压;第三,对室内诸君诸事多放行、多打气、多让路、多作美言、多唱赞歌。众所周知,领导一直把社科院视为"无产阶级革命舆论阵地"。按此标准,我的确没有当好这个战壕中一个小小"班长"的角色,但如果把社科院当作一个制造精神文化产品的大工场,我作为这个大工场中一个小工段的一个小段长,还算尽了带着大家干活的职责,毕竟,我们这个研究室在外文所曾多年以"出成果、出人材"成绩较为突出而著称。

就以上所述,我虽长期供职于"翰林院",但并不是主流派中的积极成员,我够不上那个份,没有那个格,我也就没有进入官方的学术庙堂,我不是端坐于其中的殿堂人物,我是一个很边缘化的人,像学术庙堂外的一株草。由此,我自认为,自己的的确确要算得上是一个草根布衣,这既是我被侧目而视、前行不顺生涯的反映,也是我主观上心甘情愿走这条路并刻意而为、长期坚持的结果。这是一个我生平志趣发展变化的问题,需要从早些时候讲起。

如前所述,小学高年级时,一场大病,导致了我开窍懂事,知道要发奋努力。正是在那前后不久的时候,父亲给我弄来一套印制质量很高的《三国演义》线装本,分装订为十几册,纸质也很好,有插图,有点评。这么一套高质量的书,是从哪里来的?据父亲说,是一位订筵席的雇主给他的,他的雇主都是财经界的高级人士与政界名流,而他的一手毛笔字又写得很漂亮,容易得到雇主的另眼相看，而且他本人也是一个"三国迷"，从童年时代起，我就经常看见他一有闲功夫独坐时，总是摇头晃脑地哼唱："我正在城楼观山景，耳听得兵马闹纷纷……"。这么个厨师，有雇主给他一套《三国演义》也是很自然的事。

我得到这套书后，便如饥似渴地读了起来，从此，这套书便成为了我少年时期的第一个书友，只要有时间，我便去读一读，多达好几十次、上百次，倒不一定是通读全书，而是翻阅其中我所感兴趣的篇章，其中我翻阅得最多的，则是赤壁之战的那十几回，对那十几回可以说是烂熟于心，直到现在，这些篇章在我心目中仍保持着很高的文学地位。在我看来，除了诸葛亮设坛台借东风，装神弄鬼是一败笔外，这十几回堪称世界文学中战争史描写中的经典，其规模声势、其揭示深度、其智慧高度，均名列前茅，甚至超过了《伊利亚特》对特洛亚战争，《巴尔马修道院》与《悲惨世界》对滑铁卢之战的辉煌画面……对我来说，更为重要的则是，这不仅仅是我最早喜爱的文学读物，而且是对我最初的人生态度颇有影响的一部书。

每个人，从青少年时期开始，几乎都有自己的英雄崇拜，我的英雄崇拜来自《三国演义》，我最喜欢、最着迷的是周瑜打黄盖，忽悠蒋干，最后叫曹操83万大军灰飞烟灭的那一部分与诸葛亮的舌战群儒那一回目，由此，我所崇拜的英雄就是周瑜与诸葛亮。周瑜排名第一，诸葛亮排名第二，之所以如此，是因为周瑜敢于挑重担、抗强敌，善于运筹帷幄，巧于用计设局，能于指挥调度有方，对赤壁之战作出了第一功的重大贡献，而他比诸葛亮更年轻，更称得上是一个"天才少年"，他英年早逝，而且死于"三气周瑜"，更具悲剧色彩，更引人同情、痛惜，倒是诸葛亮在这件事上，有点刻薄，失之厚道，反丢一分……但他的舌战群儒实在太精彩了，其远见卓识、其慷慨激昂、其磅礴气势、其睿智机锋、其潇洒风度实令人神往……

虽然周瑜、诸葛亮都是王侯将相级的人物，但青少年对英雄的崇拜，往往就是崇拜其超人的能力与出众的才华，对其功业、地位、门路、道路等问题，还来不及多想。我还没有想得过多的时候，便又有了新的经验、新的感受、新的关注点。我精神成长的初期，正是国内战争进行得极为惨烈的时期，我亲眼看见社会动乱，民不聊生的社会现实，不时听到的是数十万人被围剿遭全歼的新闻，而这个时期，我记不清从什么地方看到关于大丈夫有立功、立德、立言三条大道可走的论述，正在开始思考自己将来要"当一个什么人"的问题。历史时代与社会现实，自然会对我的人生理想产生了不着痕迹的影响，打上了一定的烙印。就立功而言，眼见历史发展中诸多"一将功成万骨枯"的先例，我深知自己是做不来的，我没有那份勇气、胆识与铁石心肠去做。于立德，我深知自己"私心杂念"不少，我这个人并不纯净，不是"圣人"的料，也不是"圣徒"的料。我上不了此道，于是就只剩"立言"一途了，立言者，在我看来，大概就是对事物有观点、有见解，发而为议论，进而有社会影响，以此为安身立命之道，搞得好，甚至可以流芳后世，而其最成功的范例就有一个，那就是诸葛亮的舌战群儒。于是，少年时代心中的英雄偶像就与"大丈夫立言"堂堂正正的志愿衔接起来了。我初二时期，自办了一份油印刊物《劲草》，就是朝这个方向迈出的生平第一步，幼稚而可笑的一步，但于我而言的确是"牛刀初试"。

我不能说，也不敢说，我生来清高脱俗，从没有"当干部""当官""往上爬"这一类的意愿与图谋。有！而且很有！争取入团入党，至于"当官""当干部"也是一般求上进的青少年一种自然而然的需求与愿望，这似乎是儿童的"当孩子王"自然欲求的转型版，因为同样都可以显示自己的能耐与本领，至于我自己，既然自认为能力并不下于那些风风光光的班干部、班上的那些"长字号"，那么为什么我不可以找机会展示展示？因此，中学生时期的我，是相当有"功名心"、并非没有"官瘾"的，但我在湖南省立一中的"金日成班"实在是吃不开，一个简单的入团问题，就碰得头破血流、狼狈不堪，我身上开始滋生出了坐冷板凳的习性，滋生出"台下观众""在野观察者"的一面。

北大期间，我在政治上进展得比较顺利，虽未在党团内担任过什么什么，但到高年级时却在系学生会里当上了宣传方面的负责人，且有那么一点"政绩",其中的一项是在 1955 年、1956 年之际办了一个油印刊物《学习与翻译》,专门发表西语系高年级同学的翻译作品与文史学习心得,以满足年青大学生已勃然而起的发表欲,我既然是创办者,也当仁不让,任起了"主编",另外,我还邀请了两位高我一年同学参与其事,如果我 80 岁的记忆力还靠谱的话,记得似乎一是法文专业的李平沤,一是英文专业的董衡巽,后来,李成为了《卢梭全集》的著名译者,董则成为美国文学研究界的著名学者。应该说,此举在当时颇显创意,要算是北大校园里的一件"新鲜事物",一个"新景观",而且,由于发表的都是高年级学生的作品,颇具质量,因此,在北大校园里一时还甚得关注与好评。此举确也起了带头示范作用,在它之后,又有本年级另外一些同学韩耀成、徐式谷、张玉书等也办起了一个油印刊物《桥》,由于《桥》不像《学习与翻译》那样,有系学生会那么一丁点"组织"背景,而完完全全是个"同人刊物",更为灵活生动,在我看来,颇有青出于蓝胜于蓝之势。而韩、徐、张诸君后来也都成为了国内著名的翻译家、教授、编辑出版家。《学习与翻译》只出了几期,后来因有鼓励成名成家的"名利思想"之嫌而停刊了,《桥》后来也只出了两三期,就因 1957 年的来临而自然终止。

我学生时代创办了两个油印刊物《劲草》和《学习和翻译》,我都很珍视,因为,它们是我的青年故事,是我创意的萌动,特别是后一个,更是标志着我生平唯一一段"官途亨通",是我抱负与才具初露的唯一纪念。我一直保留着它们的"样刊"作为纪念,可惜后来在"文化大革命"高潮的狂热日子里,我由于政治上的底气不足,谨小慎微,唯恐这两份小报万一被有可能的抄家行径发现,有"资产阶级名利思想"与"自由化"之嫌,而把它们都烧掉了。

大学期间,我政治上最重要的一件事当然是我的入党,不言而喻,这件事将影响我后来的大半生,不论是对我的顺境还是对我的逆境都有影响。

我是 1956 年被通过为候补党员的,不难看出,我是在一个对我党来说多少有点特殊的年代即和平时期中入党的,因为,在我之前,中共一直是在血与火的年代中走过来并发展壮大的,它的历史就是血与火的历史,这是它历史的常态。它的成员都是从血与火的历史中、从拼杀与革命中走出来的"老一代职业革命家"与他们麾下的战士。而我这样的在和平时代入党的成员却从来没有见识过战壕与刀枪。我这样的成员，内心深处的"革命意识"极为稀薄，如果有什么社会民族的使命感，那也只是以中国的文化建设事业为己任。我是在"向科学文化进军"的高音嗽叭声中入党的，我入党的门坎并不高，并未要求我有坚硬的革命经历，甚至也没有在乎我有没有在什么运动中火线立功之类的表现。这一切我都没有，我有的只是在"科学文化进军"中不失为良好的表现与比较全面均衡稳健的上进，前者是指我在学习中的确比较努力，成绩还算良好，有的方面还要算优秀，而且，所有这一切是在严重神经衰弱的身体条件下取得的，尚属难能可贵，符合"向科学文化进军"这一时代最强音。均衡稳健的上进，则不外是在学习与政治两方面并不偏废，用政治术语来说，就是努力走"又红又专的道路"，这一点也比较难能可贵，因为当时在学生中，特别是在西语系的学生中，不问政治的同学居大多数，此外，我在交给我的社会工作中，毕竟还算是积极肯干，没有吊儿郎当，而且还干出了一点"政绩"，于是，我这么一个只有这么点苍白白、软乎乎的条件，而缺战斗身子骨、革命灵魂的人，并非特殊材料制成的人，居然也获准进入了党内，讲老实话，是轻易了一些，只不过，我的那种积极表现倒还真不是我刻意做出来的，这是我当时的自然之态，因为，我是来自湖南省一个政治气氛特浓的中学，三年的熏陶与严格要求，养成了我青年时期左倾幼稚病的惯性，这种惯性竟使我在西语系这样的环境里借"矮子之中拔高个"之便，脱颖而出，成了党员。

当然，我的入党之所以如此顺当，也得益于"人和"这个重要的因素。

入党后，我既不积极，也不消极，是个随大流的党员，是个应付派的党员。从1957年"反右"到"文化大革命"结束，我的思想有了极大的变化，从所见所闻的事实中，从我自己跌跌撞撞的经历中，从政治上的蒙昧主义开始走向清醒，从政治上天真幼稚的热血青年，变成了一个对现实政治冷眼旁观，保持着作壁上观态度的观察者、看客，特别是对极左的思潮极端地厌恶，于是，我成为了一个游离化与政治疏离化的耕者，只顾在自己专业的一亩三分地上，埋头播种、埋头栽植、埋头收获的耕者。在现实生活中，对于官本位现实所形成的官本位的心理与文化，对官本位的社会心理与官本位的亚文化思想、意识形态，心存鄙夷，我的布衣意识，系统的布衣思想，就是我的逆反心态之一。

综合上述，我个人还想为布衣意识讲几句话，布衣意识，是一个人为的、极左的阶级斗争历史时期，在知识分子群体精神史上留下的一个烙印，或者说是一个创伤，是妄自非为、咎由自取、带有苦味的一枚坚果，它引人反思，给人深刻的启示，它引人回到起始的、最自然的思考起点，有益于厘清物欲横流的迷蒙气氛，或许有益于社会机体的逐渐康复。

郑雄先生和我的情况可能有所不同，不同的位置，定有不同的思考。有不同的思考，有不断的选择是很自然的、是很合理的，最重要的在于，虽然有不同的观点和立场，但要允许有不同的理解、有不断的思路。说来还是人文主义、文艺复兴时期的那句话："理解万岁！容忍万岁！"

以上简陋浅见，有谬误之处，谨请指正为感！

专此即祝编安

柳鸣九顿首

2017年6月5日

对话者文化成果书影

关于我的"十字箴言"的对话提纲

对话者黄晋凯:中国人民大学文学院资深教授、博士生导师,著名人文学者、翻译家

对话时间:2017年6月27日完稿

黄晋凯:如果我的直觉不错的话,我感到,你的"十字箴言"是曾经使你得益、你也是颇感得意的:"思想不规范,言行不出格"。

那么,你是在经历了怎样的行路历程和心路历程(是否有刻骨铭心的节点?)才找到了这样的座右铭呢?当你将其归纳为"行动指南"后,在实践中有没有遇到过不得不二选一的苦恼?有没有遇到过因机敏的"言行不出格"而躲过劫难,并"偷着乐"的美好记忆?有没有因"思想不规范"一不留神"泄露天机"而惨遭惩罚的痛苦教训?

柳鸣九:我有一个十字箴言,曰:思想不规范,言行不出格。这十个字是我从几十年的生活经历与社会政治经验中总结出来的;这十字箴言,是我作为一个公民面世、立身、为人、行事的根本准则;这十字带给过我事业上的成功;这十字也是我从事人文科学的基本态度与重要的窍门。

任何科学研究都需要有自由的思想,没有自由思想的引领与推动,科学研究将一事无成,人文科学为最。因为,人文科学以对人的研究为目的,而人本身就是"万物的精华""宇宙的灵长",他之所以成为精华与灵长,就在于他会思想,是会思想的生物,面对着会思想的人,如果没有自由的思想,必然与人文研究格格不入,难以入门。从根本上说,有没有自由思想,是不是努力地

自由进行思想，是否有见识、有勇气进行思想，是思想家、研究者思想能否闪光、议论是否出彩的前提条件。如果不习惯于自由地进行思想，如果你没有胆识触及自由的思想，如果你脑子中只有教条与抽象原则，那还不如改行。我原来只是根据我的小经验，说说自己"思想不规范""言行不出格"，现在我要说："思想要自由""言行须规范"。"言行不出格"其实并不是一个真理问题，一个道德问题，一个天经地义的问题，一个信仰守则的问题。说得难听一点，是一个利害问题，是一个交换问题，是一个妥协问题。做任何事情，都需要一定的条件，没有一些最必要的条件，要想做事，也无从做起。要进行自由的思想，总要有一张平静的书桌、有温饱的衣食、有一席栖身之地，当然，还需要有一颗完整的脑袋、有不受束缚的双手奋笔疾书，没有这些，自由思想无从谈起。

人是社会的存在，人不可能单独地存在于这个世界上，人在任何时候都不能离开社会，人不能遗世而独立，人的世界永远是社会性的。人的存在，任何时候都离不开它的社会性，它的存在性与社会性是紧密结合在一起，永远不能分割，任何一个只有一点空间环境的社会都有自己的"法则"，它是按照这些法则而正常运转的，这些法则就是它的基本存在条件，如果遭到了破坏，这个空间社会就将陷于无序、陷于混乱无规。每个社会成员都有义务与责任维护这些规范与秩序，否则他也将失去自己的生存条件，他在享有这个社会所提供的人权、生存权、自由权的时候，也必须维护，使得这些权益能正常供给与运转，两者是互存的，两者是互给的。要享有自由的生存权、自由的思考权，自己就必须维护这些权益能有序得到保证，能正常运转的社会准则。因此，社会个体人享有自由生活、自由思考权益的时候，必须做出自己的回报，维护这个社会，得以正常运转的基本规则、基本规范，享受权益的同时，也必须做出自己的回报与贡献。

按我以上的思想行事，观察我的人自然会说，从你的知识背景，人们自然会感到奇怪，在现实生活中，我们并没有听到这个"思想不规范"的人，发表了多少离经叛道之言呀？倒是看到他是一个言行相当谨慎小心的人。

关于我的"十字箴言"的对话提纲

对了,这正是我所期望人们对我的判语,我的想法是:我有多少离经叛道、惊世骇俗的思想,我为什么要让你知道?我不想以此取得我的价值,我不需要以此来证实我是一个勇者,我毫无那种"语不惊人誓不休"的兴趣,我没有那种浅薄的虚荣心理,如果我为了满足旁人好奇的兴趣,张口便说,那不正违反了我自己"言行不出格"的原则吗?

对话者学术成果书影

为一代人文名士留存精神史的一次努力

对话者刘晨芳：传记文学室主任

对话时间：2017年6月

刘晨芳

刘晨芳："思想者自述文丛"是您主编的一套丛书，传主有您，有汤一介、钱理群、刘再复、谢冕、许渊冲、钱中文、汝信等这些金声玉振的名字，您不仅是主编，还是其中重要的传主，以八十多岁的高龄亲自码字，许渊冲老先生以九十四岁的高龄也亲自写作，整套书光听这些名字，其分量就不言而喻。目前这套书已经由最初出版的四册增为六册（《一路走来——钱理群自述》《花落无声——谢冕自述》《回顾自省录——柳鸣九自述》《两度人生——刘再复自述》《梦与真——许渊冲自述》《在非有非无之间——汤一介自述》,余下的两册也即将出版了。这套书策划与成书的背后一定有很多鲜为人知的故事吧?能否请您谈一谈?

柳鸣九: 正如阁下所言,《思想者自述文丛》的出版,是学术文化领域中的一件大事,对于这样一件大事,我作为一个参与者,有必要在它快出齐的时候介绍一些情况,既然是一件大事,我还有必要先从明面上的情况讲起,讲清楚它作为一种文化学术景观所具备的意义。至于它的幕后情况,远不如它的明面情况重要,我先从名单开始。

汤一介《在非有非无之间》	刘再复《两度人生》
汝　信《往事与反思》	许渊冲《梦与真》
钱中文《文学的乡愁》	钱理群《一路走来》
柳鸣九《回顾自省录》	谢　冕《花落无声》

以上这份名单,就是"当代思想者自述文丛"的书目,这个"文丛"由河南文艺出版社出版,正在浮出水面与读者见面。

不难看出,这八位作者都是学术文化界为广大读者所熟知的名家。他们的学科不一样,广泛涉及人文学术文化的宽阔领域:哲学、文学理论批评、文化思想研究、世界文明史、西方美学、翻译理论与文学翻译实践、中国现当代文学与思想意识形态研究、文艺理论研究、世界文化与外国文学研究、诗学与当代诗歌研究等领域。

这些作者各自活动在不同的领域,无一不是各自领域中的重量级的代表人物或权威名家,有不止一个跨学科的通才学者,有既具学术特长又凌越于各学科之上进行引领工作的真正学者型的领导者,有对本学科各个方面具有重大影响,有力地推动了本学科发展的"带头羊"。

他们生活与学术的道路不一样,思想个性形成的过程不一样,知识结构、思想倾向与思想特点也不一样，因而，他们都有自己的文化学术面貌，有各自的才智类型归属，有不同的创作个性、不同的文化性格。有的长于理论思维；有的善于分析解剖；有的善于把控、综合与总结，心存人类精神的各类别与人类文化艺术的各形态，融合比较，建构理论；有的是通译巨匠，在不止一种语言之间游刃有余，表述精到、译笔雄健，译绩浩瀚；有的是文史才俊，能通观并透视文化历史进程，融会贯通，生发高论，巨细兼顾，准确提供文化历史发展的图景画卷；有的是美文名家，既长于修辞炼句的艺技，又具有诗情雅意的底蕴……

《文丛》把他们聚集在一起，在一定程度上，反映出了当代中国人文学术文化领域中多元化的全景全貌，不同而合，合而不同，正构成了中国人文学界的色彩斑斓。在一定程度上，反映了当代社会主义中国学术文化的生态与成就，也部分地体现了中国人在社会人文学术领域的层次与水平。我们不能不注意到这一点，他们都是活动在近六十年当代社会主义中国的学术文化舞台上，在这里不妨开一个最简单不过的名单，如果每个人只列三部最重要的学术文化论著，这个名单本身也有相当的分量。如：汤一介的《郭象与魏晋玄学》《魏晋南北朝时期的道教》《瞩望新轴心时代》；刘再复的《性格组合论》《鲁迅美学思想论稿》《罪与文学》；汝信的《西方美学史论丛》《西方美学史论丛续编》《西方的哲学和美学》；许渊冲的《中诗英韵探胜》《文学与翻译》《任尔东南西北风》；钱理群的《与鲁迅相遇》《周作人传》《丰富的痛苦》；钱中文的《文学发展论》《新理性精神文学论》《文学理论：求索与反思》；柳鸣九的三卷本《法国文学史》、两卷本《法国二十世纪文学史观》《理史集》；谢冕的《文学的绿色革命》《新世纪的太阳》《论二十世纪中国文学》。这些著作内容扎实坚硬，思想新锐，灵光闪烁，有的即使是"曲高和寡"的学术著作，竟也曾几乎达到了"洛阳纸贵"的社会效应。仅仅是这些著作放在一起，也构成了一个光华四射的展台，何况，这些还只是这些学者的一部分或一小部分的论著。而且，除了这些学术著作之外，还没有把这些学者在文学创作方面的成果列进去，他们在散文随笔与诗歌方面也是不乏建树，令人瞩目的。我们更没有把这些学者数量惊人的翻译作品列进去，不仅数量惊人，而且译理大有学问，自成理论体系，译笔大有讲究，娴熟上佳，且各有自己的风格。我们更没有把这些学者的编选、编辑与主编的成果列进去，这方面的劳绩更是卷帙繁多，难以计量，多卷本，数十卷本，甚至上百卷本，也不止一种。试想，如果把所有这些劳绩都集中在一个展厅，这该是一个多么充实丰富、多么光彩夺目的文库。这就是中国20世纪学术文化领域一部分代表人物的劳绩，这就是中国20世纪学术文化，在这一个甲子所取得的进展、增容与充实，这就是中国人在一个甲子之中所开辟的色彩缤纷、内容丰富、容量巨大的学术文化景观之缩影。如果，我们要说道说道这几十年当代中国的发展与变化，那么，学术文化业绩的积累，无疑要算是其中的一项，而且，这一大业绩是在多么不容易的条件下取得的啊！作为一个中国学人，面对这样一个景观，我是感到自豪的。虽然，我并非本"文丛"的局外人，我就是这个"文丛"的一个作为者，我应该、也无需避嫌地说一句，这个"文丛"正是以多元化的学术文化为理念，以容量巨大的民族学术文化为理想、为目标的，因而才有这么一次多元化组合、一次多声部"合唱"，才有这么一个多色调的阵容。

不同而合，合而不同。在不同中，他们又有共同的特点，就精神境界而言，他们都有为民族文化积累、为社会文化建设献身的热忱，都有以民为本，以家国为念的情怀，有全人类的人文理想，有全球性的文化视野。就学术水平而言，他们都是本学科、本领域第一流的行家，学识丰厚，学贯中西，富有才情。就学术成就而言，他们都成果丰硕、劳绩厚实、著作等身，或开拓出了学术文化某一个方面的新局面，或推动了学术文化的新发展；就社会作用而言，他们都具有强旺的学术能量与学术爆发力，他们是教授，是学者，是编辑家，是翻译家，是学术文化多面手，他们之中也有学术活动家，但是学有专长、著书立说、创有业绩的学术活动家，远非当前常见的空头学术活动家所能比，他们在论著中、在华章里、在讲坛上、在各种形式的活动中，闪光发热，文化学术力量向四方辐射。就社会影响而言，他们都具有很高知名度，享有高度的社会声誉，拥有大量的读者、信众、尊崇者，甚至是粉丝，他们的学术文化声誉早已远播国门之外，具有一定的国际影响，不止一个还获得了国际文化的殊荣大奖。他们作为20世纪中国知识界精英，也都在现实环境中经受过严格的磨练，走过曲折的道路，经历过坎坷的人生，在他们充实的人生经历中，不乏启迪性的引人注目的个人"故事"。可以这样说吧，他们既是一个个活生生的人，也是一个个完整的学科，一门门完整的学问，一手手精巧的绝活，一种种鲜活的文化生态，他们反映着文化学术历史，甚至本身就是文化学术历史的一部分，构成了中国当代人文发展史的一个侧影。当然，现今他们都达到了耄耋高龄，最年轻的也已经75岁，似乎都是些"过时的人物"，但是，过去的历史都是需要留存、需要总结、需要参考的，尤其是对文化与学术而言。何况，他们至今仍然老骥伏枥、仍在续写文化史，在丰富文化史……在这个意义上，《自述文丛》是在进行留存历史、总结历史的努力。因为，以上这些人物，基本上都是有丰富内容、有人文价值的活化石。

我对以上这些人物的评估，除了在我自己身上且不妨存疑，并欢迎持有异议外，对其他几位而言，并非我出于"同船义气""自卖自夸"的广告词。我承河南文艺出版社的厚爱与信任，被委以"文丛"主编的重任，对此，我应该正式说一句，"敝人深感荣幸"！而且我还要补充说一句，我这个"主编"，自认为就是一个门面的"张罗者"，是一栋文化豪宅的"传达室门房"，这样说，并非我故作谦虚态，而完全是由衷之言，事实上，以上几位就年岁、资历以及学绩而言，几乎都是我的学长、学兄。

关于明面的情况，就是如此。至于"文丛"的内幕情况，如果记者朋友要听的话，说实话，我要说的不多，简单说来，基本上只有两个字：碰壁。就是在约稿中间的碰壁，我先在我熟悉的朋友中找约稿对象，当然是要看被约者在该学科中的名望、劳绩、建树等条件。即使如此，也开始碰壁，我找过李泽厚、我找过邵燕祥、我找过叶秀山，我也准备找资中筠，至少在这四五个人中我是碰了壁。

相对说来，找刘再复反倒比较顺利，他的问题不是时间问题，而是这本书如何下笔？如何写？这个问题经我们两三次通话商谈，总算有了一个决断，那就是只写他的写作史，而且，他文笔很快，写作也比较顺利，因此，他的一本交稿还比较早。李泽厚的婉言谢绝是令人绝望的，因为，他在前一两年90岁的时候已经宣布封笔，不再进行写作，勉强要他自失其言，那太难为他了，此事不能干。叶秀山本来也是一个很好的人选，他年纪相对比较轻，精力还算充沛。但是，我一跟他联系就被他谢绝，他的情况也是令人绝望的，他还有三四个大项目压身有待完成，再担负其他的写作，实在是不可能。汝信的情况也是同样有其他项目压身，总算几经游说，他把这件事答应了下来。经过了一番努力，总算凑齐了八个人的阵容，这就是结果。旅程相当困难，最后总算是聚集了几个人，把这件事做起来了，这就是内幕。

谢绝者中也有大多年岁过高，负担过重，辞谢了事，有的则因为另有写作计划，本来就无意于写自述作品，谁都知道写自传或自述作品，本来就是一件吃力不讨好的事，甚至是会引起负面效果的事。很抱歉，我只能提供这一点内幕新闻。

除了约稿的困难内幕外，只剩下一个总序的问题了，从这一大套书的张罗、启幕、主导思想、所追求的意义等各方面来说，应该有一篇大规模的、内涵丰富的序言，出版社也要求如此，并寄予巨大的希望。我从一开始就考虑这个问题，反复考虑了将近一年，终于，我放弃了写一篇大序的自我要求，我的考虑大致上是这样的：

没有为这样一个"文丛"正式写一篇序，似乎是我这个"张罗者"的失职，在编辑出版过程中，在这个问题上，出版社对我也曾不无失望。当然，这也有违我自己的常态，我一贯重视书的序言，说老实话，我也比较喜欢写序言，而且，还有"总是写长篇大论序言"的名声。虽然有的序是非长不可的，二十卷《雨果文集》以及《加缪全集》《萨特研究》这样的序能不长吗？这样的长序我写得都很认真，也很费力气，至少要求自己言之有物，有点深度，尽可能有点思想闪光，但，看来我这个名声似乎是贬多于褒。

按过去的习惯，以这样八位有分量的作者为阵容的"文丛"有太多的内容应该写、应该阐释、应该挖掘，这正是写大序、写长序的大好机遇。但我经

友人对话录

慎重考虑，干脆就断了写大序的念想。出于自知之明，我深感在这样一个阵容面前，应切忌自以为是，自得自重，煞有介事，夸夸其谈，而应该谦逊，谦逊，再谦逊！因此，我几乎从一开始就决定只写一篇献词性、礼赞式的东西，思想力求凝炼，文笔力求精致，篇幅力求"短些短些再短些"，尽量避免实叙实评，而追求一点意象化，追求一点空灵风致。想得倒是挺美！但做起来，绝非易事。我才情不足，虽做过一些努力，但始终没有写出自己满意的一篇凝炼而别致的献词或礼赞，迫于职责的压力，我只好出一下策，找了一根"稻草"来"救命"，把我过去在《巴黎散记》中对罗丹著名的雕塑《思想者》的一小段描述摘引出来，权且作为"代总序"，以履行我忝为主编所不可回避的职责。好在那篇文章曾经入选过不止一个地区的中学语文教科书，至少还算言之有物，语言通顺，尚可"滥竽充数"。这段话相当短，不妨全文引述如下：

> 院落的较深处，圆锥形的柏树簇拥着一块大理石的基座，上面坐着那个著名的思想者。他全身赤裸，一手放在膝上，一手托着下巴支在腿上，牙齿使劲地顶着他自己的手，全身的肌肉则紧张隆起，似乎在进行一种强度极大的体力劳动。他是一个在思考某种永恒问题的智者？或者就是思考着一切问题，永远也不能从沉思中解脱出来的人类的缩影？不论是前者还是后者，人类进行思考探索，从事精神劳动的崇高与艰辛，不是都完美地、强烈地体现在这苦思冥想的形象中，体现在这既强有力又毫无遮盖与庇护，因而最易于招致伤害的身姿上吗？谁要是为了探索与研究，为了思考与创作而曾竭其心智，而曾度过不眠的夜晚，而曾两鬓添上了秋霜，而曾尝过辛酸与苦涩，一来到这赤身裸体经受着日晒夜露、风吹雨打的形象面前，怎么会不百感交集、怆然而涕下？

（柳鸣九：《在"思想者"的庭院里》）

我之所以决定选这一段话作为代总序，也不完全是偷懒取巧，而是因为这段较短的文字,大致上表述了我对思想者的理解与敬意。其一,思想者是艰辛的精神苦力,他从事的是人类诸多劳动中的一种艰难的工种,他是纯粹的值得尊敬的劳动者;其二,思想者是坦荡的、是赤诚的,在充满矛盾、冲突的现实世界里,他是不设防的,他赤着胳臂面世,这是他的本质,也是他的"软肋";其三,无遮掩,不设防,不像战士那样戴着头盔,穿着铠甲,他必然会经受日晒夜露,任凭风吹雨打,这是他存在的状况,甚至就是他的命运,然而他却安于这种命运,忠于他的职守,仍然在进行重体力劳动般的冥思苦想,这种境况中的职守感,足以使人怆然涕下。我想,如果这两三百字,表述出了我对思想者的这种理解与敬意。即使是"滥竽充数",也就可以权且充当一篇大致上靠谱的序了。而对我喜欢写长序的名声来说,也未尝不是"别致了一次"。

对话者文史编辑成果书影

后　记

可能是 2016 年的春季，中央编译出版社当时以"博雅文丛"的名义向我组织文化散文随笔稿，那时，《柳鸣九文集》（十五卷）刚出版不久，我几乎所有的东西都已经收入十五卷文集，剩下的文章实在少得可怜，幸好后来又陆续写了一些，居然又凑成了一个文集《后甲子余墨》，交中央编译出版社。出版界的领域与板块时有变化，沧海桑田，"博雅文丛"又改由"大道行思"出版，"大道行思"加入了深圳海天出版集团，《后甲子》一书 2016 年 9 月出版时，已属于深圳海天的麾下了。

"博雅文丛"与我完成合作后，双方意犹未尽，又商议进行新的合作，这一下，小货郎摊上的玩意可完全告罄了，只好思路他转。

2017 年春回大地之际，中央编译出版社的编辑纷纷出动组稿约稿，颇有大展宏图之态，我又得到他们的青睐，承蒙他们组稿约稿，但至此我历年种植的产品均已销售一空，剩下了几颗尚未发芽的种子，那是几篇与报刊记者的访谈稿，那些访谈都是前若干年由《萨特研究》一书的风波引起来的，是一些后续报道。不过，重读起来还算言之有物，于是，就把这几篇旧的访谈录当作种苗，再培植若干株，准备栽植成丛，形成一片新绿。在此过程中，学界的一些朋友，注意到这个项目，在我的诚邀下，也参加到这次对话中，各提各的问题，由我作答。这里，我也并非没有仿效《歌德对话录》的冲动，但很快我就认识到自己学力的不够，知识储备的不足，于是，才打消这个念头，安分务实起来。这样，不知不觉到了 2017 年第一季度，竟然又积累起一摞访谈稿，题目因提问题的报刊不同而不同，排列起来倒也不单调，承蒙中央编译出版社厚爱包容，决定采用出版，这便是这个集子——柳鸣九《友人对话录》的来由。

对话录是一种极其古老的学术文化典籍成果形式，中国有古老的《论语》，外国有古老的《柏拉图文艺对话录》与《歌德对话录》。我出生于非书香门第，从小没见过《论语》，但外国的两部对话录典籍《柏拉图文艺对话录》与《歌德谈话录》我倒是很早就见过，那是我从少年时候起经常跑书店、"看站书"的收获，我翻阅过它们，知道是怎么回事。我知道《柏拉图文艺对话录》是由朱光潜翻译过来的，它实际上是柏拉图对古希腊罗马时代文化艺术的一次全面而精准的总结，《歌德对话录》的范围则广泛得多，因为人类发展到18世纪，已经经过了文艺复兴时期与启蒙时代两次知识库大扩张大积累，像歌德这样的百科全书式的文化大家，无不广涉知识各领域，对人类远古的历史、对人类社会的广阔领域、对百艺的原理与记忆都有广博的知识积累与精深的研习，因此，《歌德对话录》的内容与篇幅远胜过柏拉图的《文艺对话录》，但不论是哪一本，对于跑书店看站书阶段的我都是高不可攀的，说实话，当时没有仔细研读，即使是研读了，那时的我恐怕也是一知半解或囫囵吞枣，后来陆陆续续补课，才得以浅知初通。不过，我怎么也没有想到，我以后将以"谈话录"的形式出版书籍。经过了几十年的书斋生活，也算是做了一番研究工作，总算对人类历史中、人类社会现实中的某些事物，多少讲得清一点子丑寅卯，爬了几十年的格子，总算能对一些复杂一点的事物表述得明晓通顺，对媒体访谈这类活动也算是轻车熟路，知道是怎么回事，突然一天开窍了：广泛的学识与经验，加上必要的散文表述功底，再加上应付访谈的路数与窍门，这不几乎就等于访谈录了吗？于是，我就试将起来，总算汇编成集。当然，集与集是不同的，有大巫与小巫的不同、有大狗与小狗的不同、有天与地的差距、有西施与东施的差别……

应该说明的是，时至2016年年底，我突然发生脑梗，又急又险，经过几个月的医治，总算没有丢命，也没有全身瘫痪，但相当严重的是视力丧失大半，书斋生活与脑力劳动实在无法继续进行，《对话录》虽已完成大部分，但还有两三位朋友所题设的问题却实在无法作答。其一，是北京师范大学文学院副教授吴康茹博士所提的关于人性观、阶级论的理念与实践问题，她提得很有自己的见解、很有深度，其问题如下：

吴康茹　在巴黎塞纳河畔著名的米拉波桥上

吴康茹：文学研究是脱离不了具体的社会政治、历史、文化语境的。中国的文学研究也不例外。新中国成立之后，受政治因素的影响，人性、人道主义一度成为理论的禁区。从1966年至1976年整个文革十年期间，"文学是阶级斗争的工具"之说甚为流行。如此一来，文学研究或者说文学批评难免走上了唯阶级论的歧途。20世纪六七十年代的"阶级论"不局限于现当代文学学科研究领域，也涉及了外国文学史的编写和对整个西方文学经典价值的判断和研究上。有的研究者指出："文革十年，中国社会大体上是不准谈'人'的社会。有人说，谈'鬼'色变，谈'虎'色变，中国文革十年是谈'人'色变"。您这代学者其实是经历了新中国的成长历程，也是非常清楚在人文社会科学研究领域"阶级论"如何取代"人性论"的过程以及所带来的灾难性的后果。您能否结合自身的学术研究经历，回顾一下"唯阶级论"这一极左的

后　记

文艺政策对外国文学史的写作、对于外国文学经典价值的阐释所造成的影响？

吴康茹：您的学术专著《论遗产及其他》出版于 1979 年。我注意到了您在本书序言中提及只有少数几篇论文是写于"文化大革命"之前，而大部分文章则写于"文革"结束之后的。这部书的序言、《文化遗产问题上的马克思主义与反马克思主义的斗争》、《论 18 世纪启蒙文学》等多篇文章都侧重论述了如何批判性继承文学遗产问题。请问您在撰写这部学术理论专著时是否有意识地要对"唯阶级论"的理论的弊端和危害性做批判性的反思呢？因为您在序言中一再强调文学遗产的批判继承，尤其是对资产阶级文学遗产的继承往往容易受到右的和极"左"的干扰。您能否再谈谈您写这本书的初衷？

吴康茹：1978 年之后，中国政治形势出现了根本的改变，尤其是确立了改革开放这一基本国策。在这样新的历史语境下，20 世纪 80 年代中国学界掀起了重写文学史的大讨论。其实这场学术讨论也是为"人性论"重登历史舞台作了舆论上的铺垫。后来洪子诚先生也在文章中指出："自 80 年代以来，'阶级'观念在中国文学批评中逐渐退出了历史视野，或者更准确地说被边缘化了。"您赞同他的观点吗？在学界开启重写文学史讨论之前，事实上您早已着手编写三卷本的《法国文学史》了。那么您在编写这三卷本的《法国文学史》的过程中是否考虑到要跳出"唯阶级论"的窠臼？是否受制于社会历史环境的制约，这套文学史教材仍多少留下阶级论的痕迹，或者它在多大程度上已经修正了阶级论的观念？若要以阶级论作为文学史构建的核心观念，可能会对法国自古至今的文学思潮、作家、作品的思想和艺术风格作进步或反动、先进或落后这样二元对立的论述和分析。从今天的眼光来看，您是如何评价这部法国文学史编写的意义和价值的？

吴康茹：在 20 世纪八九十年代中国知识界和文化界，随着人的观念和文学观念的更新，无论在文学创作还是在文学翻译、文学批评领域，人性论的观念再度得到了肯定和提倡。文学界围绕着文学问题的讨论也开始关注人性的开掘方面的问题。对文学作品中的人物形象塑造和思想价值的评判也开始从以往的阶级论角度转变为依据人性论的观念了，诸如重新评价梁实秋的莎评成就。作为法国文学界的领军人物，您其实从20世纪70年代末开始就着手重新评价现当代法国文学现代派文学的艺术成就问题，从策划出版《萨特研究》，肯定新小说派文学创作艺术成就，再到质疑现实主义至上和重新评价自然主义文学价值，到后来敢于突破文学研究的禁区，介绍和译介法兰西性文学。您有没有考虑过，这一次次突破红线的做法是要掀起轩然大波的，弄不好也会给自己带来很多麻烦的。不过应该承认您在这一时期所发表的文章和观点是颇具有学术胆识的。如今回首往事，您是否承认您这样做有"情绪化"的东西在里面，还是坚持认为这是秉持严肃严谨的学术态度？

吴康茹：《柳鸣九文集》卷二收录了题为"人性的观照"的78篇读书札记式的随笔。这些随笔文字清新、文笔娟秀、风格各异，有的是谈及西方文学作品中人性中的爱情形态问题，有的是谈及人性中的性格形态，包括对欲望主题的涉略。这一论文集写作多集中在20世纪80年代初至90年代中期，这些随笔的写作可能也与这一时期学界思想解放和人文精神大讨论有关联吧？也是您在从事西方文学研究过程中有意识地抛开阶级论理论，运用人性论观念去探索文学也是人学主题的一次大胆尝试吧？如今，您对这一次的学术研究转向是怎样看的？它丰富和弥补了以往您对人性的认识吗？

吴康茹：您作为研究西方文学，或者更准确地说作为长期研究法国文学的知名学者，曾经肯定遇到过这样一个问题：如何鉴别和评价一位作家或者一部作品在文学史上的地位及价值问题。您在《论遗产及其他》中也谈到了如何继承西方文化遗产的问题。在您看来，文化遗产是世界范围内人类共同创造的精神文化财富；按照马克思主义的观点，必须辩证地、合理地看待和鉴别这些丰富的世界文化遗产，要善于"去其糟粕、吸取精华"。在21世纪的今天，尤其是在改革开放 30 年之后，全盘否定西方优秀文化遗产的观点已经在知识界得到了不同程度的纠正。在新世纪展望未来之际，您认为中国学者或者研究者在传承西方优秀文化遗产的同时，应该注意吸收哪些历史教训？对待世界文学作品和西方作家应该秉持什么样的态度和立场？

吴康茹："人性观"和"阶级论"是新中国成立后中国学界最具有时代特色的学术话语？您是否认同这一观点？在文学研究语境下，将阶级论和人性论作为评述文学思潮运动的工具，作为分析具体文学作品及论述作家身份立场的主要理论依据，您认为这种分析方法的利弊究竟在什么地方？尤其是将"人性观"和"阶级论"作为划分西方资产阶级文学和无产阶级文学作品思想倾向的两个重要评价标准。这样的做法是否是中国学界对苏俄文艺界政治意识形态话语的接受和演变的结果？作为外国文学研究者，您是如何评价"人性观"和"阶级论"分析方法提出的实际意义，以及它在历史实践中的得失问题？

吴康茹：在《西方现当代资产阶级文学评价的几个问题》一文中，您谈到了文革期间中国知识界照搬苏联日丹诺夫的文艺政策给中国学界译介西方文学所带来的危害性，并提出了要以"一分为二的方法"重新看待和分析西方现当代文学的价值问题。在您看来，80 年代初质疑和否定苏联日丹诺夫关于现代资产阶级文学的论断也是标志着突破文坛上极左思想禁锢和藩篱的开始。而您在这一过程中起到了非常大的作用和影响。突破文坛上极左思想禁锢第一步就是要涉及对于自然主义文学的重新评价问题。请您谈一下，这次冒天下之大不韪的行动为 20 世纪 80 年代之后的外国文学译介及研究带来了哪些影响？如今，回顾这一段历史，您的心情又是怎样的？

吴康茹：近些年来，文学经典构建问题也是引发了学界激烈的讨论。文学史家和文学研究者的工作其实就是要告诉读者文学史上哪些作品可以进入经典行列。不过读者比较好奇的是文学研究者选择和判断经典有无一个评价标准，而这个评价标准究竟依据什么？它是取决于文学研究者的主观喜好，还是要依据文学作品本身所蕴含的艺术价值？成为经典的作品是需要反复阅读、不断接受检验和评判的。您在西方文学研究中选择那些有价值的作品主要依据什么样的标准？您认为对经典形成起重要作用的因素到底是哪些？

吴康茹： 从清末明初到现在的百余年之间，中国知识界许多文化精英，如梁启超、陈独秀、茅盾等都积极倡导译介西方文学和文化著作。像陈独秀、茅盾等知识精英都对法兰西文化艺术情有独钟。中国知识界曾经将译介西方文学作为开启民智、教化大众的手段。法兰西文学曾经在启蒙和革命方面给予中国很多珍贵的思想资源。自"文革"结束之后，您就开始主编丛书、重新撰写法国文学史、系统地向中国读者介绍法国现当代作家作品。请您谈谈您主编《法国二十世纪文学丛书》（七十卷）、《雨果文集》（二十卷）、《加缪全集》（四卷）等这么多重要的文化工程项目的初衷和目标是什么。您认为目前中国对法国文学的译介和研究应该继续朝着什么方向努力？

吴康茹： 您是以译介法国文学作品和研究法国经典作家而蜚声于学界的著名学者。自从法国文学被译介到中国之后，它对中国现当代文学的建立与发展都产生了巨大的影响力。那么您作为传播与译介法国文学的倡导者和实践者，从事多年的法国文学译介和研究工作的资深学者，您最推崇的法国文学流派和作家作品有哪些？您肯定和推崇他们的理由是基于什么样的评判标准？人性观是您衡量作家作品价值高低的一个重要方面吗？

吴康茹： 您长期笔耕不辍，已出版著译四十余种。您在学界有"著作等身"之誉。作为法国文学研究的晚辈，我对支撑您写作和研究巨大热情之深层驱动力非常好奇。毫无疑问，您是非常有使命感的法国文学研究者。就像萨特在自传《词语》中将自己定位成"词语的生产者"一样，他认为文学可以救赎他，赋予他存在之意义。与萨特相比，您是如何看待您自己所选择的职业的？在这么多年的法国文学研究生涯中，面对浩瀚的作品，您要从思想层面和叙事技巧层面去弄清楚作品所要表达的意义。不知道您有没有产生过学者的"阐释焦虑"？如果有心理焦虑的话，您尝试如何去解决它？您认为理想的文学研究者应该是什么样的？

另外则是我的一个读者老友，著名的藏书家王新川先生，他提的问题是：作者与读者关系的诸方面，曰：

王新川： 我是一个外国文学爱好者，对于自己喜爱与尊崇的作者，不仅要读他们的作品，还千方百计读他们的各种传记，以期较准确把握其思想精髓。如卢梭，我读了他很多单行本，后又阅读了李平沤译《卢梭全集》及《卢梭传》。1980 年第一次读李平沤译《爱弥儿》那时自己只有 18 岁，人文社 1982 年二印本卢梭《忏悔录》是我读到的第二本卢梭作品，开篇的译本序使我开始"结识"柳鸣九老师，从这个意义上讲，我们认识已经长达 35 年了。该译序后又多次在人文社文库版、商务印书馆汉译学术名著丛书版中阅读，最后一次是在 2016 年底《柳鸣九文集》版。通过阅读，产生了崇敬感。一直以来，都想琢磨通过什么方式去接近你们，由于当时没有互联网，根本没有联系渠道，后来我在系统阅读河北教育出版社"世界文豪书系"的过程中，得知方平先生、宋兆霖先生、高慧勤先生和胡其鼎先生等相继辞世时，这种愿望更加迫切。特别是读您主编的 20 卷版《雨果文集》时，边读边动摇我的犹豫，越来越强的愿望促使我"冒险"行动起来。给您的信寄出后，心始终不安定。写信前有些胆怯，寄之后是心怀忐忑，浮躁不安，何况寄的地址是多年前退休的原单位。你们是我国著名的人物、社会名流，被耀眼的光环笼罩着"高高在上"，使我仰视，目为之眩，会答理我们这些个小人物吗？心里根本没有底。不料在焦急等待的煎熬中您却给我一个始料未及的意外惊喜，一大包签名赠书。多年来我与您在交往中建立了深深的情谊，用您的话讲，已是神交老友了。阅读您的作品，就犹如与睿智的师者进行心灵的沟通，是一种没有负担的精神享受。您是我大着胆子亲近的第一位著名学者，在您"善行"效应鼓舞下，我目前已经与几十位著名的各种"家"们取得联系，也经常从一个读者的视角与他们探讨阅读心得，翻译得失。但从自己遭遇的经历看，不是所有的业界所谓社会名人都会这样善待读者，也会遭遇"冷遇"和"碰壁"。您是怎样对待我这样一位基层银行职员，再普通不过的读者、平民藏书爱好者啊？从您给我大量签名题辞的鼓励、抬举、鞭策里，能够清晰地看见给予我细心呵护和真诚惜爱而不是"挥大棒"或"冷处理"式地予以拒绝，为什么要这样？

王新川：凡人都有人性的善、优点，也有人性的恶、缺点。您尊崇卢梭，看得出卢梭对您一生的影响。您"效仿卢梭《忏悔录》、萨特的《文字生涯》，以真诚的态度面对自己"（《回顾自省录——柳鸣九自述》第220页，以下简称《回顾自省录》）的确需要勇气。近阅您赠《回顾自省录——柳鸣九自述》，从您自己"忠于自我"的记述和非常多的评论中，可以清晰地看到一个布衣学者的良知、良心、理性、思想的独立。也敢于暴露凡人的另一面：胆怯、卑懦、有身不由己的违心事，还有凡夫俗子式的性格缺陷和些许人性中的丑陋面。窃以为评论《回顾自省录》这本书就是评论您这个人，从一个读者角度体会，我个人认为评说您追随着卢梭自传文学的传统似乎还不全面、概括也不准确，如果脉着您一生的耕耘历程——皇皇15卷版《柳鸣九文集》的时间和如您所言作为文化工作的一个"砖瓦匠"这个轨迹行走，字里行间无不彰显出您那种"'求真的勇气'（许钧语）与坚持实事求是、坚持本色的定力"（《回顾自身录》第67页），更彰显"我要把我的一生献给真理。"（卢梭语）的人生追求，不知我的理解是否正确？

王新川：有一个问题始终在我脑海盘旋，本不该轮到我这个读者来提这个问题，但好奇心使然驱使我想深入到您的心灵深处探寻。改革开放初期，您对日丹诺夫论断三箭齐发，也曾大声疾呼给萨特以历史地位，仗义执言、据理力争，以及在自然主义问题上重新评价（《回顾自身录》第252页），撼动恩格斯著名而影响巨大的"巴尔扎克，我认为他是比过去、现在和未来的一切左拉都要伟大得多的现实主义大师"的论述。恩格斯的论述早已经深入人心，可以说已经根深蒂固了，一二十年以前，我就是带着这种观念去阅读傅译巴尔扎克、毕译左拉的。您的客观评价，改变了许多人的观点。20世纪80年代《萨特研究》被批判时，您那张在书柜前坐着手捧《萨特研究》照片的自信、从容、淡定，还有一种不服的自傲神态（在有些人眼中就一定会偏见地被当做含有那种"讨人嫌的傲慢"）对我印象太深刻。您也说那种"泰然自若，轻松自在"恰如其分地体现了当时的精神状态："纵然一夜风吹去，只在芦花浅水边"。（《回顾自身录》第302页），自己许多年前读徐悲鸿传记体会到的大师"人不可有傲气，但不可无傲骨"那种节操我认为可以移植到您身上。您"为了一个人文书架"，在环境并非如现在一样宽松，思想远非像现在这样解放，身处"官大一级压死人"和意识形态浓烈的高压中，可以不顾一切倔强地认准了目标就奋力前行，我行我素。我想，在那样一种环境和压力下，绝不仅仅是一句"胆量来自于学识""理论上的突破基于胆识"（《回顾自身录》第295页）等投地有声进行回击那么简单，我想问柳老，难道您就没有一丝的退却、放弃与动摇？

王新川：作为您的一位"粉丝"，我不仅要感谢您多年来对我这个读者的厚爱、关心和对我为人处世的点拨，更要感谢您数十年像蜜蜂一样辛勤的劳作与耕耘，为外国文学研究界、喜读书的读者群体奉献了那么多深邃的文论、经典的译文、睿智的散文，如一汩汩清泉，源源不断流。我曾经在给您的一封信中引用李商隐《谢书》"微意何曾有一毫，空携笔砚奉龙韬。自蒙半夜传衣后，不羡王祥得佩刀。"来表达我对您的敬仰。我想利用这次机会引王维《春日与裴迪过新昌里访吕逸人不遇》诗"桃源一向绝风尘，柳市南头访隐沦。到门不敢题凡鸟，看竹何须问主人。城上青山如屋里，东家流水入西邻。闭门著书多岁月，种松皆老作龙鳞"，来再次表达我这个读者粉丝发至内心对你的人格魅力的尊崇和遭受苦难、甘愿奉献，永不停歇的"小西西弗"的敬仰。

新川先生的问题，理情并茂，水乳交融，感我至深，有深度、有文采，这样的书信世间难有，可惜我这个瞎子已经无能为力，难以作答。

在这里，我深深地向吴康茹博士与王新川先生表示极大的遗憾和极大的歉意！

病魔无情，此事令我抱憾终生，悲夫！

2017 年 6 月 12 日

附录一：延伸阅读柳鸣九其他作品书目

辛今编选

一、文学史学术专著

1. 三卷本《法国文学史》（柳鸣九主编并撰写大部分章节，张英伦、郑克鲁、黄晋凯、施康强、郭宏安、罗新璋、吴岳添等参加编写。人民文学出版社1979年初版，2007年第二版）

我国最先问世的多卷本国别文学史。

至今仍享有权威地位的法国文学史专著。

第一部中国学人以马克思主义的经典批评方法撰写的成熟文学史专著，独立的精神、独立的叙说、独特的评析是其鲜明的标志。

1979年初版的《法国文学史》

2007年第二版《法国文学史》

2.《文学史：法兰西之韵》（柳鸣九著，中国社会科学出版社 2014 年版）

柳鸣九所主编法国文学史中的超越前人、观点新颖、视角独特、卓有创见、时有思想闪光并富有文采的章节之汇集，读来令人拍案叫绝，开卷一定有益。

3.《法兰西文学大师十论》（柳鸣九著，复旦大学出版社 2004 年版）

"文学史就是作家作品出现史"，这是柳氏对文学史的精辟定义。

此书集中了柳鸣九几部精彩的作家论，全面而深入、明晓而深刻、稳当而独特，可谓柳氏作家论之典范。

4.《越超荒诞》《从选择到反抗》（柳鸣九著，文汇出版社 2005 年版）

本书实际上是上下两册，构成了法国20世纪文学完整的景观，向中国读者介绍了数十位法国现当代作家，评述、解析、赞赏了上百部法国20世纪文学中的名著，观点新颖，思想敏锐，视角独具一格，见解独特，文字如行云流水，读来是一种享受。

5.《走近雨果》（柳鸣九著，河北教育出版社2001年版）

2001年柳鸣九完成了二十卷《雨果文集》的主编工作，他为雨果的诗歌、雨果的小说、雨果的戏剧、雨果的文艺理论、雨果的政论散文以及雨果的总体六大部分，进行了全面、系统、深入、细致的说明与介绍、评析和论述。除此之外，还有详细的雨果年表，要了解雨果、要深知雨果，不可不读。

6.《法兰西风月谈》（柳鸣九著，辽宁教育出版社2001年版）

这实际上是一部法国性文学史，至少是一部法国性文学名著论丛，这不是歪门邪道的猎奇，而是严肃的社会学研究，是别具一格的文学评论汇集、是社会特别的一面镜子、是彻底对人性的观照。

二、散文随笔

1.《巴黎对话录》（柳鸣九著，湖南人民出版社1983年版）

2.《米拉波桥下的流水》（柳鸣九著，中国电影出版社2001年版）

19位不仅在当代文学中，而且仍在现今的法国文坛上闪闪发光的作家，其中包括：阿兰·罗伯—格利耶、西蒙娜·德·波伏瓦、克洛德·迦里玛、玛格丽特·尤瑟纳尔、米歇尔·布托、娜塔丽·萨洛特、法朗士瓦·莫里亚克、克洛德·莫里亚克、埃尔韦·巴赞等，所有这些作家文士，柳鸣九在巴黎之行中，全都一一拜访过。从这些采访记中，不仅可以听到双方有深度的文学谈话，可以临场感受到这些才俊的音容笑貌，而且可以分享到观察这些巴黎文人性格的乐趣。这是生动的文学肖像画、这是宝贵的作家访谈录，是性格观察趣谈、是巴黎文化的立体景观，要了解五彩缤纷的巴黎文坛景观，最好认真一读。

3.《巴黎散记》（柳鸣九著，广西师范大学出版社2002年版）

是畅游巴黎的叙事，是巴黎名胜古迹的实地拍摄，对名胜古迹、历史文物，高度真实的实地实物描绘，与历史文物知识水乳交融，别具一格，

呈现出学者散文的风貌。

4.《父亲 儿子 孙女》（柳鸣九著，上海远东出版社2009年版）

《父亲 儿子 孙女》——柳鸣九的亲情讲述

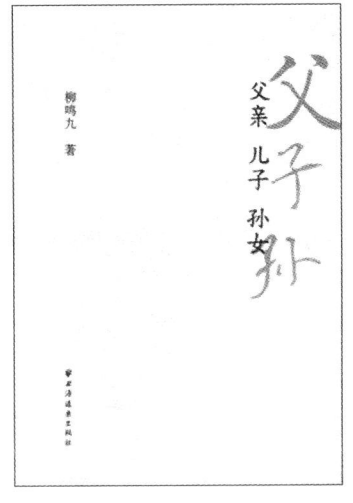

好的散文是有气场的，好的亲情文字也是有气场的。在《父亲 儿子 孙女》一书中，著名学者柳鸣九先生以平实感人之笔，讲述自己三位亲人的故事，将朴素的亲情之爱，落实于文字之中，他身为普通人的一面也随之展示出来：

他的父亲柳世和，一位农民之子，学得厨艺，成为名厨，为了使家人不致于衣食无着，为了使三个儿子不致于失学，单枪匹马在香港做老年打工仔，经过多年辛劳，使三个儿子都得以大学毕业……

他的儿子柳涤非，16岁即离开家人去美国求学，后在大洋彼岸工作、结婚、生女，正值风华正茂之际，却英年早逝……

他的小孙女Emma，活泼可爱，充满灵气，喜爱阅读，成为当地图书馆读书广告中的"小才女"。爱她的爷爷，亲切地称她为"小蛮女"，写下了《小蛮女记趣》《小蛮女记趣之二》等文章。

柳鸣九先生在学界享有盛誉，著作等身。他的夫人朱虹，也是我国英美文化研究领域的专家。这本书以学者之笔，描摹亲人情状，历历在目。其中的细节，也生动感人，比如，他在《一个厨师的人生追求》里写父亲：只要桌上洒有一摊茶水，他总是用筷子蘸着在桌面上写写画画，有时是练正楷，有时是练草书……厨师柳世和爱好书法的形象跃然纸上。他在《余音》里写小孙女寄的第一封家信：然后没有想到的是，小纸片又是折叠着并用胶条粘贴在绛色的封纸上，虽然又是歪歪斜斜的，但可以看出来，那位五岁的发信者是极其郑重其事的……小孙女的形象描画得朴拙可爱。儿子柳涤非生性平和，善于为人处世。在幼儿园，就有舍身救人的行为，后来长成少年，又有收集名人签名的嗜好，曾集有夏衍、王蒙、沈从文、茅以升、艾青、李健吾、钱锺书等人的签名。后来到美国，不论是学习，还是工作，和周围人皆相处融洽，谦逊有礼。同时，他热爱生活，爱电影，爱看书，爱看报，喜欢驾车在公路处疾驶……他也爱妻儿，留下来的财产，保证她们能过上不愁温饱、安定小康的生活，他以自己的部分财产与亲友的支持，在他毕业的大学里设置了一项用他的名字命名的奖学金，虽然规模不大，但可以每年资助一个贫寒学子的学费与生活费。他只活了37岁，但他对接纳他的社会却做出了回报……根据他生前的意愿，遗体捐献给公共医疗机构。他的亲人、同事、朋友、老同学在当地举行了一次隆重的、充满了亲情与友情的追悼会。柳涤非的一生，正如他的母亲在追悼会上所说："活得长久的人像是高高的一支蜡烛，而我可怜的儿子，他的蜡烛很短，可是他燃得那么明亮。"

关于回忆性的散文，柳鸣九曾写过《"翰林院"内外》《这株大树有浓荫》等书，以学者的身份写大师们卓尔不凡的风范，体现名士风流的精彩瞬间，字里行间洋溢着浩然之气。而此次回忆，视角转换，身份改变，分别从儿子、父亲、爷爷的眼光，回顾自己身边至亲之人，与前面机锋照人、洒脱生动的文风不同，本书的语言更显质朴与平实。

回忆亲情的文字贵在真。然而，真情的流露也有不同，有些文章感人肺腑，竟至撕心裂肺，是哀而伤；有些则表面看去是淡，却是内有隐痛，隐而不发，是哀而不伤。柳鸣九先生所写，和杨绛先生的《我们仨》就属于后者。杨先生是"我一个人回忆我们仨"，在回忆之中，将自己也融入其中，文风淡雅、清丽。而柳鸣九的讲述，更含蓄、克制、内敛。他的爱，不露于言表，尤其是逝子之痛，隐藏得更深，行文之中，偶尔流露出，却立即收笔。比如，他回忆起儿子最后一次打来电话，平日里话语不多的儿子,竟亲情呼唤,叫了他一声"爸",随后没过一两个星期,就惊悉儿子去世的噩耗,"每当想起这件事,心里都感到一揪",但是,却并不铺陈开来,直到在和小孙女的一次通电话时,小孙女直白地说出"你最爱的是我爸爸",这让他又"内心不禁一揪",原来他的哀,是一直绵延未断的,内心之中,反而显出另外一种伤逝之景。

本书中还收有《母亲朱虹的悼词》《姐姐柳尽染在追悼会上的讲话》《妻子夏建英的哀思》《忌日周年致涤非》《父亲节快乐》等悼念和寄语等文字。这些文字"作为她们在特定时刻真情实感的记录,不求体例上的统一",用柳鸣九先生的话说,也是因为"亲情文字最重要的在于真"。

(作者鲍广丽:文汇出版社副编审)

5.《且说这根芦苇》(柳鸣九著,上海远东出版社 2012 年版)

《且说这根芦苇》——柳鸣九文化自述

柳鸣九是外国文学的权威,有中国"萨特研究第一人"之称;他对西方文学的评介和分析,是功不可没的"破冰人";他主编的《法国文学史》等书,是不可多得的文学史宝库。数十年来,他孜孜不倦,悉心钻研,学术成就闻名遐迩。如今他年已八旬,自早岁毕业于北京大学以来,一辈子的光阴,逾半个世纪的岁月,都是消磨在书斋中,但他却不感到寂寞,因为长年累月在学海书林中遨游探索,他的精神领域,是辽阔无垠的,远非凡夫俗子可及。

法国 17 世纪的哲人帕斯卡尔,把人称为"会思想的芦苇"。2012 年

柳鸣九出版了自己的文化自述《且说这根芦苇》。虽然与其他物种相比，"会思想"可以说是所有人的基本特征，但在人类之中，真正意义上"会思想"的人毕竟只是一部分，甚至只是一小部分。在"会思想"这一点上也存在着各种不同的层次，只有以思想为业、并以其思想的深邃远远优异于芸芸众生，特别是以其思想魅力而具有广泛悠远的社会影响与历史作用者，才无愧于"我思故我在"这样的自我认定。

本书为柳鸣九的文化学术作品集，书中对中学时代、未名湖畔四年的追忆，翻译都德、莫泊桑等书的经过与感受，是作者对自己半个多世纪的学术人生和思想历程的最朴实、最准确，也最形象的文化概括。尽管本书讲的是自己，但并非一部自传，并非以整个自我为对象而"从头到尾"讲述下来的"故事"，而只是对自己所做过的一些事情所作的说明与记叙。作者所做成的那些事情，不论当时还是在事后都产生了一定的社会影响，不失为多少还有点价值的"文化事，学术事"，因而时至今日，这些叙述还可以作为一种"印痕"汇集在一起，姑且称之为"文化自述"吧。

（作者鲍广丽：文汇出版社副编审）

6.《名士风流》（柳鸣九著，金城出版社 2011 年版。中央编译出版社 2017 年版增订本）

作者是名流,他这本回忆散文集里所写到的人,如李健吾、朱光潜、钱锺书、杨绛、冯至、卞之琳、马寅初、梁宗岱、何其芳等也都是各个领域里的名流,其书名为《名士风流》也名副其实。作者文笔洒脱、生动,从不同视角,将每一个人物叙述得栩栩如生,读来是一种享受。

当当网书评 2012 – 01 – 21

学者翻译大家的散文,说学界名流,亲切异常。

当当网书评 2016 – 03 – 17

名士儒雅之风。装帧设计精美。

当当网书评 2015 – 01 – 25

8.《回顾自省录》(柳鸣九著,河南文艺出版社 2016 年版)

柳鸣九先生既是这套书的主编,也是传主之一,83 岁的高龄倾情执笔,写了《回顾自省录——柳鸣九自述》一书。

他的写作宗旨是:无意于为自己竖碑立传,更不为沾上历史的荣光而去粉饰油彩的自我画像,而是秉笔直书,忠于自己的内在,如实地状写出一个可知可感、纤毫必现的真实的自己——这可以说是这套书整体的写作追求。

——刘晨芳:《编辑报告》

看完之后思绪万千，值得推荐，柳先生绝对是一位大师。

京东网书评 2017-05-03

详细回忆了柳先生的主要生平经历和长达几十年的学术生涯历程，突出展现个人性格和大时代变迁，对于自身学术研究的影响，在梳理过程中基本上做到了"不虚美""不隐恶"，非常难得。

京东网书评 2017-04-09

好书，是绝对值得一读的书。

京东网书评 2017-03-15

思想敏锐，文字激昂，批日丹诺夫，挺萨特，在改革开放初期的文化思想进程中，破禁锢，开冰河；致力于社会文化积累，厚实的文学史专著，精辟的美文评论，留存当代文化名士身影的学者散文，业绩丰硕，著作等身，却自称"凡夫俗子""学林中的矮个子""智力中等偏下"。柳鸣九首次对自己的一生进行全景式的扫描和剖白，展现了他作为中国现代人文史上活化石般的学术历程及内心独白。

他秉笔直书，忠于自己的内在，如实地状写出一个可知可感、纤毫必现的真实的自己。这是一场投入了真心灵的写作，他不吝袒露自己内心的孱弱、纠结与无奈。其坦率真诚直追卢梭的《忏悔录》，读来让人唏嘘。

一个平凡的人做出不平凡的事，此中隐含着大美若拙式的不凡；而在做不平凡事之中，又不掩饰其平凡人的心迹心态，则需要有诚实面对自己的勇气。如此自说倒显出真人性真人格，这是本书的看点。

——刘晨芳：《编辑人语》

三、翻译作品

1.《莫泊桑短篇小说集》(柳鸣九译,四川少年儿童出版社 2016 年版)

市面上的译本成千上万,作品都是名著,皆出自世界名作家的手笔,读者喜欢读无不都是名著,谁优谁次,看的就是译文水平的高下,请看柳鸣九译的这一部莫泊桑小说,开始的第一句译文是这样的:

马里尼昂①长老的这个名字,威武壮烈,富有战斗性。人如其名,他个头高大,骨骼嶙峋,有狂热的精神,心气总是昂扬激奋,为人行事则刚毅正直。他的信仰坚定执著,从没有发生过任何动摇。他由衷地认为自己很了解他的天主,知悉天主的打算、意志与目的。

行家不妨拿这一段译文和其他译本的同一段做个比较,再想想,什么翻译才像真正的文学翻译。

2.《卡尔曼情变断魂录》(柳鸣九译,"世界名著名译文库",上海三联书店 2015 年版)

---

① 意大利城市,1515 年和 1859 年,法国军队都曾在这里大败瑞士及奥地利人。

友人对话录

3. 《高龙芭智导复仇记》（柳鸣九译，"世界名著名译文库"，上海三联书店，2015年版）

2015年市面上出现了这两个译本，梅里美两篇最动人心弦的小说，又有了崭新的两个版本，但译名却像是老掉了牙的，噫！怎么啦？林琴南复活？两本书的标题古色古香，不妨去看看，究竟译得怎么样？看这位译者译得比林琴南怎么样。

4. 《局外人》（柳鸣九译，上海译文出版社2010年版）

打开此书的版权页一看，2010年6月第一版，2017年5月第18次印刷，印数为141400册，即此可见，这是一个印数量很大的译本，是一个最受欢迎的译本。

5. 《小王子》（柳鸣九译，中国少年儿童出版社2006年版。柳鸣九译，柳一村配画，海天出版社2016年版）

柳鸣九译的《小王子》有两个版本，一是他十几年前专门为他的孙女 Emma（中文名柳一村）译的，扉页上特别有题词，表明是专门为小孙女而译的，这个版本由中国少年儿童出版社出版。不久，小孙女不幸失去了自己的父亲，但她仍能得到良好的教育、健康的成长，在绘画美术方面表现出了一定的才能，从小就根据《小王子》的故事绘画作图。于是，又有了一个柳鸣九译，柳一村插画的双组合版本，由海天出版社出版。这个版本在国内很有名，一个版本蕴含着令人感慨的天伦故事，一个版本由十二岁美籍华裔小女孩充满童趣的绘画，都值得一看。

事实上，柳鸣九的《小王子》译本，版本永不止这两个，很多国内出版社所采用的都是柳鸣九的译本，究竟是哪个译本好，从读者的欢迎度、版本数量与重印销售量，哪个译者的译本谁好谁次，不难做出结论。

6.《萨特研究》（柳鸣九编选，中国社会科学出版社 1981 年版）

这是认知与研究萨特存在主义文学的入门读物，它全面而仔细地提供了关于萨特与存在主义文学的第一手资料：萨特的生平与生活道路，萨特的思想与精神发展，萨特存在主义的内容与核心，萨特思想的形成、成熟与归属，萨特文学创作的概况与核心哲理，萨特的哲学思想与文学创作的关系，萨特的创作道路与文学中的哲理，以及萨特所有重要文学作品的内容提要与形象表现，萨特与加缪，萨特与西蒙娜·德·波伏瓦等。此书在改革开放初期，成为我国在青年一代精英的必读书、常读书，在当时的思想解放过程中，起了很大的作用。

7.《磨坊文札》（柳鸣九译，北京十月文艺出版社 2006 年版，上海译文出版社 2011 年版）

都德怀着亲切眷恋的柔情，用简约的笔触与清丽的色调描绘出一幅幅优美动人的普罗旺斯画面：南方烈日下幽静的山林、铺满了葡萄和橄榄的原野、吕贝龙山上迷人的星空、遍布小山冈的风磨、节日里麦场上的烟火、妇女身上的金十字架与花边衣裙、路上清脆的驼铃声，还有都德他自己那著名的像一只大蝴蝶停在绿油油小山上的磨坊……所有这些极富南方

色彩的画面，在法国文学的地方风光画廊里，以其淡雅的风格与深长的韵味而永具艺术生命力。

读它可以去烦恼，读它可以澄心绪，

读它可以宁心境。

附录二：对柳鸣九要著的佳评

目　录

追随着卢梭的自传文学传统　　　　　　　　　　　　　　　　　鲍广丽
　　——评柳鸣九《回顾自省录》

此时无声胜有声　　　　　　　　　　　　　　　　　　　　　　王新川

真名士，自风流　　　　　　　　　　　　　　　　　　　　　　余中先

那些人文精英的生命状态　　　　　　　　　　　　　　　　　　路来森
　　——读柳鸣九的《名士风流》

与法兰西文学的浪漫情缘　　　　　　　　　　　　　　　　　　刘晨芳
　　——快读《浪漫弹指间——我与法兰西文学》

追随着卢梭的自传文学传统
——评柳鸣九《回顾自省录》

鲍广丽，上海文汇出版社副编审

柳鸣九，一个为广大学术文化读者所熟悉的名字，他在文化积累、文化摆渡方面的业绩与影响是广为人知的，他的文学史专著、理论批评文集、鉴赏美文、散文随笔写作汇集为文集就有500万字，另外还有100万字的文学名著翻译，还有卷帙浩繁的编选作品与主编项目，其劳绩的总体景观，令人喟叹……

改革开放之初，他思想敏锐，文字激昂，曾经"三箭连发"，直指一直居绝对权威地位的苏式意识形态日丹诺夫论断，大声疾呼"给萨特历史地位"，提出重新评价自然主义的问题等，在思想解放的历史过程中，起了先锋开拓的作用。

从20世纪80年代初开始，他将很多精力放在了法国20世纪文学上，在那片当时尚属"若明若暗"的领域，完成了一些很有规模的文化建设工程，产生了广泛深远的影响。柳鸣九深知，理论突破之后，还应该有正面的文化积累与学术建设，在一个伟大民族的开放时代，文化摆渡与文学译介当然应该有一定的规模。因此，从80年代初期以来，陆续主编译介了一些关于外国文学，特别是西方20世纪文学的大型作品丛书与理论丛刊，以构成社会文化积累。这些系列丛书、丛刊既可以说是开拓性的、上规模的文化工程，也可以说是他的理论有所突破的一种佐证，其中有不少在社会上曾引起热烈的共鸣。实际上，他在着手研究20世纪法国文学之前，对于此前的法国文学已进行了较为全面和深入的探究。1979 年和 1981 年他主编的三卷本《法国文学史》分别出版了两卷，从中世纪文学开始一直写到 19 世纪末的罗曼·罗兰中期。在文学研究领域，编写文学史一直被视为高层次、高难度，也具有重要学术文化意义的项目。柳鸣九主编的文学史，对整个法国文学进行了系统的梳理和总结，在规模、广度与深度上可以算是很像样的一部文学史，为法国文学学科建设打下了实实在在的基础。

他还以一己之力，主编与编选了好几百本书，既有学术评论性的项目，如《西方文艺思潮论丛》七卷、《法国当代文学广角文丛》九卷、《诺贝尔奖获奖者传记大系》二十一卷等；也有研究资料性的项目，如《法国现当代文学研究资料丛刊》等；还有作家作品选编性的项目，这一类所占绝大比重，从篇幅来说，足有数千万字之巨。而柳鸣九先生本人更为重视的是这六项："F·20 丛书"七十卷、《雨果文集》二十卷、《加缪全集》四卷、"世界短篇小说精品文库"十八卷、"世界心理小说名著选"十四卷、"外国文学名家精选书系"八十卷。在他主编的项目中，还有两个比较另类的，一是《名家点评外国小说中学生读本》十卷，另一个是"盗火者文丛"八卷。通过柳鸣九主编的这些项目丛书足可看出，他是一个有信仰有理想的"精神苦力"，他信仰优秀的文化，信仰有精神价值的书架，他有"为了一个人文书架"的人生追求，有为社会文化积累添砖加瓦的人生理想，而且至今不衰。

时至今日，83 岁的柳鸣九仍在和时间赛跑，自从十五卷本的《柳鸣九文集》出版后，他又忙于主编"思想者自述文丛"，将汤一介、刘再复、汝信、许渊冲、钱理群、钱中文、谢冕等学术名家汇聚一处，每人对自己的一生与学术道路进行全景式的扫描，让读者分享学术文化名家的"梦与真"，了解他们的"往事与反思"。"文丛"共八种，现已出版钱理群、刘再复、谢冕和柳鸣九的四种，汤一介、汝信、许渊冲和钱中文的四种也将陆续出版。

可以说，他在学界长时间以来起到领军人物的作用，也是多次全国性学术讨论的发起者与中心人物，且学术成果丰硕，具有独创性和突破性。对于自己，他有一些文化性的比喻，每一个比喻都让人觉得那么有启迪性、有哲理内涵。在《且说这根芦苇》一书中，他将自己比喻为一根会思想的芦苇，自谦而沉郁；在《回顾自省录》中，他称自己为推石上山的小西西弗，强调个体人是脆弱的，个体人是速朽的，个体人的很多努力，往往都是徒劳的；他还称自己为"桥上的搬运工""谦恭的打工仔"，说明自己在整个意识形态精神生产中居于生产关系链条的末端地位；他称自己为"学林中的矮个子""学术殿堂外的小草""布衣"，把自己定在学术领域中的低坐标上；他贬称自己为"凡夫俗子"，称自己为粗糙不文的"土人"，更把自己的文明化程度降低了好几个层次……所有这些比喻都有这么一个基本特点：自我矮化。

低调、谦逊、退让、自贬、软化身段、降低身姿，但是，所有这些恰恰与他的业绩、与他的作用、与他的影响、与他有所作为上的高调甚至是巨响形成强烈的对照。我不知道这位著名学者为什么这么做，出于什么原因这么做。显而易见的是，一位人文大家，如此说自己、如此矮化自己，与当前常见的风气：自吹自擂、自炫自秀、自威自重、摆谱、拿架子的世风大有区别，是另具一格的面世态度。这样的自述，就值得深思了；这样的自述，对世人就有启迪意义了。它至少提出了这么一个问题，自我价值，是靠语言变幻出来的，还是靠实践创造出来的呢？

任何人写自述，对本人都是一次挑战，文化名家写自述，自然会很引起人们的注意。他将如何写？柳鸣九在他本书的自序中有这样一段重要的话：

> 我并不想在严肃理论与学术术语所织成的意识形态帷幕后面、在富有诗意的文化面纱后面若隐若现；我也不想在我那人文书架的旁边，借文化的光彩映照我自己；我更没有华美的冠戴来标示自我，我只能像罗丹的思想者那样，没有遮掩、没有装点、赤着膊臂面世。这是思想者的本性，也是思想者的软肋；这是思想者的命定，也是思想者的使命。在这本书里，我只着力于讲清楚两件事：我不过是这么一个凡夫俗子式的人；我所做的事，不过是如此这般做出来的。

深刻地理解这段话，就是柳鸣九所说的他写这本自述的基本立场与基本态度。通观全书，他的确也是按照自己的要求去做的，"诚实面对自我，面对世人，讲实话，讲真话，直抒胸臆，如实叙说"。

他的自述共三大部分，前两个部分，基本上是分述他一生前后两大阶段的实际经历与所作所为，第三大部分则是纵向地分析自己、剖析自己。这三大部分，都在努力"秉笔直书，直抒胸臆"。第一部分以流畅的文笔叙述了自己无忧无虑的童年、起步奋斗的中学时代、成型于北大的四年以及作为学者开始崭露头角的历程。他不讳言自己家庭出身的低微，文化根基的欠缺，他不像某些人那样借后来的功成名就的东风，回过头去把自己的早年也粉饰得漂漂亮亮，或为天才少年、或为有过人的天赋、出色的才能、或为一贯正确、一尘不染，而是坦陈历数成长过程中与周围同学的差距，坦陈了在优质中学教育中，自己的种种寒碜、困顿、尴尬以及遭白眼、遇轻侮、被否定、长期坐冷板凳等不光彩的记录。也坦陈了大学期间在某些方面与班上优异生、高才生的差距，虽然在另一些方面，他也有自己的优势。在他成名成家之后，已经献出了丰硕的业绩，表现出了人们所称道的学术胆识以及他在理论、鉴赏、写作、翻译以及学术组织工作等各方面的才能，而有多能型、著作等身的美誉，即使如此，他在自述中仍非常实事求是地分析了自己的学术能力，坦言了自己在"学术五力"：记忆力、阅读力、理解力、感受力、表述力各方面的实际水平，而做出了"五力齐备"，但"五力不力"的谦辞，而在把自己摆在中华学林，特别是高手林立、才俊辈出的法国文化研究界的背景上时，他还不止一次自评为"智力水平中等偏下""矮个子"，在叙述自己的学术历程时，他坦言自己得过"左倾幼稚病"，把他少数几桩在学术文化上的过左行为，都一一列出，毫不隐瞒，甚至把有的干脆称为自己的"学术污点"，如对"新小说"派的批判、对人性论的批判等，其自责程度之重，实际上超过了客观事实本身。即使是他在进行某个学术文化大作为的时候，他也没有趁机提升自己、美化自己，将自己的动机、意图、思考、策划加以超人化，而是不隐瞒自己有个人考虑，有自己的小算盘，有犹豫、动摇、难堪、无奈，仍把不平凡事件中的自我，还原为普通人，还原为芸芸众生中的一凡夫俗子，正如出版者所评介的"在做不平凡事之中，又不掩饰其平凡人的心迹心态"。

作为一个学科一个学界公认的领军人物，名副其实的领头羊，敢于这样面对自己、评论自己，没有卢梭式面对自己的勇气，那是做不到的，由此看得出来，柳鸣九在写《自省录》的时候，是有自己追求的，那便是卢梭式的面世面己的人格力量的追求。

全书是以柳鸣九一贯略显欧化却笔端饱含感情的语言风格写成的，既展示了一个著名学者坎坷不平、但业绩丰硕的学术道路与他独特的精神风度，也展示出芸芸众生中一个血肉之躯的真实人的真性情真面目。从这本书里，不难看出卢梭《忏悔录》传统的影响，柳鸣九是法国文学的权威学者，他受法国文学的影响自不待言，他的三卷本《法国文学史》中的卢梭专章就是由他亲自执笔的，在国内长期流行的人民文学出版社版《忏悔录》中译本，冠有一篇思想隽永、感情充沛的序言《自传文学中的辩证法典范》，此序亦出自柳鸣九的手笔，它一直伴随着人文的这个经典译本，被一代又一代中国读者阅读，至今已有半个世纪，可作为了解柳鸣九本人真性情、真人格的一个侧面。

2017 年 6 月

作者论著书影

此时无声胜有声

王新川,四川成都人,著名藏书家

王新川

"思想者自述文丛"五种已经问世,浩浩荡荡,沉沉甸甸,已引起了读书界广泛的注意。

笔者酷爱藏书,尤其以人文书籍为重,该文丛问世后,笔者幸得柳鸣九先生的赠书,先睹为快,发现在书林中一罕见的现象,一套如此有分量的"文丛",居然没有一篇总序。不久,在网上即见有人做出了一个想当然的结论:"主编柳鸣九写不出一篇像样的大序"。对此,笔者稍有不同见解,兹呈于读者之前,以供切磋交流:

"思想者自述文丛"规模不算太大,已出版的我也只读了柳鸣九的自述。作为一般读者,读柳鸣九的《自省录》自然不会从研究的角度想得那么深,领悟也不会那么透。但作为自己喜爱和尊崇的作者,定会用心去认真细读慢嚼。受能力的限制,最大的感受无非就是看见卢梭的身影在书中如影随行,卢梭的精神追求渗入柳鸣九的骨髓。

对于这套"文丛"为何没有总序这个问题,最近柳鸣九在答一家报纸的记者问时,秉承和充分展现了他一贯的"柳鸣九笔法":睿智的哲理,深邃的思想,调侃、幽默而不失机智,有时惜墨如金,有时侃侃而谈;有时引经据典,有时行云流水。整篇文章给我以坦直、飘逸、洒脱、空灵之感,大有《儒林外史》"添四客述往思来,弹一曲高山流水"之同工异曲。

说到作品全集(文集)、文丛等诸多形式的序言,我的看法是序言撰写,当长则长,当短则短。据我所知,在当今的学者中,柳也算是写长序人中的佼佼者,他的《萨特研究》编选者序、二十一卷《雨果文集》的总序、《加缪全集》四卷总序、《法国文学史》三卷修订本总序以及《世界心理小说流派代表作选集》总序,都要算人文学林中高质量的长篇巨制,影响巨大而深远。但是序的长短,并不等于是序的优劣的标志,有时也可以一当十,成为名篇。我个人认为"思想者自述文丛"这篇短序,就属于这种类型。序言撰写者会根据作品的需要而定,序言撰写"度"考量着撰写者的智慧与能力。不过,作为"思想者自述文丛"的主编,推出的却是如此短的序言且还是代总序,的确罕有难寻,是穷尽了自己的能力还是能力不够?

如果从"文章的立意"探讨想说些什么的话,那就是关于"思想者自述文丛"代总序确如柳鸣九说"确为有意而为",而恰恰是这种"有意而为"充分体现了柳鸣九的睿慧,还真值得花功夫去探寻背后的深意。恰如其分、贴切自不待言,借此表达"文丛"的思想底蕴的确应引起阅读者深思,像阅一般作品序言浏览一读就匆匆而过根本不可能明白其中的深层次含意。

张光琪先生在何广政主编的《世界名画家全集:现代主义雕塑大师——罗丹》一书里撰文谈到罗丹"思想者"时说是人们陷入思考的苦闷表现。真实体现了"关于人的精神力量,引发观者的思考。"(《世界名画家全集"现代主义雕塑大师——罗丹"》,第28页,河北教育出版社)。窃以为这句话说到了本质。柳鸣九的"思想者自述",何尝不是罗丹的"思想者"所要表述的"放射出一种理性的光辉,似乎象征着人类思想的明澈与清晰。"

(《柳鸣九文集》卷十，第 415 页）。他所做出的说明还充分展现出柳鸣九在谈雨果美文时论述时的那样一种风格："是否应该……也写得有点文采，有点情趣，写得带点感染力、亲和力，至少是写得叫人明白，叫人不坠入云里雾里，叫人不望而却步……"（《柳鸣九文集》卷九《拾遗集》，第 342—343 页）。

柳鸣九引用罗丹论"思想者"评述的真实目的背后应该就是想要表达出"人类进行思想探索，从事精神劳动的崇高与艰辛……为了思考与创作而曾竭其心智……而曾两鬓添上了秋霜，而曾尝试过辛酸与苦涩"（《回顾自省录》"思想者自述文丛"代总序）。当面对赤身裸体的"思想者"，当事人虽然有人生的"百感交集、怅然而涕下"的"沧桑感"，但所有曾遭受的一切苦难与付出难道不有所值吗？故而短言代总序，不仅仅是如柳鸣九说的"散文的感性文字，追求空灵的风致，带点礼赞的意味，思想力求凝练，至少写出了思想者的本质与精髓，其中也渗透了自己在学林中的沧桑感，文笔大概还算靠谱"。更为核心的意义是表象下面，从理性的角度揭示出尽管"奔向繁星的路程荆棘丛生"，（［法］安德烈·布勒东：《可溶化的鱼》，见《超现实主义宣言》，袁俊生译，重庆大学出版社 2010 年版，第 81 页），思想者自述里闪耀着作者人性的"真、善、美"与理性的光芒。这就是柳鸣九截取《在"思想者"的庭院里》一段旧语代主编总序的良苦用心吧！这就是柳鸣九截取《在"思想者"的庭院里》一段旧语代主编总序的最根本、最深沉、最谦逊、最内敛的本意吧！

2017 年 3 月

真名士,自风流

余中先:北京大学、巴黎大学毕业,双博士,中国社会科学院外国文学研究所研究员,博士生导师,《世界文学》前主编,著名法国文学研究家,翻译家。

余中先

中国的知识分子中有"真名士",但在特定的生存境况中,也有想"风流"也风流不起来的所谓末流文人。

柳鸣九先生的《名士风流》,书名实在是牛。

真名士,自风流。

集子中的一些文章以前曾读过,而且印象颇深。此次阅读,发现有些文章是新增补的,想来是最近几年里写的。柳先生年过八旬,笔耕不辍,每年都有新作面世,令我等后辈感慨万千,老者思维如此敏捷,笔底依然生风,真正是我辈的榜样。

那些文章，多为柳鸣九撰写的怀念他的前辈的文字，而那些前辈，算来应该都是我的"祖"辈了，一个个鲜明的形象从柳先生的笔底流出，让他那一辈的读者觉得似曾相识，让我这一辈的读者觉得颇为新鲜，如闻其人，更年轻的读者读来又会如何呢？柳先生写冯至、闻家驷、郭麟阁、陈占元等，应是充满了浓浓的师生之情，而他笔底的这些人物，我们多是不很熟悉，有的只见过几面（如冯至、杨绛），有的根本无缘见面（如李健吾、梁宗岱），读这样的文章，我辈恐怕只有"高山仰止"的感受了。

当然，《名士风流》中的有些人物，我也是稍稍熟悉了，因为，我有幸成为柳鸣九先生的年轻同事，而且还是毕业于同一所大学的同一个系的同一个专业，是年龄小他20岁的同事和校友。读到那些我比较熟悉的人物，如吕同六、罗新璋、金志平这些我接触得较多的师长，则会更有联想，甚至会产生自己也要写上一篇的冲动。

顺手翻书，见一篇《记忆中的冯至》，其中说道，柳鸣九在老领导冯至的家中看到了自己主编的《萨特研究》，这本书曾在"反精神污染"之类的运动中着实挨了狠狠的批判，而冯至先生并没有在"运动"中做出"批判"的姿态，而是说了一些意在保护"萨特研究"的实在话。谁都知道，这在当时是何等的难得。学生辈的柳鸣九心里记住了冯至家中书桌上的那一本《萨特研究》，嘴里虽没有说什么，其实他的心中何止是翻江倒海呢。从这篇文字的细节中，作为读者的我，不禁想到了西方哲人亚里士多德的一句话："吾爱吾师，吾更爱真理。"若吾师甚爱真理，岂不更美！

其实，我们并不一定要记住一些名人的辉煌和风光，如能真正体会那些也是凡人的名人平凡生活中一些平凡而又温馨的瞬间、朴实而又真诚的情感，无疑会对我们有更多的激励、更深的触动，也会对这些人物的人生有更透的感悟。读到《仁者李健吾》一文，我不禁为关于李健吾老先生参加某次政治性游行的夹叙夹议所感染，柳鸣九这样写道："李健吾的主动参加颇说明他很有——且不说'政治热情'，至少是很有一番'热心肠'，说明他不'摆谱'，能与年轻人打成一片。而且，那一次他穿了一套西装，正式打着领带，在他而言，显然是为了郑重其事,参加一次'盛典'。不过,那是一套老掉了牙的西装,颜色发旧,领带又过于鲜艳,没有穿皮鞋,而是像平时一样,踏着一双布鞋,显得有些土气,有些不伦不类……但我可以明显感到他是带着一份心意参加那次政治活动的。"这里,既有细节描写,又有心理揣摩,让读者有反复咀嚼的可能。

读《书生五十年祭》一文,我也不禁感慨万千,文章回忆柳鸣九他们八个大学同学毕业五十年后的一次聚会。时间地点极其明确:"2007年10月14日中午12时","中国社会科学院后面一条街上的美林阁餐厅",人物为:柳鸣九、罗新璋、高慧勤、金志平、高中甫、韩耀成、赵桂藩与王晓峰。

想一想,十年之前,北大毕业五十年后的退休研究员的生活境况:聚会时"大家坐地铁或步行而至,因为没有一个人是家里有车的",点的最贵的菜是"清炒虾仁与清蒸鳜鱼","饮料只有一壶菊花茶,外加一瓶北京啤酒、一瓶张裕葡萄酒",毕竟大家的退休工资"仅3400元上下"。而开宴没有任何仪式,也没有致词与祝酒,"只是大家站起来,碰了碰杯,不约而同地说了一声:五十年,不容易,然后又参差不齐地重复了两三次,'不容易,不容易',仅此而已,没有多一句话,没有多一个字。"

是的,他们这代人"不容易",他们的师长一辈不容易,小他们一辈的我等,其实也不容易。冯至、李健吾是老一辈,历经了战乱、颠沛流离的生活,还赶上了新中国成立后多次政治运动,"洗澡""反右""文革""干校"等;而柳鸣九、罗新璋等是中间的一辈,跟老一辈一样历经种种磨难,"反右""文革",还有之后的"反击右倾翻案风""反精神污染"……我们这些如今刚刚退休的"50后"算来应是第三代,也有自己特有的磨难,没赶上"反右",却赶上了"上山下乡",从文化饥渴中好不容易摆脱出来,又匆匆步入对外开放的潮流……

中国的知识分子中有"真名士",但在特定的生存境况中,也有想"风流"也风流不起来的所谓末流文人。我们在杨绛先生的《洗澡》《干校六记》中见识了那些不太风流的文人名士的面貌,而柳鸣九的这一本《名士风流》也有一些影射。

其实,当今物欲横流的商品社会,对文化人又何尝不是一种考验呢。如今的风气，对文化，是普遍的贬低，而学术，则成气候地虚假。因此，文人名士的种种"气质""骨格"，好的、糟的、愣的、顽的，纷纷体现得甚为明显，追求真理、追求完美者有之，而追求虚荣、追求光环者亦有之，追求金钱美女者更有之。名士中仿佛混入了一些酸臭文人、流氓文人、"小"文人……这样的时代，这样的氛围中，读一读《名士风流》，大可从中找到一面面镜子，看出"真名士，自风流"的面貌来。

突然想起，法国女作家西蒙娜·德·波伏瓦写过一篇篇幅不小的小说，翻译成汉语就叫《名士风流》，法语的原名为 les Mandarins，这个词令人联想到"满大人"一说，即"清朝官场上的文官"，又令我联想到柳鸣九笔下的"翰林院"。那本书是我在1986年读的，那时，波伏瓦刚去世。柳鸣九先生牵头的一套"法国现代当代文学研究资料丛刊"中，有一本定名为《西蒙娜·德·波伏瓦研究》，主编李清安约我写一篇文字，译一些篇章，是为《名士风流》中的两章（后来许钧先生翻译了该作的全文）。

波伏瓦笔下的《名士风流》生动再现了法国战后知识分子千姿百态的面貌，尤其展示了亨利、罗伯尔、安娜等知识分子在"冷战"形势下的政治角逐中莫衷一是、无所适从的窘境。小说的中心事件是亨利跟罗伯尔的决裂，实在很像萨特跟加缪因《反抗者》而爆发的论战和绝交。

这本书大概可以跟柳鸣九的这本《名士风流》对照起来读的，倒不一定是因为两本书同名，更何况一中一法，一散文一小说，只因真是名士，真是风流……

作者译著成果书影

那些人文精英的生命状态
——读柳鸣九的《名士风流》

路来森

有人这样来界定"名士"与"名流":名士,务"实",一般是"实"大于"名",其不仅才华超群,而且心高气傲,超凡脱俗,有一种远离权贵与名利,超然于尘世之外的狂士或隐士风范;名流,务"虚",其也有一定的才气和悟性,但在自然与社会中,他们更喜欢社会,喜欢人群,喜欢在社会进取中博取自己的一席之地,捞个一官半职,或挂满各种社会头衔,以赢得人们的特殊尊重。

从这个角度来看,柳鸣九先生在《名士风流》一书中,所记述的众多"翰林院"(中科院)士,诸如,马寅初、梁宗岱、朱光潜、李健吾、卞之琳、何其芳、蔡仪、钱锺书等人,可谓"真名士"。他们当中,虽然也有少数几人担任过"研究所所长"等职,但毕竟是"技术职务",通其一生,大多以学术研究为主,而且也都是以其学术贡献,名扬士林的。至于像钱锺书,更是被誉为当代第一名士。

读过好多记叙名人的文章,他们大多把侧重点放在"乐道"人物的私人生活史上,追求的是"情趣",以便吸引读者。而柳鸣九先生的《名士风流》却非如此,正如作者在"前言"中所说的:"我所记叙的这些对象基本上都是人文领域的名士大儒,我深知,记述他们为文,不仅是个人感情的怀念,也不仅是简单机械的记录,更不是讲套话式的应景,而应该是'一桩精神文化的

使命'。"正是植根于这样一种"责任担当",所以柳鸣九先生在对每一位大儒的记述中,都具备了以下特点:

对于每一位记叙对象,他都会将其放在特定的历史背景下,介绍他们的存在状况、文化作为、精神状态,以及言行方式等,力求做到"历史内容和个性观照"的主客观全面评价。例如,他分析卞之琳,分析卞之琳的《布莱希特戏剧印象记》一书时,不是简单地作为成绩一记而过,而是分析了该书产生的特殊背景、当时的影响,以及作者的态度等诸多方面,透彻、深刻、全面。柳鸣九先生记叙人物,更善于从"大处"着笔,在对人物生活现象、生存状态记述的基础上,侧重于分析人物的学术理论体系和个人思想体系,侧重于总结现象之后的规律,甚至于上升到哲学的高度。如,对蔡仪和朱光潜两人美学体系的比较分析等。基于此,柳鸣九先生对大儒的记述文字,就显得格外的大气、厚重、深刻,甚至有一种磅礴汪洋的气势。

《名士风流》中的每一位人物,可以说,都是有一定历史定评的。故,柳鸣九先生记述文章中,在对人物进行了深入、深刻的分析后,常常会留下一些"疑问",去引发读者做更深一步的思考。而这些"疑问",要么是难以一言定论的,要么就是更深层次的透视人性的,或者揭示生命本源的东西,只能由读者去"心决"了。

柳鸣九先生是著名的翻译家,不仅翻译过许多文学作品,而且还多年担任"法国文学研究会会长",是一位卓越的研究者,所以,他的记叙文章语言,既有文学语言的鲜活、生动,又有理论语言的精微、严密,不同凡响。他描写钱学熙的讲课:"……常仰头,向着天花板,闭着眼,像是在喃喃自语,嘴里慢吞吞吐出一句又一句讲词,全是浙江土音,但隔那么两句就要来一句口头禅'是不是啦'?"何其生动?"这里有何其芳的明晓透彻而又富有文采的说理,有蔡仪严密的令人折服的体系建构与思辨能力,有李健吾的才气横溢与文思灵动,有卞之琳的精巧与细腻,有唐弢的平易近人中的深邃……"寥寥几个词,就把几位大儒的学术风格进行了概括比较,又是何其精微、严密?

阅读柳鸣九先生的《名士风流》,我们不仅能够了解到一定时期"翰林院"内那些人文精英的生命状态、文化贡献,以及社会的文化存续发展情况;更能够从更高层次上,认识这些文化名人留给我们的,值得我们全心全意学习的不屈不挠的人文精神。

路来森

与法兰西文学的浪漫情缘
——快读《浪漫弹指间——我与法兰西文学》

刘晨芳

看到《浪漫弹指间——我与法兰西文学》这个书名，不知道大家第一反应是什么，脑子里首先会跳出来哪些标志性符号——说起法国，人们习惯性地想起埃菲尔铁塔、巴黎圣母院、凡尔赛宫、凯旋门、普罗旺斯这些令人神往的地方，想起来巴黎这个浪漫之都的美誉，想起来时装、优雅入时的情侣、布置精巧的橱窗、随处可见的街角咖啡店、创意无限的广告牌……其实除了这些标签，同样令人心驰神往的，还有灿烂辉煌的法兰西文学。这本书的主体部分，柳鸣九先生带我们去巴黎做了一场浪漫的法兰西文学畅游之旅。

其实这本书不止写到作者与法兰西的文学情缘，还有其他更阔大的内容。本书由三部分构成：人去恩在也；挨过翻译生涯；与"巨人"比肩而立。第一部分作者用饱含深情的文字表达对父亲和师长的敬重和感恩：写到"用一把菜勺培养了三个大学生"的父亲，从他身上，柳先生得到了湘军务实高效做派最初的血脉，父亲成为他今生散发出学术爆发力和西西弗斯式的坚韧劲的力量源泉；写到毅力与勤奋并重、意气风发与躬身低态兼具的泰斗朱光潜先生；写到启蒙老师吴达元教授，提到启蒙师四个字，读来柔情到心都化了；深情怀念身怀绝技的郭麟阁教授——能随口背诵大段大段成篇成篇的法国文学名著，此举堪称北大课堂一景；写到柏格森的知音、柳先生的授业老师徐继曾教授；对晚辈厚道热忱不吝栽培的仁者李健吾先生……是与多位前辈多重变奏曲。

　　书的第二部分，作者以冷静直白的笔触讲述了在逼仄的政治环境下如何完成四十余部精彩作品的来龙去脉。中国人了解法国文学，有几个绕不过去的名字和书籍：都德、莫泊桑、《法国文学史》、《法国二十世纪文学丛书》（简称"F·20丛书"）等，柳鸣九先生跟他们背后的故事做了一一揭幕。三卷本《法国文学史》获1993年"国家图书奖提名奖"，第一卷是在1972年那个政治环境令人堪忧的动荡年代动笔的，新中国以来的法国文学史几乎是在一穷二白、白手起家的基础上编写出来，其艰辛可想而知；"F·20丛书"是一套皇皇巨著，共有七十本！浩大的主编工程简直能把人从黑发编到皓首；这部分里面写得最有意思的是，他与萨德的"相遇"是从收藏萨德的一套"禁书"开始的。作者长期对萨德、魏尔伦、纪德等与人格分裂、同性恋、私生活混乱倒错、施虐狂等标签联系在一起的作家的逆反和无法接纳。尽管柳先生在当时已经属于那种甘愿冒道德之箭的射击，挺身为之一辩的。但底线是"人性的正常要求"，而不是人性的反常与变态。这种真实的学术情绪，一方面基于柳先生个人的学术历程和心理接纳程度，另外一方面中国意识形态与欧美意识状态的不对称也是很重要的原因。而1988年作者去巴黎蓬皮杜文化中心，成了他化解心中萨德这个"魔鬼"的阅读契机——终于化解了他对"性文学"的偏见。

　　书中的最精彩部分是第三部分：与"巨人"比肩而立。展现了作者在巴黎访学时一段精彩纷呈的文化访谈。

　　在20世纪80年代初期，柳鸣九先生到法国进行一趟学术旅行，作者超越了政治、种族、文学观念、宗教的界限，对法国当代文学大咖们进行了"一网打尽"式的探访，对他们的创作经历、作品内涵、人生阅历、人性特征乃至情感内心都进行了深度的挖掘。让那些为中国人熟知的文学家从书架上走下来，满血复活为一个个鲜活丰满的人，与遥远的东方国度来的文学淘金者握手、促膝、交心。作者为他心中的文学天国和伊甸园培土植花的同时，也为中国读者窥见法兰西绚烂的文学花园带来了独特的视角。

20世纪80年代之前，中国人长久以来是在政治道德要求与意识形态的禁锢之下了解西方文学的。从某种意义上说，这种东西方文学的碰撞交流活动，对促进国人以较为纯粹的文学眼光去审视外国文学，具有十分积极的作用。

在法国文学史上，19世纪主要是浪漫主义和现实主义是文学创作方法的两大思潮。19世纪四五十年代"新小说"兴起。再往后将近一个世纪，就是"新寓言"派小说的时代了。

柳先生这次文化之旅，除了与他翻译或研究对象等巴黎文化名流进行了零距离的晤面，还接触了"新小说"派和"新寓言"派小说的代表作家。在如今出国考察早已普遍成风的现在可能意义稍显稀薄，但在20世纪80年代初期，一位以法国和欧洲文学为深耕细作的中国学者得以跨出国门，与自己早已神交已久的法国文学界的巨擘们促膝交谈，对于柳先生这样一位是嗜学术如生命的人来说，该是多么幸福的一件事情。其实何止于此，对于那些对法国文学抱有热望的中国读者来说，又何尝不是一场文学盛宴？这场盛宴放在21世纪的今天，依然永不谢幕，依然读来口齿生香，依然可以感触到那场晤面的精神体温。

作者采访"新小说"派的代表作家阿兰·罗伯-格里耶时，对"新小说"派应有的肯定与保留之间有过游移和权衡；凭吊完萨特后，拜访萨特最重要的伴侣、《第二性》的作者波伏瓦，波伏瓦作为法国最不轻易见客、最了解萨特的作家，柳先生得以有机会和她对萨特的价值进行探讨；有幸拜访法兰西学士院士玛格丽特·尤瑟纳尔——法国文化艺术界最高荣誉且席位稀少的"不朽者"，谈论她作品中力图表现的人类图景；现代派文学的"工匠"米歇尔·布托创作中使用的百科全书式的表现技巧的背后，更多折射的是现代派文学特别是"新小说"派与西方现实社会的关系；访问雅克·塞巴谢教授时，估计会勾起读者最大的好奇：中国的雨果专家和法国的雨果专家眼中的雨果会有什么样的异同呢？作者拜访的第三位"新小说"派作家娜塔莉·萨洛特让作者彻底参透了法国的这个重要的文学派别……当然，后面还有一长串拜访清单，莫不散落着那段访法岁月的流光片影和吉光片羽。

作者和法国文学界人士的融汇交流和记忆珍藏,是一个中西方文化交融过程中默契的互动过程。他们之间的文化精神,既在浩繁的历史典籍里,也在鲜活的相谈中,抑或在一盏咖啡、一个冰淇淋悄然互动中……蓬皮杜、站街神女、坊间交流、咖啡留香,作者的巴黎文化之旅以自己的方式留存了历史。为着后来的更多的中国读者,它们或绽放或流淌成一种带有塞纳河风情的别样记载。

(刘晨芳:河南文艺出版社传记文学室主任)